NEW AGE

Buch

Sheldrake hat mit seiner Hypothese der »morphogenetischen Felder« weltweit Aufsehen erregt. Seine Hypothese lautet: Das Universum richtet sich nicht nur nach unveränderlichen starren Mustern, sondern folgt auch »Gewohnheiten« – Muster, die im Lauf der Zeit durch die Wiederholung von Ereignissen entstehen. Jeder Form und jedem Verhalten liegen neben genetisch bedingten Ursachen unsichtbare Konstruktionspläne zugrunde – transzendente »morphogenetische Felder« prägen und steuern die gesamte belebte wie unbelebte Schöpfung. Und obwohl diese Felder frei von Materie und Energie sind, wirken sie doch über Raum und Zeit – und können auch über Raum und Zeit hinweg verändert werden. Eignet sich ein Angehöriger einer biologischen Gattung ein neues Verhalten an, wird sein morphogenetisches Feld verändert. Behält er sein neues Verhalten lange genug bei, beeinflußt die »morphische Resonanz«, eine Wechselwirkung zwischen allen Gattungsangehörigen, die gesamte Gattung.

Die morphogenetischen Felder sind die eigentliche Ursache für die Ordnung, Regelmäßigkeit und Konstanz des Universums – können aber auch gänzlich neue Verhaltensweisen und Formen zulassen.

Autor

Rupert Sheldrake hat in Biochemie promoviert. Er wurde Dozent am Clare College, Cambridge, und erhielt ein Rosenheim-Forschungsstipendium der Royal Society für seine Arbeit über Wachstum und Altern von Pflanzen; dann ging er nach Haiderabad in Indien, wo er für das Intercontinental Crops Research Institute for Semi Arid Tropics (ICRISAT) arbeitete. Von 1978 an lebte er anderthalb Jahre in einem christlichen Ashram in Südindien. Heute lebt Sheldrake wieder in England, ist aber weiterhin wissenschaftlicher Berater für Pflanzenphysiologie von ICRISAT.

RUPERT SHELDRAKE

DAS SCHÖPFERISCHE UNIVERSUM

Die Theorie des morphogenetischen Feldes

GOLDMANN VERLAG

Aus dem Englischen übertragen von Waltram Landman und Klaus Wessel
Titel der Originalausgabe: A New Science of Life
Originalverlag: Blond & Briggs Limited, London

Für
Dom Bede Griffiths,
O.S.B.

Made in Germany · 3/87 · 2. Auflage
Genehmigte Taschenbuchausgabe

Umschlaggestaltung: Design Team, München
Umschlagillustration: Cooperation, München
Druck: Presse-Druck Augsburg
Verlagsnummer: 14014
Gö/Herstellung: Gisela Ernst/Voi
ISBN 3-442-14014-5

Inhalt

Vorwort

Für die meisten Biologen sind lebende Organismen nichts weiter als komplexe Maschinen, die ausschließlich von den bekannten Gesetzen der Physik und Chemie gelenkt werden. Ich selbst war auch dieser Meinung. Aber im Laufe einer Reihe von Jahren kam ich zu der Einsicht, daß eine solche Annahme schwer zu rechtfertigen ist. Nachdem wir tatsächlich erst so wenig wissen, könnten dann nicht wenigstens einige Phänomene des Lebens von noch vollkommen unbekannten Gesetzen oder Faktoren der Naturwissenschaften abhängen?

Je mehr ich über die ungelösten Probleme der Biologie nachdachte, um so überzeugter wurde ich, daß der konventionelle Ansatz unnötig eng gefaßt ist. Ich begann, mir den möglichen Horizont einer weitergefaßten Wissenschaft vom Leben vorzustellen, wobei die in diesem Buch niedergelegte Hypothese allmählich Form gewann. Wie jede neue Hypothese ist sie im Kern spekulativ und wird erst experimentell überprüft werden müssen, bevor ihre Bedeutung beurteilt werden kann. Mein Interesse an diesen Problemen ergab sich aus meiner seit 1966 bestehenden Verbindung zu einer Gruppe von Wissenschaftlern und Philosophen, die sich zur Erforschung der Grenzgebiete zwischen Wissenschaft, Philosophie und Religion zusammengefunden hatten. Diese Gruppe, die sich die Epiphania-Philosophen nannte, sorgte für viele Gelegenheiten zu Diskussionen auf Seminaren und informellen Treffen in Cambridge und bei Aufenthalten an der Küste von Norfolk in Burnham Overy Staithe. Folgenden Mitgliedern dieser Gruppe fühle ich mich in besonderem Maße zu Dank verpflichtet: Prof. Richard Braithwaite, Margaret Mastermann, Reverend Geoffrey und Gladys Keable, Joan Miller, Dr. Ted Bastin, Dr. Christopher Clarke und Prof. Dorothy Emmet, der Herausgeberin von *Theoria to Theory,* der vierteljährlich erscheinenden Zeitschrift der Gruppe.

Als ich von 1974–78 in Indien am »Internationalen Getreideforschungs-Institut für die semiariden Tropen« arbeitete, hatte ich viele gewinnbringende Diskussionen mit Freunden und Kollegen in Hyderabad, und die inzwischen verstorbene Mrs. J.B.S. Haldane überließ mir großzügigerweise ihre umfangreiche Bücherei.

Der erste Entwurf zu diesem Buch entstand während eines eineinhalbjährigen Aufenthaltes im Shantivanam-Ashram, im Trichinopoly-Distrikt von Tamil Nadu. Den Mitgliedern der Gemeinschaft danke ich für ihre Hilfe, mir den Aufenthalt dort so angenehm wie möglich zu machen. Mein Dank gilt in besonderem Maße Dom Bede Griffiths, dem dieses Werk gewidmet ist. Dina Nanavathy von der »British Council Library« in Bombay versorgte mich freundlicherweise mit den Büchern, die ich brauchte.

Nach meiner Rückkehr nach England wurde mir bei der Niederschrift und der Durchsicht meines zweiten Entwurfs in hohem Maße Hilfe zuteil durch den Rat und die Ermutigung meiner Freunde und durch die Kritik und die Kommentare von mehr als fünfzig Personen, die die verschiedenen Manuskripte lasen. Insbesondere möchte ich danken Anthony Appiah, Dr. John Beloff, Prof. Richard Braithwaite, Dr. Keith Campbell, Jennifer Chambers, Dr. Christopher Clarke, der Marchioness of Dufferin and Ava, Prof. Dorothy Emmet, Dr. Roger Freedman, Dr. Alan Gauld, Dr. Brian Goodwin, Dr. John Green, David Hart, Prof. Mary Hesse, Gladys Keable, Dr. Richard LePage, Margaret Masterman, Prof. Michael Morgan, Frank O'Meara, Jeremy Prynne, Anthony Ramsay, Jillian Robertson, Dr. Tsui Sachs, Prof. W.H. Thorpe, F.R.S., Dr. Ian Thompson, Mrs. R. Tickell (Renée Haynes), Pater E. Ugarte, S.J., und Dr. Norman Williams.

Danken möchte ich auch besonders Dr. Keith Roberts für die Anfertigung der Zeichnungen und Diagramme in diesem Buch. Dr. Peter Lawrence war so freundlich, die Fruchtfliegen zu besorgen, nach denen die Zeichnungen in Abb. 17 angefertigt wurden, und Brian Snoad besorgte die Erbsenblätter, die in Abb. 18 zu sehen sind.

Ich danke ebenfalls Mohammed Ibrahim, Pat Thoburn und Eithne Thompson für das Tippen der Entwürfe, und Philip Kestelman und Jenny Reed für ihre Hilfe bei der Durchsicht des Manuskripts.

Hyderabad, März 1981

Einleitung

Der orthodoxe Ansatz der Biologie ist heute durch die mechanistische Theorie des Lebens gegeben: Lebende Organismen werden als physikochemische Maschinen gesehen, und sämtliche Lebensphänomene glaubt man in Begriffen der Physik und Chemie ausdrücken zu können[1]*. Dieses mechanistische Paradigma ist keineswegs neu[2], es ist in der Tat seit mehr als einem Jahrhundert bestimmend. Der wesentlichste Grund dafür, warum ihm die meisten Biologen treu bleiben, ist seine Funktionsfähigkeit. Es liefert ein Denkmodell, und in diesem Rahmen können Fragen über die physikochemischen Mechanismen von Lebensprozessen gestellt und beantwortet werden.

Für diesen Ansatz sprechen auch spektakuläre Erfolge wie die Entschlüsselung des DNS-Codes. Dennoch haben Kritiker gute Gründe vorgebracht, die es zweifelhaft erscheinen lassen, daß alle Lebensphänomene, darunter auch das menschliche Verhalten, auf ausschließlich mechanistische Weise gedeutet werden können[3]. Doch selbst wenn man eine strikte Begrenzung des mechanistischen Ansatzes nicht nur in praktischer, sondern auch in grundsätzlicher Hinsicht zuließe, könnte man ihn nicht einfach aufgeben. Er ist zur Zeit der einzige für die experimentelle Biologie verfügbare Ansatz, und zweifellos wird man ihm folgen, bis sich eine positive Alternative findet.

Jede Theorie, die imstande ist, die mechanistische Theorie zu erweitern oder über sie hinauszugehen, wird mehr leisten müssen als nur zu behaupten, daß Leben Qualitäten oder Faktoren beinhaltet, die von den Naturwissenschaften bisher noch nicht erkannt worden sind: Sie wird erklären müssen, was diese Qualitäten oder Faktoren sind, wie sie wirken und in welcher Verbindung sie zu den bekannten physikochemischen Prozessen stehen.

Am einfachsten wäre die mechanistische Theorie zu modifizieren, wenn man voraussetzte, die Lebensphänomene beruhten auf einem neuen Typ eines Kausalfaktors, der den Naturwissenschaften unbekannt ist und mit physikochemischen Prozessen in lebenden Organis-

* Diese und alle weiteren Anmerkungen befinden sich auf den SS. 203 ff.

men zusammenwirkt. Verschiedene Versionen dieser vitalistischen Theorie sind in diesem Jahrhundert zur Diskussion gestellt worden[4], keiner ist jedoch gelungen, überprüfbare Aussagen zu machen oder neue Formen des Experimentes vorzuschlagen. Wenn, um Sir Karl Popper zu zitieren, »das Kriterium des wissenschaftlichen Ranges einer Theorie in ihrer Falsifizierbarkeit oder Widerlegbarkeit oder Überprüfbarkeit liegt«[5], dann ist es dem Vitalismus nicht gelungen, sich zu qualifizieren.

Die organizismische oder holistische Philosophie vermittelt eine möglicherweise noch radikalere Revision der mechanistischen Theorie. Diese Philosophie leugnet, daß sich alles im Universum gewissermaßen von Grund auf in der Sprache der Eigenschaften von Atomen oder gar aller hypothetischen »letzten Bausteine« der Materie erklären läßt. Vielmehr erkennt sie die Existenz hierarchisch organisierter Systeme an, die auf allen Ebenen unterschiedlicher Komplexität Eigenschaften aufweisen und die nicht vollständig begriffen werden können, wenn man sie voneinander isoliert betrachtet. Auf jeder Stufe ist das Ganze mehr als die Summe seiner Teile. Man kann sich diese Ganzheiten als Organismen vorstellen, wobei dieser Begriff in einem bewußt weitgefaßten Sinne verstanden wird, um nicht allein Tiere, Pflanzen, Organe, Gewebe und Zellen einzuschließen, sondern auch Kristalle, Moleküle, Atome und subatomare Teilchen. Diese Philosophie zielt letztlich auf einen Wechsel vom Paradigma der Maschine zum Paradigma des Organismus in den biologischen *und* den physikalischen Wissenschaften. In A.N. Whiteheads bekanntem Satz heißt es: »Biologie ist das Studium der größeren Organismen, Physik das Studium der kleineren Organismen.«[6]

Verschiedene Spielarten dieser organizismischen Philosophie sind seit über fünfzig Jahren von vielen Autoren befürwortet worden, auch von Biologen[7]. Doch wenn der Organizismus einen mehr als nur oberflächlichen Einfluß auf die Naturwissenschaften nehmen will, muß er fähig sein, überprüfbare Aussagen zu machen. Dies ist bislang nicht der Fall gewesen[8].

Die Gründe für dieses Versagen lassen sich am deutlichsten in jenen Bereichen der Biologie aufzeigen, in denen die organizismische Philosophie am einflußreichsten war, nämlich in der Embryologie und der Entwicklungsbiologie.

Das bedeutendste bislang zur Diskussion gestellte organizismische Konzept ist das der *morphogenetischen Felder*[9]. Diese Felder sollen dazu dienen, die Entstehung der charakteristischen Formen von Embryos und anderer sich entwickelnder Systeme zu beschreiben oder zu erklären. Problematisch ist jedoch, daß dieser Ansatz in einem mehrdeutigen Sinne gebraucht wird. Der Begriff selbst scheint auf die Existenz einer neuen Art eines physikalischen Feldes zu zielen, welches eine bestimmte Rolle bei der Ausbildung einzelner Formen spielt. Einige organizismische Theoretiker bestreiten jedoch, die Existenz eines neuen Typus eines Feldes, einer Daseinsform oder eines von der Physik bislang unerkannten Faktors suggerieren zu wollen[10]; vielmehr gebrauchten sie diese organizismische Theorie, um einen neuen Weg der *Sprache* über komplexe physikochemische Systeme zu eröffnen[11]. Diese Art des Vorgehens scheint nicht sehr weit zu führen. Das Konzept morphogenetischer Felder kann nur unter der Voraussetzung, daß es zu überprüfbaren Aussagen führt, die sich von denen der konventionellen mechanistischen Theorie unterscheiden, von praktischem wissenschaftlichen Wert sein. Aussagen dieser Art aber sind nur dann möglich, wenn man davon ausgehen kann, daß morphogenetische Felder meßbare Auswirkungen haben.

Die Hypothese, die mit diesem Buch aufgestellt wird, beruht auf der Vorstellung, daß morphogenetische Felder in der Tat physikalische Effekte haben. Sie besagt weiter, daß spezifische morphogenetische Felder für die charakteristische Form und Organisation von Systemen auf allen Ebenen unterschiedlicher Komplexität zuständig sind, und dies nicht allein im biologischen Bereich, sondern auch in den Bereichen der Chemie und Physik. Diese Felder ordnen die Systeme, mit denen sie verbunden sind, indem sie auf Ereignisse einwirken, die energetisch gesehen, als indeterminiert oder wahrscheinlichkeitsbedingt erscheinen; sie legen den potentiell möglichen Ergebnissen physikalischer Prozesse bestimmte »Beschränkungsmuster« auf.

Wenn morphogenetische Felder für die Organisation und die Form materieller Systeme verantwortlich sind, müssen sie selbst charakteristische Strukturen aufweisen. Woher also kommen diese Feldstrukturen? Die Antwort, die wir vorschlagen, besagt, daß sie sich von morphogenetischen Feldern ableiten, die ihrerseits mit früheren ähnlichen Systemen verbunden sind: Die morphogenetischen Felder aller vergangenen Systeme werden für jedes folgende System *gegenwärtig,* die Strukturen vergangener Systeme wirken auf folgende ähnliche Systeme durch einen sich verstärkenden Einfluß, der über Raum *und* Zeit hinaus wirksam ist.

Aus dieser Hypothese folgt, daß Systeme in einer bestimmten Weise organisiert werden, weil ähnliche Systeme auf eben diese Weise in der Vergangenheit organisiert wurden. So kristallisieren die Moleküle eines komplexen organischen Präparats deshalb zu einem charakteristischen Muster, weil die gleiche Substanz auf diese Art zuvor kristallisierte; eine Pflanze nimmt die für ihre Art charakteristische Form an, weil frühere Exemplare ihrer Art die gleiche Form annahmen; und ein Tier handelt instinktiv auf eine bestimmte Weise, weil ähnliche Tiere sich zuvor ebenso verhielten.

Gegenstand der Hypothese ist die *Wiederholung* von Formen und Organisationsmustern. Die Frage nach dem *Ursprung* dieser Formen und Muster liegt außerhalb ihres Betrachtungsfeldes. Es gibt mehrere unterschiedliche Möglichkeiten, diese Frage zu beantworten, doch jede dieser Möglichkeiten scheint gleichermaßen mit dem Medium der Wiederholung vereinbar[12].

Von dieser Hypothese läßt sich eine Vielzahl überprüfbarer Aussagen ableiten, die sich entscheidend von denen der konventionellen mechanistischen Theorie unterscheiden. Ein einziges Beispiel mag genügen: Wenn ein Tier, beispielsweise eine Ratte, lernt, ein neues Verhaltensmuster auszuführen, so wird sich für jede folgende Ratte (derselben Art, unter den gleichen Bedingungen gezüchtet) die Tendenz zeigen, die Ausführung desselben Verhaltensmusters schneller zu erlernen. Brächte man zum Beispiel Tausenden von Ratten in London die Ausführung einer neuen Aufgabe bei, müßten somit ähnliche Ratten die gleiche Aufgabe in Laboratorien an beliebigen anderen Orten schneller lernen. Mäße man die Lerngeschwindigkeit der Ratten in einem anderen Laboratorium, beispielsweise in New York, vor und nach der Anlernung der Ratten in London, müßten die beim zweiten Versuch getesteten Ratten rascher als die Ratten des ersten Versuchs gelernt haben. Dieser Effekt träte ein bei vollständigem Fehlen jeglicher bekannten physikalischen Verbindung oder Informationsübermittlung zwischen den beiden Laboratorien. Bemerkenswerterweise gibt es bereits den Nachweis aus Laborexperimenten, daß sich der vorhergesagte Effekt tatsächlich einstellt[13].

Diese Hypothese, genannt Hypothese der formbildenden Verursachung, führt zu einer Interpretation vieler physikalischer und biologischer Phänomene, die sich radikal von der Interpretation gültiger Theorien abhebt. Sie ermöglicht es weiter, eine Reihe wohlbekannter Probleme in einem neuen Licht zu sehen. In diesem Buch wird sie in einer vorläufigen Form entworfen, einige ihrer Konsequenzen werden angesprochen, und verschiedene Möglichkeiten, sie zu testen, werden vorgeschlagen.

1 Die ungelösten Probleme der Biologie

1.1 Der Hintergrund des Erfolgs

Das Ziel der mechanistisch biologischen Forschung hat T.H. Huxley von mehr als 100 Jahren so definiert:

»Die zoologische Physiologie ist die Lehre von den Funktionsabläufen oder Vorgängen in Tieren. Sie betrachtet Tierkörper als Maschinen, die, von verschiedenen Kräften angetrieben, einen bestimmten Betrag an Arbeit verrichten, welche in Begriffen der bekannten Gesetze der Natur ausgedrückt werden kann. Das höchste Ziel der Physiologie ist es, die Fakten der Morphologie einerseits und die der Ökologie andererseits von den Gesetzen der molekularen Kräfte der Materie abzuleiten.«[1]

Alle weiterführenden Entwicklungen der Physiologie, Biochemie, Biophysik, Genetik und Molekularbiologie sind hier bereits angedeutet. In vielerlei Hinsicht waren diese Wissenschaften außergewöhnlich erfolgreich, allen voran die Molekularbiologie. Die Entdeckung der DNS-Struktur, die Entschlüsselung des genetischen Codes und die Aufklärung des Mechanismus der Proteinsynthese scheinen die Gültigkeit des mechanistischen Ansatzes auf eindrucksvolle Weise zu bestätigen.

Die vernehmlichsten und einflußreichsten Verfechter der mechanistischen Theorie sind die Molekularbiologen. Ihre Begründung der Theorie beginnt gewöhnlich mit einer kurzen Absage an die vitalistischen und organizismischen Theorien. Sie werden als Überbleibsel einer »primitiven« Glaubenslehre hingestellt, die in dem Maße, wie die mechanistische Biologie voranschreitet, immer mehr in den Hintergrund treten muß. Die Begründung lautet dann ungefähr wie folgt[2]:

Die chemische Natur des genetischen Materials, die DNS, ist nun bekannt und ebenso der genetische Code, wodurch sie die Aminosäure-Sequenz in Proteinen codiert. Der Mechanismus der Proteinsynthese ist bis ins Detail verstanden. Die Struktur vieler Proteine ist inzwischen erarbeitet worden. Alle Enzyme sind Proteine, und Enzyme katalysieren die komplexen Ketten und Zyklen biochemischer Reaktionen, die in ihrer Gesamtheit den Stoffwechsel eines Organismus ausmachen. Der Stoffwechsel wird durch biochemische Rückkoppelungsprozesse gesteuert. Verschiedene Mechanismen dieser Art sind bekannt, wodurch Enzymaktivitätsraten reguliert werden können. Proteine und Nukleinsäuren schließen sich spontan zusammen und bauen so Strukturen wie Viren und Ribosomen auf. Der Überblick über die vielfältigen Eigenschaften von Proteinen und anderen physikochemischen Systemen wie Lipidmembranen, reicht aus, um die Eigenschaften lebender Zellen zumindest im Prinzip vollständig erklären zu können.

Der Schlüssel zu den Problemen der Differenzierung und Entwicklung, worüber bisher sehr wenig bekannt ist, liegt im Verständnis der Kontrollmechanismen der Proteinsynthese. Die Art und Weise, wie die Synthese bestimmter Stoffwechselenzyme und anderer Proteine kontrolliert wird, ist beim Bakterium *Escherischia coli* bis ins Detail erforscht. In höheren Organismen geschieht die Kontrolle der Proteinsynthese durch komplizierte Mechanismen, die aber wohl bald aufgeklärt sein werden. So würde die Differenzierung und Entwicklung erklärbar werden in Begriffen von Reihen chemisch arbeitender »Schalter«, die Gene oder Gengruppen »ein-« oder »ausschalten«.

Die Art und Weise, in welcher die Teile lebender Organismen an die Funktionen des Ganzen angepaßt sind, und die offensichtliche Zweckgerichtetheit von Struktur und Verhalten lebender Organismen können in Begriffen von zufälligen genetischen Mutationen mit anschließender natürlicher Selektion erklärt werden. Folglich werden jene Gene herausselektiert, die die Fähigkeit eines Organismus, zu überleben und sich zu reproduzieren, verbessern. Schädliche Mutationen werden dabei ausgesondert. Somit kann die neodarwinistische Evolutionstheorie Zweckgerichtetheit erklären. Es ist vollkommen unnötig, irgendwelche mysteriösen »Vitalfaktoren« dafür zu bemühen.

Über die Funktionsweise des Zentralnervensystems ist bisher sehr wenig bekannt. Durch die Fortschritte in der Biochemie, Biophysik und Elektrophysiologie dürfte es aber demnächst möglich sein, das, was wir »Geist« nennen, in Begriffen von physikochemischen Mechanismen im Gehirn zu erklären. So sind lebende Organismen schließlich im Prinzip vollständig in Begriffen der Physik und Chemie erklärbar. Unsere gegenwärtige Unwissenheit über die Mechanismen der Entwicklung und über das Zentralnervensystem ist auf die enorme Komplexität der Probleme zurückzuführen. Mit den leistungsstarken neuen Konzepten der Molekularbiologie und mit Hilfe von Computermodellen können diese Dinge aber jetzt in einem bislang nicht möglichen Umfang angegangen werden.

Im Licht vorangegangener Erfolge scheint dieser Optimismus verständlich, daß schließlich *alle* Probleme der Biologie auf mechanistische Weise gelöst werden können. Aber ein realistisches Urteil über die Aussichten des mechanistischen Ansatzes darf nicht allein auf der bloßen Weiterführung des Vergangenen beruhen. Es läßt sich nur bilden nach einer genauen Betrachtung der Hauptprobleme der Biologie und der Wege, die zu ihrer denkbaren Lösung führen können.

1.2 Die Probleme der Morphogenese

Biologische Morphogenese kann definiert werden als das »Auftreten von charakteristischen und spezifischen Formen bei lebenden Organismen«[3]. Das erste Problem ist genau dieses, daß Form überhaupt entsteht. Biologische Entwicklung ist *epigenetisch:* Es treten neue Strukturen auf, deren Form nicht durch Entfaltung oder Wachstum, die, schon zu Beginn der Entwicklung im Ei angelegt waren, erklärt werden kann.

Das zweite Problem besteht darin, daß viele sich entwickelnde Systeme zur *Regulation* fähig sind. Wenn – in anderen Worten – ein Teil eines sich entwickelnden Systems entfernt (oder ein zusätzlicher hinzugefügt) wird, entwickelt sich das entsprechende System so weiter, daß eine mehr oder weniger normale Form entsteht. Dieses Phänomen konnte von H. Driesch Ende des letzten Jahrhunderts in den klassischen Experimenten an Seeigel-Embryonen nachgewiesen werden. Wenn eine der Zellen eines sehr jungen, im Zweizellstadium befindlichen Embryos abgetötet wurde, veranlaßte die übriggebliebene Zelle die Bildung nicht etwa eines halben, sondern eines zwar kleinen aber vollständigen Seeigels. Nach Abtötung von einer ,zwei oder drei Zellen von Embryonen im Vierzellstadium entwickeln sich ebenfalls kleine, aber vollständige Organismen. Umgekehrt erbrachte die Verschmelzung zweier junger Seeigel-Embryonen eine Riesenform[4].

Viele in Entwicklung befindliche Systeme lassen Regulationsvorgänge erkennen. Im Laufe der Entwicklung geht diese Fähigkeit jedoch oft verloren, da das Schicksal verschiedener Keimbereiche determiniert wird. Aber selbst in Systemen, wo die Determination schon in einem frühen Stadium einsetzt, zum Beispiel bei Insektenembryonen, können nach einem Schaden am Ei Regulationsvorgänge auftreten *(Abb. 1).*

Befunde dieser Art zeigen, daß in Entwicklung befindliche Organismen einen morphologischen Endzustand ansteuern und ihn in spezifischer Weise realisieren können, selbst wenn Teile des Systems entfernt werden und der normale Verlauf der Entwicklung gestört wird.

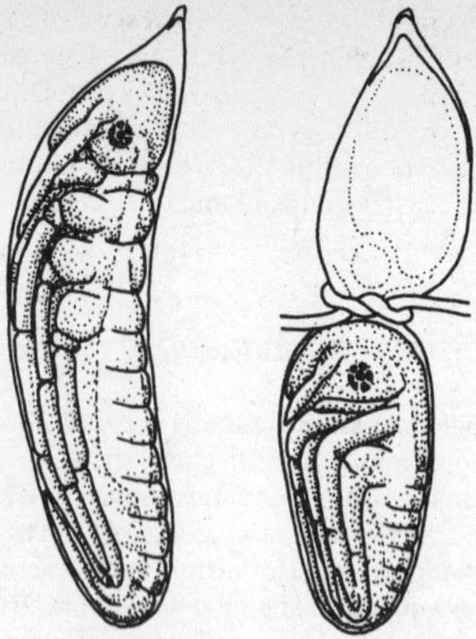

Abb. 1 Beispiel für Regulation. Links ein normaler Embryo der Wasserjungfer *Platycnemis pennipes;* rechts ein kleiner, aber vollständiger Embryo, entstanden aus der Hälfte eines Eies, das kurz nach der Ablage in der Mitte abgeschnürt wurde (nach Weiss, 1939).

Das dritte Problem liegt im Regenerationsvermögen, wodurch Organismen imstande sind, beschädigte Strukturen zu ersetzen oder wiederzubeleben. Pflanzen zeigen eine erstaunlich große Regenerationsfähigkeit, ebenso viele der niederen Tiere. Wenn zum Beispiel ein Strudelwurm in mehrere Teile zerschnitten wird, kann jedes Teil einen vollständigen Wurm regenerieren. Selbst viele Wirbeltiere besitzen hier erstaunliche Fähigkeiten. Zum Beispiel regeneriert der Wassermolch nach der Extirpation der Augenlinse eine neue Linse aus dem Irisrand *(Abb. 2)*. Bei normaler embryonaler Entwicklung wird die Linse auf völlig andere Weise, nämlich von der Haut, gebildet. Diese Art der Regeneration wurde zuerst von G. Wolff entdeckt. Er wählte mit Bedacht eine Art der Verstümmelung, die sich nicht zufällig unter natürlichen Bedingungen ereignen würde. Es war deshalb auch nicht mit einer natürlichen Selektion für diesen besonderen regenerativen Prozeß zu rechnen[5].

Das vierte Problem stellt sich durch die einfache Tatsache der Reproduktion: Ein abgetrennter Teil des Elterntieres wird zu einem neuen Organismus; ein Teil wird ein Ganzes.

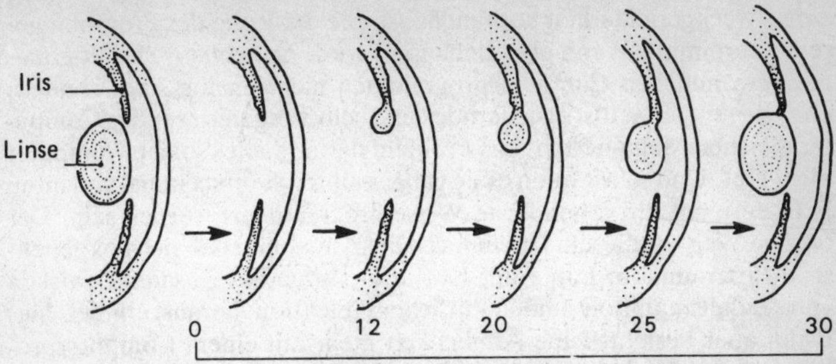

Abb. 2 Regeneration einer Linse vom Irisrand im Auge des Wassermolchs nach operativer Entfernung der ursprünglichen Linse (Cf. Needham, 1942).

Diese Phänomene können nur im Sinne kausal wirkender Erscheinungsformen verstanden werden, die in gewisser Weise mehr sind als die Summe der Teile sich entwickelnder Systeme und die Endzustände der Entwicklungsprozesse determinieren.

Vitalisten schreiben diese Eigenschaften *Vitalfaktoren* zu, Anhänger des Organizismus *morphogenetischen Feldern* und Anhänger des mechanistischen Ansatzes *genetischen Programmen.*

Das Konzept genetischer Programme beruht auf einer Analogie mit Computerprogrammen. Das befruchtete Ei enthält demnach ein vorgefertigtes Programm, welches den morphogenetischen Endzustand des Organismus in irgendeiner Weise spezifiziert und seine Entwicklung dorthin koordiniert und kontrolliert. Das genetische Programm muß jedoch mehr enthalten als die chemische Struktur der DNS, weil identische Kopien der DNS auf alle Zellen übertragen werden; wenn alle Zellen gleich programmiert wären, könnten sie sich nicht verschieden entwicklen. Also, was ist dieses genetische Programm genau? In Beantwortung dieser Frage kann die Vorstellung sich nur in vagen Vermutungen über physikochemische, im Raum- und Zeitmuster irgendwie strukturierte Wechselwirkungen ergehen; das Problem wird lediglich auf eine andere Ebene verlagert[6].

Und es gibt eine weitere ernstzunehmende Schwierigkeit. Ein Computerprogramm wird von einem intelligenten, mit Bewußtsein ausgestatteten Wesen, dem Programmierer, in einen Computer eingegeben. Es wurde entworfen und geschrieben für einen bestimmten Auswertungszweck. Wenn nun das genetische Programm als Analogon zu einem Computerprogramm angesehen wird, bedeutet dies auch, daß eine Zweckgerichtetheit vorhanden ist, die die Rolle des Programmierers übernimmt. Wenn aber behauptet wird, daß genetische Programme gewöhnlichen Computerprogrammen nicht analog sind, sondern eher denen sich selbst erneuernder und selbst organisierender Computer gleichen, dann besteht das Problem darin, daß es solche Computer nicht gibt. Und selbst wenn es sie gäbe, müßten sie erst einmal von ihren Erfindern auf die vollendetste Weise programmiert worden sein. Der einzige Weg aus diesem Dilemma ist die Annahme, daß sich das genetische Programm im Laufe der Evolution durch das Zusammenwirken von Zufallsmutation und natürlicher Selektion herausgebildet hat. Dann aber besteht keine Ähnlichkeit mehr mit einem Computerprogramm, und die Analogie wird bedeutungslos.

Die orthodoxen Anhänger des Mechanismus weisen die Vorstellung entschieden von sich, daß das scheinbar zielgerichtete Verhalten bei der Entwicklung, Regulation und Regeneration von bzw. in Organismen von einem Vitalfaktor gesteuert wird, der die Organismen zu ihrem morphologischen Endzustand führt. Sofern jedoch mechanistische Erklärungsweisen von solchen teleologischen Konzepten wie genetische Programme oder genetische Anweisungen abhängen, kann sich die Projektion der Zielgerichtetheit nur eingeschlichen haben. In der Tat zeigen die Eigenschaften, die genetischen Programmen zugeschrieben werden, bemerkenswerte Ähnlichkeit mit denjenigen, mit denen die Vitalisten ihre hypothetischen Vitalfaktoren begründen. Ironischerweise scheint das genetische Programm einem Vitalfaktor in mechanistischer Verkleidung sehr ähnlich zu sein[7].

Die Tatsache, daß biologische Morphogenese zur Zeit nicht auf strikt mechanistische Weise erklärt werden kann, ist natürlich noch kein Beweis dafür, daß dies nie möglich sein wird. Die Aussichten, in Zukunft zu solch einer Erklärung zu kommen, werden im folgenden Kapitel näher beleuchtet. Zum gegenwärtigen Zeitpunkt jedoch ist keine überzeugende Antwort möglich.

1.3 Verhalten

Sind die Probleme der Morphogenese bereits entmutigend schwierig, so trifft dies erst recht auf die des Verhaltens zu. Zum einen der Instinkt: Man überlege einmal, wie die Spinnen dazu kommen, Netze zu weben, denn sie haben es nicht von anderen Spinnen gelernt[8]. Oder man vergegenwärtige sich das Verhalten des europäischen Kuckucks.

Die Jungen werden von anderen Vogelarten ausgebrütet und großgezogen und bekommen ihre Eltern nie zu sehen. Gegen Ende des Sommers fliegen die erwachsenen Kuckucke zu ihrem Winterquartier in Afrika. Etwa einen Monat später sammeln sich die jungen Kuckucke und fliegen ebenfalls zu demselben Gebiet in Afrika, wo sie sich ihren Eltern anschließen[9]. Ihr Instinkt sagt ihnen, daß und wann sie aufbrechen müssen; auf instinktive Weise erkennen sie andere junge Kuckucke und schließen sich mit ihnen zusammen; und ihr Instinkt verrät ihnen, in welche Richtung sie fliegen müssen und wo ihr Bestimmungsort liegt.

Auf ein zweites Problem lenken uns zahlreiche Beispiele der Verhaltenssteuerung, wobei trotz Veränderungen in Teilbereichen des Verhaltenssystems ein mehr oder weniger normales Ergebnis erreicht wird. Ein Hund beispielsweise steuert nach der Amputation eines Beines seine motorische Aktivität so, daß er auf drei Beinen laufen kann. Ein weiteres Beispiel ist ein Hund, der, nachdem ihm Teile einer Großhirnhemisphäre entfernt wurden, allmählich die meisten seiner früheren Fähigkeiten zurückgewinnt. Einem dritten Hund werden, willkürlich Hindernisse in den Weg gelegt. Aber alle drei Hunde können trotz der Störungen ihrer motorischen Organe, ihres Zentralnervensystems oder ihrer Umgebung von einem Ort zu einem gewünschten anderen Ort gelangen.

Drittens stellt sich das Problem des Lernens und des intelligenten Verhaltens. Neue Verhaltensmuster treten auf, die offenbar nicht hinlänglich im Zusammenhang mit vorausgegangenen Ursachen erklärt werden können.

Ein Meer von Unkenntnis liegt zwischen diesen Phänomenen und den bestehenden Fakten der Molekularbiologie. Wie zum Beispiel ist das Wanderverhalten junger Kuckucke letztlich in Begriffen der DNS und der Proteinsynthese erklärbar? Begreiflicherweise sollte von einer befriedigenden Erklärung mehr zu erwarten sein als die Beweisführung, daß passende Gene mit entsprechenden DNS-Basen-Sequenzen für dieses Verhalten *notwendig* sind, oder daß das Verhalten von Kukkucken auf elektrischen Nervenimpulsen beruht; es wäre notwendig, die Beziehungen zwischen spezifischen Basensequenzen der DNS, dem Nervensystem des Vogels und dem Zugvogelverhalten zu verstehen. Momentan kann diese Beziehung nur auf der Basis der gleichen unzulänglichen Begriffe hergestellt werden, die alle morphogenetischen Phänomene »erklären«: vitale Faktoren, morphogenetische Felder oder genetische Programme.

Zudem setzt ein Verständnis des Verhaltens ein Verständnis der Morphogenese voraus. Selbst wenn beispielsweise das Verhalten eines vergleichsweise einfachen Tieres niederer Entwicklungsstufe, etwa eines Fadenwurmes, in allen Einzelheiten im Kontext eines »Schaltbildes« verstanden werden könnte, bliebe noch immer die Frage, wie sich das Nervensystem mit dieser charakteristischen Anlage eines »Schaltsystems« in dem sich entwickelnden Tier ausbilden konnte.

1.4 Evolution

Lange bevor man etwas von den Mendelschen Vererbungsregeln wußte, wurden viele unterschiedliche Pflanzenarten und Haustierrassen selektiv gezüchtet. Daß sich eine vergleichbare Entwicklung von Rassen und Varietäten in der freien Natur unter dem Einfluß natürlicher statt künstlicher Auswahl vollzieht, steht außer Zweifel. Die neodarwinistische Evolutionstheorie beansprucht für sich, diese Form der Evolution mit zufälligen Mutationen, den Mendelschen Regeln und der natürlichen Selektion erklären zu können. Aber selbst im Rahmen des mechanistischen Denkens gilt es keineswegs als ausgemacht, daß dieser Typus einer Mikroevolution innerhalb einer Art für den Ursprung von Arten, Gattungen, Familien oder höheren taxonomischen Gliederungen verantwortlich ist. Die eine Denkrichtung behauptet, daß die Makroevolution in Verbindung mit Langzeitprozessen innerhalb der Mikroevolution selbst erklärt werden kann[10]; die andere Richtung wiederum leugnet diese Deutung und behauptet, daß sich bedeutende Sprünge plötzlich im Laufe der Evolution vollziehen[11]. Obgleich die Aussichten innerhalb der mechanistischen Biologie hinsichtlich der relativen Bedeutung vieler kleiner Mutationen bzw. einiger weniger großer Mutationen in der Makroevolution auseinandergehen, besteht doch allgemeine Übereinstimmung darüber, daß diese Mutationen zufälliger Art sind und daß sich die Evolution als eine Kombination von zufälliger Mutation und natürlicher Selektion erklären läßt.

Diese Theorie wird letztlich jedoch immer spekulativ bleiben. Das Beweismaterial für die Evolution, das in erster Linie die fossile Vergangenheit liefert, wird immer eine Vielzahl von Interpretationen zulassen. So können zum Beispiel Gegner der mechanistischen Theorie argumentieren, daß sich evolutionäre Neuerungen nur bedingt mit Zufallsereignissen erklären lassen, sondern vielmehr dem Wirken eines schöpferischen Prinzips zuzuschreiben sind, das von der mechanistischen Wissenschaft nicht erkannt worden ist. Schließlich kann der Selektionsdruck, der sich aus dem Verhalten und den Eigenschaften der lebenden Organismen ergibt, selbst als abhängig angesehen werden von einem inneren organisierenden Faktor, der im wesentlichen nicht-mechanistisch ist.

Deshalb läßt sich das Problem der Evolution nicht schlüssig lösen. Zu den vitalistischen und organizismischen Theorien gehört notwendigerweise eine Weiterführung vitalistischer und organizismischer Vorstellungen, ebenso wie die neodarwinistische Theorie eine Weiterführung mechanistischer Ideen erfordert. Dies ist unvermeidlich, denn man wird die Evolution immer in der Begriffssprache von Vorstellungen deuten müssen, die bereits auf anderen Ebenen gebildet wurden.

1.5 Der Ursprung des Lebens

Dieses Problem ist nicht minder unlösbar als das der Evolution, und dies aus den gleichen Gründen. Zum einen wird man nie mit Sicherheit wissen, was sich in der fernen Vergangenheit abspielte. Wir werden immer eine Überfülle an Spekulationen haben, unter welchen Umständen der Ursprung des Lebens auf der Erde stattgefunden hat. Gegenwärtige Spekulationen legen den Ursprung des Erdenlebens in die »Ursuppe«; sie gehen auch von der »Infektion« der Erde durch Mikroorganismen aus, die eigens von intelligenten Wesen eines Planeten in einem anderen Sonnensystem per Raumschiff verschickt wurden[12]; oder sie sprechen von der Evolution des Lebens auf Kometen mit organischen Substanzen, die von interstellarem Staub stammen [13]. Zweitens: Selbst wenn die Bedingungen, unter denen Leben entstand, bekannt wären, würfe dieses Wissen kein Licht auf die Natur des Lebens. Angenommen beispielsweise, es ließe sich nachweisen, daß die lebenden Organismen in der »Ursuppe« aus nichtlebenden chemischen Aggregaten oder aus Hyperzyklen chemischer Prozesse entstanden sind[14], wäre dies kein Beweis, daß diese Organismen voll und ganz mechanistischer Art sind. Die Vertreter der organizismischen Theorie wären in jedem Fall in der Lage, dem entgegenzuhalten, daß damals neue organizismische Merkmale auftauchten. Und die Vitalisten würden darauf verweisen, daß der Faktor Leben genau dann Einlaß in das erste lebende System fand, als dieses selbst zum ersten Mal ins Leben trat. Die gleichen Argumente träfen selbst dann zu, wenn es jemals gelingen sollte, lebende Organismen künstlich in der Retorte zu erzeugen.

1.6 Grenzen des physikalischen Ansatzes

Die mechanistische Theorie postuliert, daß sämtliche Lebensphänomene, darunter das menschliche Verhalten, prinzipiell in physikalischen Begriffen erklärt werden können. Abgesehen von anderen Problemen, die sich aus speziellen Theorien der modernen Physik ergeben oder aus Konflikten zwischen diesen, ist diese Forderung aus zumindest zwei entscheidenden Gründen problematisch.

Zunächst einmal könnte die mechanistische Theorie nur dann gültig sein, wenn die physikalische Welt kausal in sich geschlossen wäre. Bezogen auf das menschliche Verhalten wäre dies der Fall, wenn mentale Zustände entweder keinerlei Wirklichkeit hätten oder auf irgendeine Weise mit physischen Zuständen des Körpers identisch wären oder parallel dazu verliefen oder ihre Begleiterscheinungen wären. Wäre aber auf der anderen Seite das Mentale nichtphysischer Natur und dennoch kausal wirksam, also fähig, mit dem Körper zu interagieren, dann ließe sich das menschliche Verhalten nicht vollständig in physikalischen Begriffen beschreiben. Die verfügbaren Belege können in keiner Weise die Möglichkeit des Zusammenwirkens von Körper und Geist ausschließen[15]. Zur Zeit läßt sich auf empirischer Ebene keine definitive Entscheidung zwischen der mechanistischen und der Interaktionstheorie fällen. Aus naturwissenschaftlicher Sicht bleibt die Frage offen. Aus diesem Grunde ist es denkbar, daß zumindest menschliches Verhalten – nicht einmal prinzipiell – vollständig in physikalischen Begriffen erklärbar ist.

Zweitens führt der Versuch, mentale Aktivität von den Naturwissenschaften her zu erklären, scheinbar zwangsläufig in einen Kreislauf, weil ja die Wissenschaft selbst auf mentaler Aktivität beruht[16]. Dieses Problem ist in der modernen Physik in Verbindung mit der Rolle des Betrachters physikalischer Meßvorgänge offenkundig geworden; die Grundlagen der Physik »lassen sich ohne (wenn auch mitunter nur impliziten) Bezug auf die Eindrücke -- und damit auf das Bewußtsein der Beobachter – nicht formulieren« (B. D'Espagnat)[17]. Nachdem also die Physik das Bewußtsein des Betrachtenden voraussetzt, können dieses Bewußtsein und seine Eigenschaften physikalisch nicht erklärt werden[18].

1.7 Psychologie

In der Psychologie läßt sich das Problem der Beziehung zwischen Geist und Körper umgehen, indem man die Existenz mentaler Zustände ignoriert. Dies ist der behaviouristische Ansatz, der die Aufmerksamkeit nur auf das objektiv beobachtbare Verhalten beschränkt[19]. Doch der Behaviourismus stellt keine überprüfbare wissenschaftliche Hypothese dar; er ist ein methodischer Ansatz. Und als ein restriktiver psychologischer Ansatz ist seine Stimmigkeit in keiner Weise selbstverständlich[20].

Andere psychologische Schulen haben einen geradlinigeren Ansatz gewählt und die subjektive Erfahrung als vorrangig gegebene Größe akzeptiert. Für den Zweck unserer Erörterung können wir davon absehen, die verschiedenen Schulen und Systeme zu diskutieren. Ein einzelnes Beispiel mag ausreichen, die biologischen Schwierigkeiten zu zeigen, die sich durch psychologische Hypothesen bei einem Versuch ergaben, empirische Beobachtungen zu deuten.

Die psychoanalytischen Schulen setzen voraus, daß viele Aspekte des Verhaltens und der subjektiven Erfahrung vom Unter- oder Unbewußten abhängen. Um nun die Tatsache der wachen Erfahrung und des Träumens zu erklären, muß das Unbewußte mit Eigenschaften versehen werden, die sich von denen eines bekannten mechanischen oder physikalischen Systems grundsätzlich unterscheiden. Bei C.G. Jung geht das Unbewußte sogar über die Grenzen des individuellen Bewußtseins hinaus und stellt für jedes einzelne menschliche Bewußtsein das kollektive Unbewußte dar:

> »Im Unterschied zur persönlichen Natur der bewußten Psyche gibt es ein zweites psychisches System von kollektivem, nicht-persönlichem Charakter, neben unserem Bewußtsein, das seinerseits durchaus persönlicher Natur ist und das wir – selbst wenn wir das persönliche Unbewußte als Anhängsel hinzufügen – für die einzig erfahrbare Psyche halten. Das kollektive Unbewußte entwickelt sich nicht individuell, sondern wird ererbt. Es besteht aus präexistenten Formen, Archetypen, die erst sekundär bewußt werden können, und den Inhalten des Bewußtseins fest umrissene Formen verleihen.«[21]

Indem er andeutete, die archetypischen Formen seien im Erbgut enthalten[22], versuchte Jung die Vererbung des kollektiven Unbewußten auf physikalische Weise zu erklären. Doch es erscheint sehr zweifelhaft, daß sich die Inhalte der archetypischen Formen auf chemische Weise in der Struktur der DNS oder in andern physikalischen oder chemischen Strukturen im Sperma oder in den Eizellen vererben sollen. Tatsächlich ergibt die Vorstellung des kollektiven Unbewußten in bezug auf die gegenwärtige mechanistische Biologie wenig Sinn, unbeschadet ihrer Verdienste als eine psychologische Theorie.

Es gibt jedoch *a priori* keinen Grund, warum sich psychologische Theorien auf den Rahmen der mechanistischen Theorien zu beschränken haben. Sie gewinnen mehr Sinn in Verbindung mit einer interaktionistischen Theorie. Mentale Phänomene müssen nicht notwendig auf physikalischen Gesetzen beruhen, sondern folgen eher eigenen Gesetzen.

Der Unterschied zwischen dem mechanistischen und dem interaktionistischen Ansatz läßt sich durch eine nähere Betrachtung des Problems des *Gedächtnisses* veranschaulichen. Der mechanistischen Theorie zufolge müssen Gedächtnisinhalte auf irgendeine Weise im Gehirn gespeichert werden. Nach einer interaktionistischen Theorie könnten die Eigenschaften des Bewußtseins so beschaffen sein, daß vergangene mentale Zustände in der Lage sind, gegenwärtige Zustände direkt zu beeinflussen und dies in einer Weise, die nicht auf der Speicherung physischer Gedächtnisspuren beruht[23]. Wenn dies zuträfe, bliebe eine Suche nach substantiellen Gedächtnisspuren im Gehirn eindeutig fruchtlos. Obgleich verschiedene mechanistische Hypothesen vorgeschlagen wurden – so zum Beispiel mit Bezug auf Nervenreflexe oder auf spezielle RNS-Moleküle –, gibt es doch keinen überzeugenden Beweis dafür, daß einer der vorgeschlagenen Mechanismen tatsächlich für das Gedächtnis verantwortlich zu machen ist[24].

Wenn es zutrifft, daß Gedächtnisinhalte im Gehirn auf nichtphysikalische Weise gespeichert werden, dann brauchen bestimmte Formen des Gedächtnisses nicht notwendigerweise auf das individuelle Bewußtsein beschränkt zu werden. Jungs Begriff eines ererbten kollektiven Bewußtseins mit seinen archetypischen Formen ließe sich als eine Art kollektives Gedächtnis deuten.

Derartige Spekulationen, im Rahmen des Interaktionismus vertretbar, scheinen von einem mechanistischen Standpunkt aus unsinnig. Aber die mechanistische Theorie kann nicht als gesichert gelten; zur Zeit ist der Gedanke, daß alle Phänomene grundsätzlich vom Physikalischen her erklärbar sind, letztlich auch nur spekulativ.

1.8 Parapsychologie

Die Überlieferung aller Völker erzählt von Männern und Frauen mit scheinbar wunderbaren Kräften, und solche Kräfte werden von sämtlichen Religionen anerkannt. In vielen Teilen der Erde werden angeblich verschiedene paranormale Fähigkeiten innerhalb eines esoterischen Systems bewußt entwickelt, zum Beispiel im Schamanismus, in der

Zauberei, im tantrischen Yoga oder im Spiritualismus. Selbst in der modernen westlichen Gesellschaft finden sich regelmäßig Berichte über scheinbar unerklärbare Phänomene, wie zum Beispiel Telepathie, Hellsehen, Präkognition, Erinnerung an vergangene Leben, Spuk, Poltergeister, Psychokinese und dergleichen.

Wir haben es hier offensichtlich mit einem Bereich zu tun, in dem Aberglaube, Schwindel und Leichtgläubigkeit bestens gedeihen. Aber die Möglichkeit, daß anscheinend paranormale Phänomene vorkommen, läßt sich nicht einfach von der Hand weisen; diese Frage läßt sich erst nach einer Sichtung des Beweismaterials beantworten.

Seit fast einem Jahrhundert werden angeblich paranormale Phänomene studiert. Obwohl die Wissenschaftler in diesem Forschungsbereich schon viele Fälle von Betrug aufgedeckt und festgestellt haben, daß einige scheinbar paranormale Ereignisse durch normale Ursachen geklärt werden können, so bleibt doch eine ganze Menge an Beweisen, die sich einer Deutung auf der Grundlage sämtlicher bekannter physikalischer Grundsätze zu widersetzen scheint[25]. Dazu kommt, daß zahlreiche Experimente mit dem Ziel, sogenannte übersinnliche Wahrnehmung oder Psychokinese zu untersuchen, positive Resultate erbracht haben, und dies bei einer Wahrscheinlichkeit von 1 zu 1000 bis 1 zu einer Milliarde[26].

Sollten diese Phänomene nicht mit den bekannten Gesetzen der Physik und der Chemie erklärbar sind, dürften sie vom konventionellen mechanistischen Standpunkt aus eigentlich nicht auftreten[27]. Ist dies dennoch der Fall, gibt es zwei Möglichkeiten für ein theoretisches Modell. Das eine geht von der Annahme aus, daß diese Phänomene von bislang unbekannten physikalischen Gesetzen abhängen. Der andere Modelltyp geht davon aus, daß sie auf nichtphysikalischen Kausalfaktoren oder Verknüpfungen sonstiger Art beruhen[28]. Die meisten der Hypothesen des zweiten Typs wurden innerhalb eines interaktionistischen Rahmens entworfen. Manche Hypothesen beruhen auf Formulierungen der Quantentheorie und schließen »verborgene Variable« oder »mehrgliedrige Universen« ein; außerdem setzen sie voraus, daß Bewußtseinszustände bei der Bestimmung des Ausgangs von wahrscheinlichkeitsabhängigen Prozessen mitentscheiden[29].

Sowohl das Diffuse solcher theoretischer Vorschläge als auch das letztlich Undefinierbare der angeblichen Phänomene lassen die parapsychologische Forschung nur sehr langsam vorankommen. Dies wiederum stärkt die Neigung vieler mechanistisch eingestellter Biologen, den Nachweis zu ignorieren oder gar zu leugnen, der zu zeigen scheint, daß sich diese Phänomene in der Tat ereignen.

1.9 Schlußfolgerungen

Diese kurze Betrachtung der unerledigten noch offenen Probleme der Biologie läßt der Annahme, sie ließen sich alle durch einen ausschließlich mechanistischen Ansatz lösen, nicht viel Spielraum. Im Falle der Morphogenese und des tierischen Verhaltens kann diese Frage als offen gelten; aber die Probleme der Evolution und der Ursprung des Lebens sind *per se* unlösbar und können keine Hilfe sein, um zwischen der mechanistischen und anderen denkbaren Theorien des Lebens zu entscheiden. Wo es um das Problem der Grenzen des physikalischen Modells geht, gerät die mechanistische Theorie in ernsthafte philosophische Schwierigkeiten; im Bezug auf die Psychologie weist sie keinen deutlichen Vorteil gegenüber der interaktionistischen Theorie auf; und schließlich steht sie im Konflikt mit offenkundigen Beweisen für parapsychologische Phänomene.

Andererseits hat das interaktionistische Modell den schwerwiegenden Nachteil, eine Kluft zwischen Psychologie und Physik aufzureißen, auch wenn es als attraktive Alternative im Bereich der Psychologie und Parapsychologie erscheinen mag. Zudem sind seine weiterreichenden biologischen Konsequenzen unklar. Denn wenn das Wechselspiel zwischen Geist und Körper das menschliche Verhalten beeinflußt, wie steht es dann mit dem Verhalten bei Tieren? Und wenn es sich so verhält, daß ein nichtphysikalischer Faktor bei der Kontrolle des Tierverhaltens eine Rolle übernimmt, könnte es dann auch bei der Kontrolle der Morphogenese eine Rolle übernehmen? Sollte man ihn in diesem Fall als einen Faktor der Art sehen, wie er in vitalistischen Theorien der Morphogenese beschrieben ist? Wenn ja, in welchem Sinn würde ein vitaler Faktor, der die embryologische Entwicklung steuert, dem menschlichen Geist ähneln?

In einem allgemeinen biologischen Zusammenhang gesehen scheint die interaktionistische Theorie mehr Probleme zu schaffen als zu lösen. Sie scheint auch zu keinen spezifischen überprüfbaren Aussagen zu führen, sieht man davon ab, daß sie die Möglichkeit parapsychologischer Phänomene zuläßt.

Auch der organizismische Ansatz in seiner derzeitigen Form krankt an dem Nachteil, daß er keine neue empirische Forschungsrichtung aufzeigen kann. Für die experimentelle Biologie bietet er kaum mehr als eine verschwommene Terminologie.

Angesichts derart schwacher Alternativen wird die biologische Forschung dem mechanistischen Modell trotz seiner Begrenzungen folgen müssen. Auf diese Weise wird man zumindest *einiges* herausfinden, selbst dann, wenn dabei die Hauptprobleme der Biologie ungelöst bleiben. Obwohl dies langfristig die einzig mögliche Verfahrensweise ist, so erscheint es doch mit Blick auf die Zukunft vernünftig zu fragen, ob sich eine Alternative entwickeln läßt, die logisch, sachspezifisch und überprüfbar ist. Wenn es um die Formulierung einer solchen Theorie geht, finden wir im Problem der Morphogenese den wohl zugänglichsten Ausgangspunkt.

Im folgenden Kapitel werden die Möglichkeiten für verbesserte Darstellungen mechanistischer, vitalistischer und organizismischer Theorien der Morphogenese behandelt.

2 Drei Theorien der Morphogenese

2.1 Beschreibung des normalen Entwicklungsverlaufs und experimentelle Forschung

Entwicklung läßt sich auf sehr verschiedene Weise beschreiben. Man kann die äußere Form des sich entwickelnden Tieres oder der sich entwickelnden Pflanze zeichnen, fotografieren, filmen und sich somit eine Bilderfolge der sich wandelnden Form verschaffen. Wir können die innere Struktur, einschließlich ihrer mikroskopischen Anatomie, in verschiedenen Entwicklungsstadien beschreiben *(Abb. 3)*; wir können Parameter wie etwa Gewicht, Volumen und Sauerstoffverbrauch messen, und schließlich lassen sich Veränderungen im chemischen Haushalt des Gesamtsystems und in seinen Teilbereichen analysieren. Die fortschreitende Verbesserung der technischen Hilfsmittel erlaubt es, derartige Beschreibungen in immer präziseren Details zu geben. So können wir z.B. dank des Elektronenmikroskops die Prozesse zellulärer Differenzierung mit einem wesentlich größeren Auflösungsvermögen untersuchen, als dies mit dem Lichtmikroskop möglich ist, wodurch viele neue Strukturen sichtbar werden. Die verfeinerten analytischen Methoden der modernen Biochemie ermöglichen die Messung von Konzentrationsveränderungen bestimmter Molekülarten, darunter Proteine und Nukleinsäuren in äußerst kleinen Gewebsproben. Mit Hilfe radioaktiver Isotope lassen sich chemische Strukturen im Entwicklungsverlauf markieren und nachweisen. Bestimmte Techniken, welche genetische Veränderungen in Embryonalzellen bewirken, ermöglichen es, die solcher Art genetisch »signierten« Abkömmlinge zu identifizieren und ihren Werdegang zu bestimmen.

Mit solchen Techniken können in weiten Bereichen der Embryologie und der Entwicklungsphysiologie neue Sachverhalte beschrieben werden. Wenn man die beschriebenen Sachverhalte dann klassifiziert und untereinander vergleicht, läßt sich feststellen, auf welche Weise verschiedene Arten von Veränderungen in einem gegebenen System miteinander in Beziehung gesetzt werden können und in welcher Weise

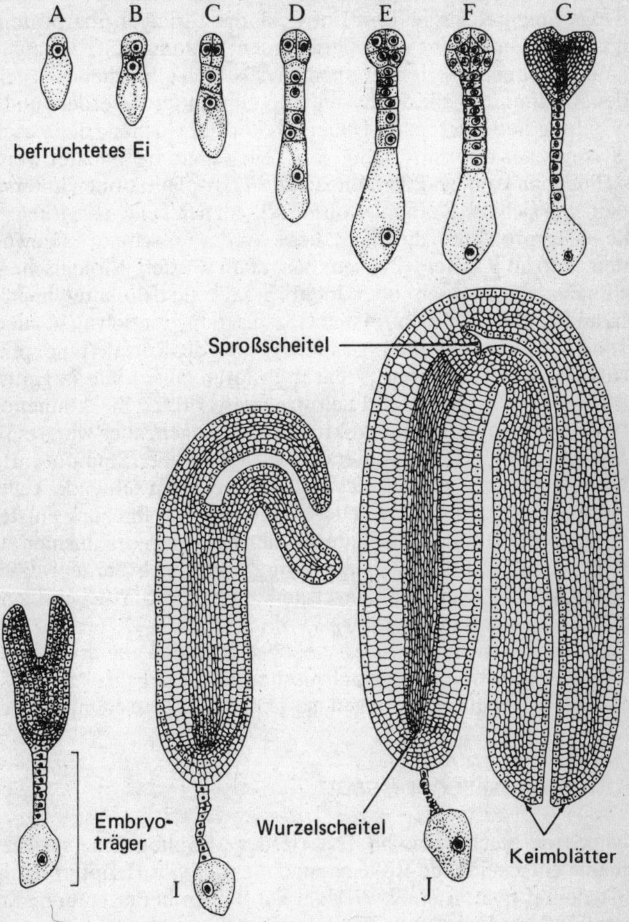

Abb. 3 Stadien der Embryonalenentwicklung des »Hirtentäschelkrauts«, *Capsella bursa-pastoris* (nach Maheshwari, 1950).

verschiedene Systeme einander ähneln. Eine Beschreibung allein reicht nicht aus, die Ursachen der Entwicklung verständlich zu machen, wenn sie auch Hypothesen nahelegt[1]. Diese Hypothesen lassen sich dann anhand experimentell ausgelöster Entwicklungsstörungen überprüfen: So kann z.B. die Umgebung verändert werden; bestimmte Stellen auf bzw. in einem gegebenen System können physikalisch oder chemisch gereizt werden; bestimmte Teile des Systems können entfernt werden, und ihre Entwicklung ließe sich dann isoliert weiteruntersuchen; die Reaktion des Systems auf die Entfernung von Teilen kann beobachtet werden; und schließlich kann an Pfropfungen und Transplantationen untersucht werden, wie sich die Kombination verschiedener Teile auswirkt.

Die Hauptprobleme, die durch diese Art der Forschung aufgeworfen werden, sind im Kapitel 1.2 zusammengefaßt worden: Biologische Entwicklung ist epigenetisch, oder anders gesagt, sie beinhaltet einen Zuwachs an Komplexität in Form und Organisation, der sich nicht aus dem Verständnis der organischen Ausbildung oder des Zerfalls einer präformierten, doch unsichtbaren Struktur erklären läßt. Viele in Entwicklung begriffene Systeme sind selbstregulativ; d.h.: Sie können eine mehr oder weniger normale Struktur hervorbringen, auch wenn ein Teil des Systems zerstört oder in einem hinreichend frühen Stadium entfernt wird. Viele Systeme können sich regenerieren oder fehlende Teile ersetzen, und bei der vegetativen und sexuellen Fortpflanzung entstehen neue Organismen aus abgetrennten Teilen der Elternorganismen. Eine weitere bedeutsame Verallgemeinerung ergibt sich daraus, daß das »Schicksal« von Zellen und Gewebsteilen von ihrer örtlichen Lage innerhalb des Systems bestimmt wird.

Von diesem gesicherten Tatsachenbestand gehen alle drei Theorien aus, die mechanistische, die vitalistische und die organizismische. Betrachten wir aber ihre Deutungen, so zeigen sich krasse Unterschiede.

2.2 Mechanistischer Ansatz

Die moderne mechanistische Theorie der Morphogenese spricht der DNS eine entscheidende Rolle zu, und dies aus vier Hauptgründen:

Erstens hat man in einer Vielzahl von Fällen herausgefunden, daß Unterschiede im Erbgut von Pflanzen oder Tieren einer Art von Genen abhängen, die sich an bestimmten Stellen auf bestimmten Chromosomen lokalisieren und in Genkarten einordnen lassen. Zweitens ist bekannt, daß die DNS die chemische Basis von Genen ist, und von ihren spezifischen Eigenschaften weiß man, daß sie von der Sequenz der Purin- und Pyrimidinbasen in der DNS abhängen. Drittens weiß man, auf welche Weise die DNS als chemische Basis der Vererbung wirken kann: Einerseits dient sie als Schablone für ihre eigene Replikation; dies wird ermöglicht durch die charakteristische Paarung der Basen in zwei komplementäre Stränge. Andererseits dient sie als Schablone für die Sequenz von Aminosäuren in Proteinen, was aber nicht auf direktem Wege geschieht; einer der beiden DNS-Stränge wird zunächst »abgelesen«, wodurch eine einsträngige »Boten-RNS« entsteht, dessen Basensequenz dann in Dreiergruppen »abgelesen« wird. Verschiedene Basentripletts kodieren verschiedene Aminosäuren. Auf diese Weise wird der genetische Code in eine Sequenz von Aminosäuren übersetzt, die sich in der vorgegebenen Reihenfolge zu charakteristischen Polypeptidketten zusammenschließen und zu Proteinen auffalten. Die Proteine schließlich verleihen einer Zelle ihre charakteristischen Eigenschaften: Ihr Stoffwechsel und ihre Fähigkeiten zu chemischen Synthesen hängen von Enzymen ab, einige ihrer Strukturelemente von Strukturproteinen und ihre Oberflächeneigenschaften, die als Erkennungszeichen für andere Zellen fungieren, von besonderen Proteinen auf ihrer Oberfläche.

Die Kontrolle der Proteinsynthese gilt innerhalb des mechanistischen Gedankengebäudes als das zentrale Problem der Entwicklung und Morphogenese. In Bakterien können spezielle Substanzen, genannt Induktoren, die »Ablesung« bestimmter Abschnitte der DNS auslösen, die dadurch entstehende »Boten-RNS« dient dann wiederum als Schablone zur Bildung bestimmter Proteine. Das klassische Beispiel hierfür ist die Induktion des Enzyms ß-Galaktosidase durch Laktose beim Bakterium *Escherischia coli.* Das »Einschalten« des betreffenden Gens geschieht durch ein kompliziertes System, woran ein Repressorprotein beteiligt ist, das im aktiven Zustand durch Bindung an eine bestimmte Stelle auf der DNS die »Ablesung« blockiert und in Anwesenheit des Induktors diese Bindung löst. Durch einen vergleichbaren Vorgang können bestimmte Repressoren Gene »ausschalten«. Bei Tieren und Pflanzen ist das System für Ein- bzw. Ausschaltung von Genen komplizierter und bis jetzt noch nicht voll verstanden. Weitere Schwierigkeiten ergeben sich aus der jüngst entdeckten Tatsache, daß die Boten-RNS aus Teilen aufgebaut sein kann, die durch »Ablesung« von verschiedenen Abschnitten der DNS entstehen, und sich dann in spezifischer Weise zusammengeschlossen haben. Darüber hinaus wird die Proteinsynthese auch noch auf der Übertragungsebene Boten-RNS – Protein kontrolliert; selbst bei Anwesenheit in der passenden Boten-RNS kann die Proteinsynthese noch durch eine Vielzahl von Faktoren ein- bzw. ausgeschaltet werden.

Die Art, in der die Proteinsynthese kontrolliert wird, bedingt somit die Bildung der verschiedenen Proteine in verschiedenen Zelltypen. Auf mechanistische Weise lassen sich diese Prozesse nur verstehen, wenn man davon ausgeht, daß physikochemische Einflüsse auf die Zellen wirken. Differenzierungsmuster müssen daher von physikochemischen Mustern innerhalb des Gewebes abhängen. Die Natur dieser Einflußfaktoren ist nicht bekannt, doch gibt es verschiedene Erklärungsansätze: Konzentrationsgradienten bestimmter Stoffe; Diffusions-Reaktions-Systeme mit chemischer Rückkopplung; elektrische Gradienten; elektrische oder chemische Oszillationen; mechanische Kontakte zwischen Zellen; oder verschiedene andere Faktoren bzw. Kombinationen davon. Die Zellen müssen dann je in charakteristischer Weise auf diese unterschiedlichen Einflüsse antworten. Heute betrachtet man diese physikalischen oder chemischen Faktoren gern als Träger von »Positionsangaben«. Die Zellen »deuten« diese dann in Übereinstimmung mit ihren genetischen Programmen, indem sie die Synthese bestimmter Proteine auslösen[2].

Die verschiedenen Aspekte des zentralen Problems der Kontrolle der Proteinsynthese werden zur Zeit intensiv erforscht. Die meisten mechanistisch denkenden Biologen erhoffen sich von der Lösung dieses Problems den entscheidenden Schritt zur Erklärung der Morphogenese auf ausschließlich mechanistischer Grundlage.

Will man beurteilen, ob eine mechanistische Erklärung der Morphogenese wahrscheinlich oder sogar möglich ist, gilt es, ein paar Schwierigkeiten zu bedenken:

1. Die Tatsache, daß sowohl die DNS als auch die Proteine verschiedener Arten einander stark ähneln können, läßt der Funktion, die der DNS und der Synthese spezifischer Proteine zugesprochen wird, nur einen sehr engen Spielraum. So hat z.B. ein eingehender Vergleich zwischen Proteinen vom Menschen und denen vom Schimpansen ergeben, daß eine beträchtliche Anzahl der Proteine identisch ist und andere sich nur wenig unterscheiden: Die Aufstellung von Aminosäuresequenzen und die Ergebnisse immunologischer und elektrophoretischer Untersuchungen sprechen eindeutig für eine genetische Verwandtschaft. Diese Ansätze zeigen alle, daß die Polypeptide des Menschen im Mittel zu mehr als 99% mit denen des Schimpansen übereinstimmen[3]. Vergleiche der sogenannten nicht-wiederholten DNS-Sequenzen (das sind jene Teile mit vermutlich genetischer Bedeutung) zeigen, daß der Gesamtunterschied zwischen den DNS-Sequenzen des Menschen und denen des Schimpansen nur 1,1% ausmacht.

Ähnliche Vergleiche zwischen verschiedenen Mäusearten oder verschiedenen Arten der Fruchtfliege *Drosophila* haben jeweils innerhalb dieser engverwandten Arten *größere* Unterschiede erkennen lassen als zwischen Menschen und Schimpansen. »Diese Unterschiede zwischen der Evolution der Organismen und der molekularen Evolution legen den Schluß nahe, daß die beiden Entwicklungsprozesse weitgehend voneinander unabhängig sind.«[4]

Nun kann man jedoch – um der mechanistischen Beweisführung mehr Nachdruck zu verleihen – annehmen, daß die genetischen Unterschiede zwischen so verschiedenen Arten wie Mensch und Schimpanse sich tatsächlich durch äußerst geringe Veränderungen der Proteinstruktur erklären lassen. Oder aber die Erklärung findet sich in einer kleinen Zahl verschiedenartiger Proteine oder in genetischen Veränderungen, die die Kontrolle der Proteinsynthese betreffen (was vielleicht zu einem bestimmten Grad von einer unterschiedlichen Anordnung der DNS innerhalb der Chromosomen abhängt); denkbar ist auch eine Kombination dieser einzelnen Faktoren.

2. Innerhalb desselben Organismus realisieren sich verschiedene Entwicklungsmuster, während die DNS unverändert erhalten bleibt. Man betrachte beispielsweise Arme und Beine des Menschen: Beide enthalten gleiche Zelltypen (Muskelzellen, Bindegewebszellen, usw.) mit gleichen Proteinen und gleicher DNS. Also lassen sich die Unterschiede zwischen Armen und Beinen nicht *per se* auf die DNS zurückführen. Sie sind vielmehr strukturbestimmenden Faktoren zuzuschreiben, die in den sich entwickelnden Armen und Beinen auf unterschiedliche Weise wirken. Die Präzision der Anordnung der Gewebe (beispielsweise die Befestigung von Sehnen an den richtigen Stellen von Knochen) beweist, mit welcher Genauigkeit diese strukturbestimmenden Faktoren arbeiten. Der mechanistischen Theorie des Lebens zufolge muß man diese Faktoren als von Natur aus physikochemisch betrachten. Ihre wirkliche Natur ist jedoch nach wie vor unbekannt.

3. Selbst wenn sich die physikalischen oder chemischen Faktoren, die das Differenzierungsmuster bestimmen sollen, identifizieren lassen, so bleibt doch das Problem, wie diese Faktoren selbst in entsprechender Weise ursprünglich geprägt wurden. Wir können dieses Problem veranschaulichen, indem wir zwei der seltenen Fälle betrachten, in denen die Isolation von chemischen Substanzen gelang, die für die Gestaltbildung verantwortlich gemacht werden.

In dem einen Fall geht es um Schleimpilze, frei lebenden amöboiden Zellen, die unter bestimmten Bedingungen zu einem Plasmahaufen verschmelzen. Dieser bewegt sich zuerst einige Zeit umher, richtet sich

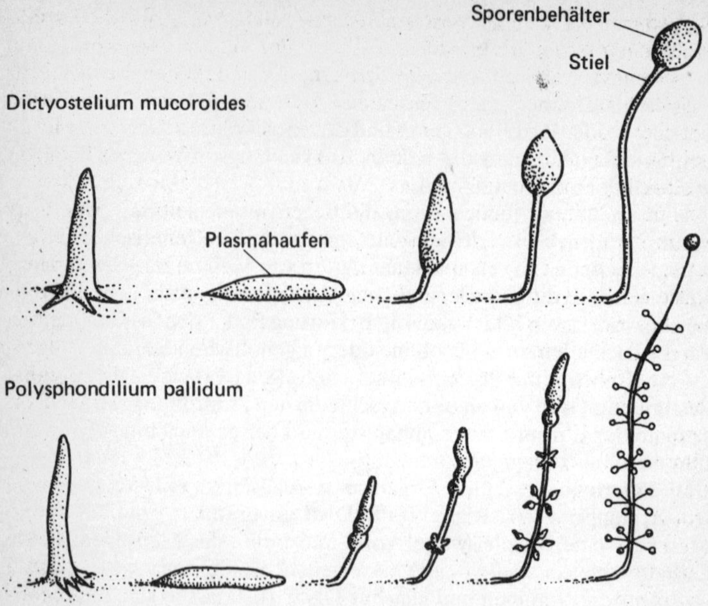

Abb. 4 Wander- und Kulminationsstadien zweier Schleimpilzarten. Links die neu gebildeten zusammengesetzten Organismen, entstanden aus der Verschmelzung zahlreicher freilebender amöboider Zellen; sie wandern zuerst als Plasmahaufen umher, richten sich dann auf und differenzieren sich in Stiele mit obenaufsitzenden Sporenbehältern (nach Bonner, 1958).

dann auf und differenziert sich in einen Stiel mit einer von ihm getragenen Sporenmasse (*Abb. 4*). Es ließ sich nachweisen, daß die Verschmelzung jener Zellen von der Anwesenheit einer relativ einfachen Substanz, dem zyklischen AMP (Adenosin 3′,5′–Monophosphat) abhängig ist. Obwohl die Verteilung des zyklischen AMP in Beziehung zum Differenzierungsmuster steht, »ist es jedoch nicht klar, ob in dem zusammengesetzten Zellhaufen die charakteristische Verteilung des zyklischen AMP ein Grund oder eine Folge der Differenzierung in Stiel und Sporenbehälter ist«. Selbst wenn es bei der Begründung der Differenzierung eine entscheidende Rolle spielt, läßt sich eine hinreichende Erklärung weder für seine charakteristische Verteilung finden noch dafür, daß dieses Verteilungsmuster von Art zu Art variiert: Andere Faktoren müssen demzufolge für seine Verteilung verantwortlich sein. Über die mögliche Natur dieser Faktoren gibt es jedoch große Meinungsverschiedenheiten[5].

In dem anderen Fall handelt es sich um Auxin (Indol-3-Essigsäure), ein Wachstumshormon in höheren Pflanzen. Es spielt bekanntlich eine entscheidende Rolle bei der Kontrolle der Gefäßdifferenzierung in Leitbündeln. Aber auch hier stellt sich die Frage: Wodurch wird die Produktion und Verteilung des Auxin gesteuert? Und die Antwort scheint zu lauten: durch die Gefäßdifferenzierung selbst. Auxin wird wahrscheinlich beim Differenzierungsprozeß der Gefäßzellen freigesetzt, sozusagen als Nebenprodukt der Proteinverteilung in der Schlußphase der Zellentwicklung. Wahrscheinlich ist es ein zirkuläres System, welches dazu beiträgt, daß die Differenzierungsmuster aufrechterhalten werden; es erklärt aber nicht, wodurch sie entstehen[6].

Angenommen jedoch, man könnte herausbekommen, welche Faktoren den physikalischen oder chemischen Einflüssen ein Muster aufprägen, jenen Einflüssen, die ihrerseits das Differenzierungsmuster bestimmen; angenommen, man wüßte darüberhinaus, auf welche Weise diese steuernden Faktoren selbst gesteuert würden; und so fort. In diesem Zusammenhang sei das Problem der Regulation genannt: Wenn ein Teil des Systems entfernt wird, bedeutet das zwangsläufig eine Unterbrechung der komplizierten Reihen physikochemischer Musterbildungen. Die verbleibenden Teile des Systems sind dennoch irgendwie in der Lage, ihren normalen Entwicklungsverlauf zugunsten eines entsprechend modifizierten Verlaufs zu ändern, der einen mehr oder weniger normalen Endzustand realisiert.

Man ist sich darin einig, daß dies ein ganz besonders schwieriges Problem ist; und man ist weit davon entfernt, es selbst in Ansätzen zu verstehen. Verfechter der mechanistischen Theorie hoffen, daß es sich mit viel gewissenhafter Sorgfalt lösen läßt. Ihre Gegner bestreiten, daß es selbst im Prinzip auf mechanistische Art gelöst werden kann. Nehmen wir jedoch auch hier wieder, rein hypothetisch, an, es gäbe eine mechanistische Lösung des Problems.

4. Dann bleibt noch das Problem, wie diese »Positionsinformation« abgerufen wird und zu entsprechenden Wirkungen führt. Die einfachste Denkmöglichkeit wäre, daß die »Positionsinformation« durch einen Konzentrationsgradienten eines bestimmten Stoffes gegeben ist, und daß Zellen einen bestimmten Satz von Proteinen synthetisieren, wenn dieser Stoff über einer bestimmten Konzentrationsstelle liegt, und einen anderen Satz von Proteinen, wenn dieser darunterliegt. Nehmen wir hier wieder an, dieser oder andere Mechanismen zur Erklärung der »Positionsinformation« ließen sich tatsächlich aufdecken[7].

Was ist dann schließlich erreicht nach all diesen höchst optimistischen Annahmen? Nichts weiter, als daß verschiedene Zellen in passender Verteilung angeordnet sind und verschiedene Proteine produzieren.

Bis hierher gab es eine Folge monokausaler Beziehungen; ein Gen wird durch spezifischen Reiz aktiv; die DNS wird »abgelesen«, in RNS umgeschrieben und die RNS wiederum in eine bestimmte Sequenz von Aminosäuren, eine Polypeptidkette, übertragen. Hiermit ist aber die einfache Kausalfolge bereits am Ende. Es stellen sich nun Fragen komplexer Art. Wie falten sich die Polypeptidketten zu den charakteristischen dreidimensionalen Strukturen von Proteinen auf? In welcher Weise geschieht die Strukturbildung von Zellen durch Proteine, und auf welche Weise schließen sich Zellen zur Bildung von Geweben charakteristischer Struktur zusammen, und so fort. Dies alles sind rein morphogenetische Probleme: Die Synthese spezifischer Polypeptidketten liefert die Basis für die Stoffwechselmaschinerie und für das strukturgebende Material, wovon die Formwerdung abhängt. Ohne die Polypeptidketten und die sich daraus auffaltenden Proteine wäre Morphogenese undenkbar. Was ist es nun *de facto,* was die Muster und Strukturen bestimmt, die aus den Kombinationen von Proteinen, Zellen und Geweben entstehen? Vom mechanistischen Standpunkt aus läßt sich dies alles in Begriffen von physikalischen Interaktionen erklären, und der Formwerdungsprozeß läßt sich als spontaner Vorgang beschreiben, wenn die richtigen Proteine an den richtigen Stellen zur rechten Zeit und in der richtigen Reihenfolge vorhanden sind. An diesem entscheidenden Punkt gibt die mechanistische Biologie tatsächlich auf und überläßt das Problem der Morphogenese ganz einfach der Physik.

Es ist in der Tat so, daß sich Polypeptidketten – wenn die passenden Bedingungen vorhanden sind – spontan zu Proteinen mit ihren charakteristischen dreidimensionalen Strukturen auffalten. In Reagenzgläsern können sie auch dazu veranlaßt werden, sich zu entfalten und sich dann – auch wieder unter veränderten Versuchsbedingungen – erneut aufzufalten. Dadurch wird hinreichend deutlich, daß dieser Vorgang nicht von irgendwelchen mysteriösen Eigenschaften lebender Zellen abhängt. Unter Reagenzglasbedingungen können sich darüber hinaus auch Proteinuntereinheiten zusammenschließen und Strukturen entstehen lassen, die normalerweise innerhalb lebender Zellen gebildet werden: Beispielsweise schließen sich Untereinheiten des Proteins Tubulin zu langen bündelartigen Gebilden, den sogenannten Mikrotubuli, zusammen[8]. Und selbst komplexere Gebilde, wie beispielsweise Ribosomen, können durch spontanen Zusammenschluß verschiedener Protein- und RNS-Anteile entstehen. Andere Stoffklassen, beispielsweise die Lipide der Zellmembranen, sind im Reagenzglas ebenfalls zu spontanen Aneinanderlagerungen befähigt.

Insoweit diese Strukturen sich spontan selbst zusammenschließen können, ähneln sie Kristallen. Viele von ihnen können tatsächlich als kristallin oder quasi-kristallin betrachtet werden. So erfordern sie im Prinzip nicht mehr oder nicht weniger Verständnis als das normale Kristallisationsproblem, da hier wie dort die gleichen physikalischen Prozesse zu wirken scheinen.

Dennoch können auf keinen Fall alle morphogenetischen Prozesse als Kristallisationstypen verstanden werden. Sie verlangen zu ihrer Erklärung eine Anzahl weiterer physikalischer Faktoren. Beispielsweise muß angenommen werden, daß die durch Membranen entstandenen Formen durch Oberflächenspannungskräfte beeinflußt, und Gel- und Sol-Strukturen durch die kolloidalen Eigenschaften ihrer Bestandteile bestimmt werden. Darüber hinaus könnten sich einige Musterbildungen auch durch zufallsbedingte Fluktuationen bilden. Von der irreversiblen oder Nicht-Gleichgewichtsthermodynamik in anorganischen Systemen ausgehend hat man begonnen, das Auftreten von »Ordnung durch Fluktuationen« an einfachen Beispielen näher zu untersuchen; vergleichbare Vorgänge können durchaus in Zellen und Geweben angenommen werden[9].

Die mechanistische Theorie vermutet jedoch nicht nur, daß diese und andere physikalische Vorgänge bei der Morphogenese mit von Bedeutung sein können, sie behauptet vielmehr, daß die Morphogenese vollständig in physikalischen Begriffen erklärbar ist. Was bedeutet das? Wenn alles Beobachtbare von vornherein, nur weil es einen Ereigniswert hat, als prinzipiell physikalisch erklärbar *definiert* wird, dann muß es *per definitionem* so sein. Doch bedeutet das nicht notwendigerweise, daß es in Begriffen der *bekannten* Gesetze der Physik zu erklären ist. Das trifft dann auch gleichermaßen für die biologische Morphogenese zu, wenn ein Biologe, der mit der Basensequenz in der DNS eines Organismus zu tun hat und mit einer detaillierten Beschreibung des physikochemischen Zustandes des befruchteten Eis und den für die Entwicklung gegebenen Umfeldeinflüssen, in Begriffen der fundamentalen Gesetze der Physik (z.B. der Quantenfeldtheorie, der elektromagnetischen Feldgleichungen, des zweiten Gesetzes der Thermodynamik, usw.) zu folgenden Punkten *Voraussagen* macht: 1. zur dreidimensionalen Struktur aller im Organismus entstehenden Proteine; 2. zu enzymatischen und anderen Eigenschaften dieser Proteine; 3. zum gesamten Stoffwechsel des Organismus; 4. zur Natur und den Wirkungen aller

Arten von Positionsinformation, die sich während seiner Entwicklung ergeben; 5. zum Aufbau und zur Verteilung seiner Zellen, Gewebe und Organe und zur Form des Organismus als eines Ganzen; und schließlich, im Falle eines Tieres, zu seinem instinktiven Verhalten. Wenn tatsächlich dies alles und darüber hinaus noch der Verlauf von Regulations- und Regenerationsvorgängen *a priori* vorausgesagt werden könnte, dann wäre das sicherlich ein schlüssiger Beweis dafür, daß lebende Organismen vollständig in Begriffen der bekannten Gesetze der Physik erklärt werden können. Aber natürlich ist gegenwärtig nichts dergleichen möglich. Es ist auch überhaupt kein Ansatz erkennbar, die Gültigkeit einer solchen Erklärung zu beweisen.

Wenn also die mechanistische Theorie angibt, daß alle Phänomene der Morphogenese prinzipiell in Begriffen der bekannten Gesetze der Physik erklärbar sind, dann ist das sehr wahrscheinlich falsch, weil gegenwärtig erst so wenig von all diesen Phänomenen verstanden wird. Daher besteht kaum ein guter Grund für die Annahme, daß die bekannten Gesetze zur Erklärung dieser Phänomene angemessen sind. Auf jeden Fall aber ist dies eine überprüfbare Hypothese, die durch die Entdeckung eines neuen Gesetzes der Physik widerlegt werden könnte. Wenn andererseits die mechanistische Theorie angibt, daß lebende Organismen beiden, sowohl den bekannten wie den noch unbekannten Gesetzen der Natur gehorchen, dann wäre sie unwiderlegbar und nichts weiter als ein allgemeines Glaubensbekenntnis in eine mögliche Erklärbarkeit. Sie würde dann nicht im Gegensatz zum Organizismus und Vitalismus stehen, sondern sie mit einschließen.

Gewöhnlich wird jedoch die mechanistische Theorie des Lebens nicht als eine streng definierte, widerlegbare wissenschaftliche Theorie angesehen; sie dient vielmehr als Rechtfertigung für die konservative Arbeitsmethode innerhalb der etablierten, durch die Physik und die Chemie gestützten Denkschemata. Obgleich sie üblicherweise so verstanden wird, daß lebende Organismen prinzipiell vollständig in Begriffen der bekannten Gesetze der Physik erklärbar sind, so kann sie doch, wenn die Physik ein neues Gesetz entdecken sollte und in seiner Gültigkeit bestätigt, leicht modifiziert werden und das neue Gesetz in ihr Theoriengebäude aufnehmen. Es ist dann nur noch Definitionssache, ob diese modifizierte Theorie des Lebens mechanistisch genannt wird oder nicht.

Wenn bisher erst so wenig über die Phänomene der Morphogenese und des Verhaltens bekannt ist, kann die Möglichkeit keinesfalls ausgeschlossen werden, daß schließlich einige davon von einem noch unbekannten physikalischen Kausalfaktor abhängig sind. Im mechanistischen Ansatz wird diese Frage einfach übergangen. Nichtsdestoweniger bleibt sie vollständig offen.

2.3 Der Vitalismus

Für den Vitalismus steht fest, daß sich Lebensphänomene nur bedingt auf der Basis physikalischer Gesetze verstehen lassen, welche von der Untersuchung unbelebter Systeme abgeleitet werden. Er behauptet, daß in lebenden Organismen ein zusätzlicher Kausalfaktor wirkt. Eine typische Darstellung eines vitalistischen Standpunktes des 19. Jahrhunderts stammt von dem Chemiker Liebig: Obwohl Chemiker bereits in der Lage seien, eine Vielzahl organischer Substanzen herzustellen und in Zukunft noch sehr viel mehr produzieren würden, gelänge es der Chemie niemals, ein Auge oder ein Blatt herzustellen. Zu den bekannten Faktoren Wärme, chemische Affinität und den formbildenden Faktoren Bindekraft und Kristallisation »kommt im lebendigen Körper eine vierte Ursache hinzu, durch welche die Kohäsionskraft beherrscht wird, durch welche die Elemente zu neuen Formen zusammengefügt werden, durch die sie neue Eigenschaften erlangen, Formen und Eigenschaften, die außerhalb des Organismus nicht bestehen«.[10] Vorstellungen dieser Art waren ungeachtet ihrer starken Verbreitung zu vage, um eine wirkungsvolle Alternative zur mechanistischen Theorie darzustellen. Erst zu Beginn dieses Jahrhunderts wurden neovitalistische Theorien präziser formuliert. Im Hinblick auf die Morphogenese war die Theorie des Embryologen Hans Driesch die bedeutendste. Ginge es um die Ausbildung einer modernen vitalistischen Theorie, so fände sie in Driesch das beste Fundament, auf dem sie aufbauen könnte.

Driesch bestritt nicht etwa, daß sich viele Eigenarten lebender Organismen in der physikochemischen Begriffssprache ausdrücken lassen. Er war sich sehr wohl der Befunde der Physiologie und der Biochemie wie auch ihrer Potentiale für die kommende Forschung bewußt: »Es finden sich im Organismus viele spezifische Verbindungen, welche verschiedenen Kategorien der chemischen Systeme angehören und deren Beschaffenheit teils bekannt, teils unbekannt ist. Doch die bisher noch unbekannten wird man in nächster Zeit kennen, und es gibt gewiß keine theoretisch begründbare Unmöglichkeit, die Eiweißstruktur ausfindig zu machen und sie auch herzustellen.«[11] Er wußte, daß Enzyme (»Fermente«) biochemische Reaktionen katalysieren, und dieses auch im Reagenzglas konnten: »Wir können sagen, daß kein Grund dagegen vorliegt, fast alle Stoffwechselvorgänge im Organismus als mit Hilfe von Fermenten oder Katalysatoren geschehend anzusehen, und daß die einzige Differenz zwischen anorganischen und organischen Fermenten in der sehr komplizierten Natur und dem hohen Grade der Spezifikation der letzteren besteht.«[12] Ihm war bekannt, daß es sich bei den Mendelschen Genen um materielle Faktoren in den Chromosomen handelte, auch, daß es vermutlich chemische Substanzen einer spezifischen Struktur waren[13]. Er glaubte, daß viele Aspekte des Stoffwechsels und der physiologischen Adaptation durchaus auf physikochemischer Ebene begründbar seien[14] und daß es im allgemeinen »im Organismus viele Prozesse gibt ..., welche in teleologischer oder zweckmäßiger Weise auf einer unveränderlichen maschinenähnlichen Basis ablaufen«[15]. Seine hier geäußerten Ansichten wurden in der Folgezeit mit dem Fortschritt von Physiologie, Biochemie und Molekularbiologie bestätigt. Es scheint, daß es Driesch nicht möglich war, diese später gemachten Entdeckungen in ihren Einzelheiten vorauszusehen, doch hielt er sie für denkbar und für durchaus vereinbar mit dem Vitalismus. Im Hinblick auf die Morphogenese war er der Meinung, man müsse »zugeben, daß eine Maschine in unserem Sinne des Wortes sehr wohl die Grundlage der Formbildung im allgemeinen sein könnte, wenn es nur normale, d.h nur ungestörte Entwicklung gäbe, und wenn die Entnahme von Teilen bei unseren Systemen zu fragmentaler Entwicklung führen würde«[16]. Doch folgt tatsächlich in vielen embryonalen Systemen auf die Entfernung eines Embryoteiles ein Prozeß der Regulation, wobei sich die verbleibenden Gewebsteile reorganisieren, um dann einen ausgewachsenen Organismus mit mehr oder weniger normaler Form auszubilden.

Die mechanistische Theorie sieht sich vor die Aufgabe gestellt, den Entwicklungsablauf mittels komplexer physikalischer oder chemischer Wechselwirkungen zwischen den Teilen des Embryos zu erklären. Driesch behauptete nun, daß die Tatsache der Regulation jede Form eines maschinenähnlichen Systems unvorstellbar machen müsse. Schließlich könne sich das System als Ganzes erhalten und dabei eine typische Endgestalt hervorbringen, während kein komplexes dreidimensionales maschinenähnliches System nach willkürlicher Abtrennung einzelner Teile eine Ganzheit bewahren könne.

Diese Argumentation mag insofern anfechtbar erscheinen, als sie durch den Fortschritt in der Technologie entwertet sein könnte oder zu einem späteren Zeitpunkt entwertet werden mag. Doch zumindest scheint sie bislang nicht widerlegt worden zu sein. So können Computer zwar korrekt auf bestimmte Formen funktioneller Störungen reagieren, doch tun sie dies auf der Basis einer festgelegten Struktur. Sie vermögen nicht, ihre eigene physische Struktur zu regenerieren; werden Teile des Computers nach dem Zufallsprinzip zerstört, so können sie nicht durch die Maschine selbst ersetzt werden. Ebensowenig ist das System in der Lage, nach der willkürlichen Entfernung einzelner Teile normal weiterzuarbeiten. Neben dem Computer als Kernstück moderner Technologie könnte in diesem Zusammenhang auch das Hologramm von Bedeutung sein. Einem Hologramm können Teile entnommen werden, ohne daß seine Fähigkeit gestört wird, ein vollständiges dreidimensionales Bild zu entwickeln. Das Hologramm kann dies aber nur als Teil eines übergeordneten funktionellen Ganzen, unter Einschluß von Lasern, Spiegeln usw. Auch diese Strukturen können nach willkürlicher Beschädigung nicht regeneriert werden, zum Beispiel dann nicht, wenn die Laserapparatur zerstört wird.

Driesch glaubte, daß die Tatsache der Phänomene von Regulation, Regeneration und Reproduktion beweisen, daß es irgend etwas an dem lebenden Organismus gibt, das sich als Ganzheit erhält, obgleich sich Teilbereiche des physischen Ganzen entfernen lassen. Er nahm an, daß dieser Faktor sich auf das physische System auswirke, ihm selbst aber als Teil nicht zugehöre. Er nannte diesen nichtphysikalischen Kausalfaktor *Entelechie.* Er stellte die Behauptung auf, die Entelechie organisiere und kontrolliere physikochemische Abläufe während der Morphogenese; die Gene seien dafür verantwortlich, die materiellen *Träger* der Morphogenese zu stellen und die chemischen Substanzen anzuordnen – die Verwirklichung der Ordnung selbst geschehe durch die Entelechie. Natürlich könne die Morphogenese durch genetische Veränderungen *beeinflußt* werden, welche die Träger der Morphogenese veränderten, doch bedeute dies nicht, daß sich die Morphogenese einfach mittels der Gene und der von ihnen gesteuerten chemischen Substanzen *erklären* ließe. In ähnlicher Weise stellt das Nervensystem nach Driesch den Träger des Verhaltens eines Tieres dar, wobei es aber die Entelechie ist, welche die Aktivität des Gehirns organisiert, indem es dieses wie ein Instrument benutzt, vergleichbar einem Pianisten, der auf seinem Klavier spielt. Wiederum ließe sich einwenden, daß Verhalten durch Schädigungen des Gehirns beeinträchtigt werden kann, so wie auch die Musik, die der Pianist spielt, durch eine Schädigung des Klaviers negativ beeinflußt würde. Doch nach Driesch bewiese dies nur, daß das Nervensystem ein notwendiger Träger des Verhaltens ist, in dem Sinn, in dem das Klavier ein notwendiges Medium für den Pianisten darstellt.

Entelechie ist ein griechisches Wort, dessen Ableitung (en-telos) auf etwas hinweist, das seinen Zweck in sich selbst trägt; sie schließt das

Ziel ein, auf welches ein System unter ihrer Führung ausgerichtet ist. Wird also der normale Entwicklungsweg gestört, vermag das System das gleiche Ziel auf einem anderen Wege zu erreichen. Driesch nahm an, daß Entwicklung und Verhalten der Kontrolle einer Hierarchie von Entelechien unterstellt sind, welche sich letzten Endes von der übergeordneten Entelechie des Gesamtorganismus herleiten[17]. Wie in jedem anderen hierarchischen System, z.B. dem einer Armee, könne es dabei zu Fehlern kommen, und Entelechien könnten sich »unintelligent« verhalten, wie sie es beispielsweise in Fällen von Superregeneration tun, wo es zur Ausbildung eines überflüssigen Organs kommt[18]. Doch widerlegt derartiges Fehlverhalten die Existenz der Entelechie ebensowenig wie militärische Irrtümer beweisen können, daß Soldaten unintelligente Wesen sind.

Driesch bezeichnete die Entelechie als eine »intensive Mannigfaltigkeit«, als einen räumlichen Dimensionen nicht unterworfenen Kausalfaktor, der dennoch im Raum wirken kann. Er betonte dabei, es handele sich um einen natürlichen Faktor (also nicht um einen metaphysischen oder mystischen), der in physikochemischen Prozessen seinen Ausdruck finde. Es gehe nicht um eine Energieform, und seine Funktionen widersprächen nicht dem zweiten Gesetz der Thermodynamik, dem Gesetz der Erhaltung der Energie. Wie aber sollte er dann wirken können?

Driesch schrieb dies in der Ära der klassischen Physik, als man allgemein annahm, alle physikalischen Abläufe seien vollständig determiniert und grundsätzlich in den Größen von Energie, Impuls usw. ausdrückbar. Aber er gelangte zu der Überzeugung, daß physikalische Prozesse nicht in ihrer Gesamtheit determiniert sein konnten, denn andernfalls könnte die nichtenergetische Entelechie auf sie keinen Einfluß nehmen. Er folgerte deshalb, daß zumindest in lebenden Organismen mikrophysikalische Prozesse nicht vollständig durch physikalische Kausalität determiniert seien, wenngleich physikochemische Veränderungen im Durchschnitt statistischen Gesetzen folgten. Er nahm an, daß die Entelechie solcherart in Erscheinung trat, daß sie das genaue »Timing« mikrophysikalischer Prozesse beeinflußte, und dies, indem sie diese gleichsam »in der Schwebe hält« und sie aus diesem Zustand der Suspension immer dann entläßt, wenn dies ihrem Zwecke dient: »Diese Fähigkeit zu temporärer Suspension anorganischen Geschehens muß als die wichtigste ontologische Eigenschaft der Entelechie angesehen werden ... Nach unserer Auffassung ist Entelechie ganz und gar unfähig zum Wegräumen irgendeines ›Hindernisses‹ für aktuelles Geschehen ...; denn solch ein Wegräumen braucht Energie, und Entelechie ist nicht energetisch. Wir lassen Entelechie nur das in Aktualität setzen, was sie selbst vordem gehindert, was sie selbst suspendiert hatte.«[19]

Scheint dieser kühne Entwurf eines physikalischen Indeterminismus in lebenden Organismen vom Standpunkt der deterministischen klassischen Physik auch völlig unannehmbar zu sein, so erscheint er im Lichte der Quantentheorie weitaus weniger indiskutabel. Im Jahre 1927 formulierte Heisenberg die Unschärferelation, und sehr bald wurde deutlich, daß sich Angaben zu Ort und Zeit von mikrophysikalischen Ereignissen nur in Form von Wahrscheinlichkeiten machen ließen. Im folgenden Jahr vermutete der Physiker Sir Arthur Eddington, der Geist beeinflusse den Körper, indem er die Form quantenmechanischer Ereignisse im Gehirn durch Einflußnahme auf die Wahrscheinlichkeit ihres Auftretens präge. »Soll sich der Begriff der Wahrscheinlichkeit nicht selbst widersprechen, lassen sich Wahrscheinlichkeiten in verschiedenen Formen modifizieren, die, richtet man sich nach den gewohnten physikalischen Gesetzen, eigentlich nicht statthaft sind.«[20] Vergleichbare Gedanken hat der Neurophysiologe Sir John Eccles zur Diskussion gestellt. Er faßt seine Überlegungen wie folgt zusammen:

> »Die neurophysiologische Hypothese besagt, daß der ›Wille‹ die raumzeitbezogene Aktivität des neuronalen Netzwerks durch die Auswirkung von raumzeitbedingten ›Einflußfeldern‹ modifiziert. Diese werden wirksam durch die einzigartige Wahrnehmungsfunktion der aktiven Großhirnrinde. Es wird mit der Zeit deutlich werden, daß der ›Wille‹ oder der ›geistige Einfluß‹ selbst das Merkmal einer Art Raumzeitstruktur aufweist, welches ihm erst ein solches Eingreifen ermöglicht.«[21]

Jüngst haben Physiker und Parapsychologen ähnliche, doch bereits detailliertere Vorstellungen veröffentlicht[22] (vgl. Kapitel 1.8).

In Übereinstimmung mit diesen Ansätzen ließe sich eine moderne vitalistische Theorie auf der Hypothese entwickeln, daß Entelechie (um Driesch' Begriff zu gebrauchen) physikochemische Systeme ordnet, indem sie auf physikalisch nichtdeterminierte Ereignisse innerhalb der statistischen Grenzwerte wirkt, die durch energetische Verursachung gesetzt werden. Um so arbeiten zu können, muß die Entelechie selbst eine raumzeitliche Struktur aufweisen. Woher aber bezieht die Entelechie diese Struktur? Eine mögliche Antwort gibt uns die in Kapitel 1.7 angeführte interaktionistische Theorie des Gedächtnisses. Trifft es zu, daß Gedächtnisinhalte auf nichtphysikalische Weise im Gehirn gespeichert werden, sondern mit einer unmittelbaren Funktion über die zeitlichen Grenzen hinaus miteinander verbunden sind[23], so besteht keine Notwendigkeit, diese Inhalte auf das individuelle Gehirn zu beschränken. Sie könnten von Person zu Person weitergehen; möglich wäre auch, daß durch die Kette zahlloser Individuen der Vergangenheit eine Art »Gedächtnisreservoir« vererbt wird.

Diese Gedanken lassen sich verallgemeinern, so daß wir Instinkte von Tieren miteinbeziehen können. Instinkte ließen sich dann also über das kollektive Gedächtnis der Spezies vererben. Ein Instinkt wäre danach soviel wie eine Gewohnheit, die nicht nur von Individuen, sondern von der gesamten Art erworben wird.

Ähnliche Gedanken wurden bereits von einer Reihe von Autoren geäußert[24]. Der Parapsychologe W. Carrington ist zum Beispiel der Ansicht, instinktives Verhalten wie das Weben eines Spinnennetzes »ließe sich vielleicht auf die Einbindung des individuellen Geschöpfes (z.B. der Spinne) in ein umfassenderes System zurückführen (oder, falls man diesen Begriff vorzieht, in das gemeinsame Unbewußte). In diesem System findet sich die Gesamtheit der Spinnenerfahrungen der Art gespeichert.«[25] Dieser Gedanke wurde von dem Zoologen Sir Alister Hardy weitergeführt, der annahm, diese gemeinschaftlich getragene Erfahrung übernehme die Funktion einer Art »psychischer Blaupause«: »Wir hätten es mit zwei parallelen Informationsflüssen zu tun – dem DNS-Code, der für die unterschiedliche physische Form des Organischen sorgt, die dann dem Einfluß der Selektion zugetragen wird – und die unterbewußte ›Blaupause‹ der Art – beide zusammen würden in Verbindung mit der Umwelt jene Mitglieder der Population herausselektieren, die am geeignetsten sind, die Rasse zu erhalten.«[26]

Die obenstehenden Darlegungen beschränken den Typus der Vererbung, der auf einem nichtphysikalischen gedächtnisähnlichen Prozeß beruht, auf den Bereich des Verhaltens. Eine weitergehende Verallgemeinerung dieses Gedankens, die auch die Vererbung der Form einschließt, brächte uns mit Driesch' Verständnis der Entelechie in Berührung: Das charakteristische Muster, das die Entelechie einem physikochemischen System übermittelt, wäre dann abhängig von einer räumlich-zeitlich bedingten Strukturierung der Entelechie selbst durch eine Art Gedächtnisprozeß. Ein Seeigel hätte sich dann zum Beispiel deshalb zu seiner jetzigen Form entwickelt, weil seine Entelechie das »Gedächtnis« der Entwicklungsphasen aller früheren Seeigel enthielte. Mehr noch, die »Erinnerung« an die Formen der Larven und der ausgewachsenen Seeigel würden es der Entelechie ermöglichen, die Entwicklung selbst dann auf diese normalen Ziele zu richten, wenn der Embryo beschädigt würde, wodurch sich das Phänomen der Regeneration erklären ließe.

Eine mögliche vitalistische Theorie der Morphogenese könnte also wie folgt zusammengefaßt werden: Das in der DNS festgelegte Erbgut determiniert sämtliche möglichen Proteine, die der Organismus herstellen kann. Die Organisation der Zellen aber, der Gewebe und Organe, die Koordinierung der Entwicklung des Organismus als ein Ganzes wird durch die Entelechie bestimmt. Diese wird auf nichtmaterielle Weise von früheren Mitgliedern derselben Art geerbt. Obgleich sie die von ihr kontrollierten physikochemischen Systeme beeinflußt, stellt Entelechie dennoch keine Form von Materie oder Energie dar. Ihr Eingreifen ist deshalb möglich, weil sie wie ein Aggregat »verborgener Variablen« auf die Wahrscheinlichkeit bestimmter Prozesse einwirkt.

Diese Theorie ist beileibe nicht ohne Sinn und ließe sich möglicherweise auch experimentell untersuchen. Doch sie erscheint letztlich eindeutig unzureichend, einfach deshalb, weil sie eine vitalistische Theorie ist. Gemäß ihrer Definition ist Entelechie im Kern nichtphysikalischer Natur. Zwar könnte sie hypothetischerweise auf materielle Systeme Einfluß nehmen, indem sie sich eines Aggregats von Variablen bedient, welche aus der Sicht der Quantentheorie »verborgen« sind, doch hätten wir es auch dann noch mit dem Problem des Zusammenwirkens zweier wesentlich grundverschiedener Bereiche zu tun: Die physikalische Welt könnte niemals auf der Ebene der nichtphysikalischen Welt erklärt oder verstanden werden, und umgekehrt.

Dieser Dualismus, der alle vitalistischen Theorien charakterisiert, erscheint besonders willkürlich im Lichte der molekularbiologischen Entdeckung von der Fähigkeit der »Selbstorganisierung« bei komplexen Strukturen wie Ribosomen und Viren. Dies sind Befunde, die nur einen graduellen Unterschied, nicht einen wesensgemäßen Unterschied zur Kristallisation anzeigen. Wenn die Selbstorganisation lebender Organismen zu einem Ganzen auch komplexer als die der Ribosomen oder Viren ist und auch eine weit größere innere Heterogenität ausbildet, reicht die Ähnlichkeit dennoch aus, um anzunehmen, daß auch hier der Unterschied ein gradueller ist. Diesen Standpunkt bevorzugen sowohl die Anhänger des Mechanismus wie auch die des Organizismus.

Möglicherweise müßte man die vitalistische Theorie akzeptieren, falls keine andere befriedigende Erklärung des Phänomens Leben in Betracht käme. Als der Vitalismus am Anfang dieses Jahrhunderts die einzige Alternative zur mechanistischen Theorie darzustellen schien, wuchs ihm trotz des ihm eigenen Dualismus eine beträchtliche Anhängerschaft zu. Doch die Entwicklung des Organizismus während der letzten fünfzig Jahre lieferte ein anderes Modell. Indem er viele Aspekte des Vitalismus unter einen umfassenderen Blickwinkel stellte, konnte er erfolgreich an dessen Stelle treten.

2.4 Der Organizismus

Organizismische Theorien der Morphogenese haben sich unter einer Vielfalt von Einflüssen entwickelt: Einige wurden geprägt von philosophischen Systemen, in erster Linie von A.N. Whitehead und J.C. Smuts, andere von der modernen Physik, insbesondere von dem Begriff des Feldes, wieder andere von der Gestaltpsychologie, die ihrerseits stark beeinflußt war von dem physikalischen Feldbegriff; und einige erhielten ihre Prägung durch den Vitalismus von Driesch[27]. Thema dieser Theorien sind die gleichen Probleme, von denen Driesch behauptete, sie seien im mechanistischen Denken unlösbar: Regulation, Regeneration und Reproduktion. Doch während Driesch die nichtphysikalische Entelechie vorschlug, um die Qualitäten der Ganzheit und Zielgerichtetheit zu erklären, die wir bei sich entwickelnden Organismen beobachten, konzentrierten sich die Anhänger des Organizismus auf die morphogenetischen *Felder* (auch Embryonalfelder oder Entwicklungsfelder). Unabhängig voneinander stellten A. Gurwitsch 1922[28] und P. Weiss 1926[29] diesen Gedanken zur Diskussion. Doch beließen es beide Autoren bei der Feststellung, daß morphogenetische Felder eine wichtige Rolle bei der Kontrolle der Morphogenese spielen. Keiner der beiden führte weiter aus, welcher Art die Felder waren oder wie sie arbeiteten. Der Feldbegriff wurde rasch von weiteren Entwicklungsbiologen aufgegriffen, doch blieb er unzureichend definiert, wenngleich er half, die Möglichkeit von Analogien von Merkmalen lebender Organismen und denen anorganischer elektromagnetischer Systeme aufzuzeigen. Zerschneidet man beispielsweise einen Eisenmagnet in zwei Teile, so bilden sich dank der Eigenschaften des magnetischen Feldes zwei ganze Magneten. In analoger Weise sah man im morphogenetischen Feld den Grund für die »Ganzheit« abgetrennter Teile des Organismus, welche die Fähigkeit besitzen, sich zu neuen Organismen auszuwachsen. C.H. Waddington schlug vor, den Begriff des morphogenetischen Feldes weiter zu fassen, um mit seiner Hilfe den zeitlichen Aspekt von Entwicklung begründen zu können. Er nannte diesen neuen Begriff *Chreode* (abgeleitet von griechisch chré: es ist notwendig, und von hodos: Weg, Pfad) und veranschaulichte ihn durch eine einfache dreidimensionale »epigenetische Landschaft« (*Abb. 5*).[30]

In diesem Modell entspricht der Weg, dem die Kugel auf ihrem Weg nach unten folgt, der Entwicklungsgeschichte eines bestimmten Teils eines Eis. Mit fortschreitender Evolution ergibt sich eine Folge sich verzweigender alternativer Wege, die in der Abbildung durch die Täler dargestellt werden. Diese stehen für die Entwicklungswege der ver-

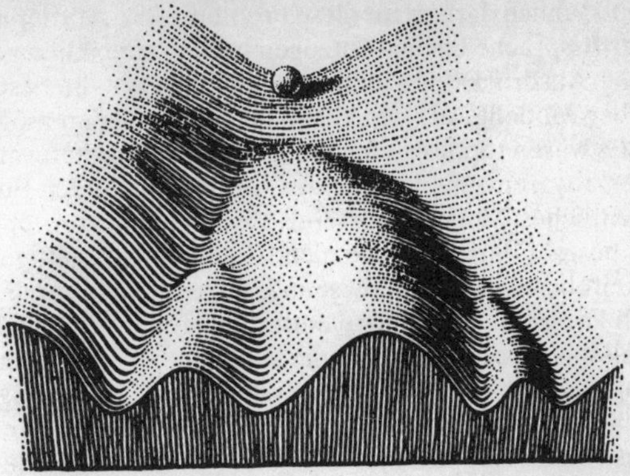

Abb. 5 Ein Teil einer »epigenetischen Landschaft«. Sie veranschaulicht den Begriff der Chreode als »kanalisierter« Weg der Veränderung. (Waddington, 1957. Wiedergabe mit freundlicher Genehmigung von George Allen & Unwin, Ltd.)

schiedenen Organ-, Gewebs- und Zellformen. In den Organismen sind sie deutlich verschieden; beispielsweise haben die Niere und die Leber eindeutig festgelegte Strukturen und lassen sich nicht etwa über eine Folge von Zwischenformen ineinander überführen. Die Entwicklung wird auf eindeutige Ziele hin *kanalisiert.* Es mag sein, daß genetische Veränderungen oder Umweltstörungen den Entwicklungsverlauf (dargestellt durch den Weg, den die Kugel nimmt) vom Talgrund weg auf die benachbarte Bergseite hinaufzwingen, doch vorausgesetzt, er wird nicht über den Bergrücken in ein anderes Tal gestoßen, wird der Entwicklungsprozeß seinen Weg zurückfinden. Er wird dabei nicht zu dem Punkt, an dem er abgewichen ist, zurückkehren, sondern zu einer weiter unter liegenden Stelle auf dem kanalisierten Weg der Differenzierung. Auf diese Weise läßt sich das Phänomen der Regulation veranschaulichen.

Der Begriff der Chreode ähnelt stark dem des morphogenetischen Feldes, aber er stellt die Dimension der Zeit deutlicher heraus, die im letzteren nur implizit vorhanden ist.

Im Rahmen eines umfassenden Versuches, eine mathematische Theorie zu entwerfen, welche neben der Morphogenese auch die Bereiche Verhalten und Sprache aufgreift, hat unlängst der Mathematiker René Thom diese beiden Begriffe eingehend entwickelt[31]. Es geht ihm dabei hauptsächlich darum, für diese Probleme, die sich der mathematischen Begriffssprache bislang entzogen haben, eine ihnen gemäße mathematische Ausdrucksform zu finden. Sein Ziel ist die Erstellung mathematischer Modelle, die den Entwicklungsprozessen möglichst ähnlich sind. Es wären topologische Modelle – eher qualitativ als quantitativ – und sie wären unabhängig von jeglicher kausaler Begründung: »Ein wesentliches Merkmal unserer Verwendung von topologischen Modellen besteht darin, daß sie nichts über die ›endgültige Natur der Wirklichkeit‹ besagen. Sollte diese tatsächlich jemals durch eine unbeschreiblich komplizierte Analyse enthüllt werden, wäre doch am Ende nur ein Teil ihrer Erkennbarkeit, die beobachtbaren Elemente, für die makroskopische Beschreibung des Systems von Bedeutung. Der Anwendungsbereich unseres dynamischen Modells wird ausschließlich durch diese Elemente und nicht durch Bezug auf darunterliegende mehr oder weniger chaotische Strukturen definiert.«[32]

Problematisch an diesem Ansatz ist, daß er im wesentlichen beschreibender Natur ist; er dient kaum einer *Erklärung* der Morphogenese. Man vergleiche beispielsweise Waddingtons Chreode mit Driesch' Entelechie. Beide beinhalten die Vorstellung, Entwicklung werde gesteuert oder in Raum und Zeit durch etwas kanalisiert, das sich nicht auf einen bestimmten Raum oder eine bestimmte Zeit beschränken läßt. Beide nehmen an, dieses Etwas sei das Ende oder das Ziel des Entwicklungsprozesses, und beide geben einen Denkansatz zum Thema Regulation. Der Hauptunterschied zwischen den beiden liegt darin, daß Driesch im Gegensatz zu Waddington auszudrücken versuchte, auf welche Weise der von ihm vorgeschlagene Prozeß tatsächlich funktionieren könnte. Der Begriff der Chreode war insofern weniger anfechtbar, weil er so unbestimmt gehalten wurde[33]. Hierzu paßt, daß Waddington in den Begriffen der Chreode und der morphogenetischen Felder den »wesentlichen Vorteil des Deskriptiven« sah[34]. Wie mehrere andere Organizisten bestritt auch er, irgend etwas anderes als das Wirken bekannter physikalischer Kräfte unterstellen zu wollen[35]. Nicht alle Organizisten aber bestreiten dies; einige lassen die Frage offen. Diese bewußt unverbindliche Position kommt zum Ausdruck in der folgenden Erörterung des morphogenetischen Feldes durch B.C. Goodwin:

> »Eine Eigenschaft des Feldes besteht darin, daß es von elektrischen Kräften beeinflußt werden kann. Auch bei anderen sich entwickelnden und regenerierenden Organismen hat man interessante und bedeutsame elektrische Feldmuster gefunden, doch möchte ich nicht soweit gehen zu behaupten, das morphogenetische Feld sei wesentlich elektrischer Natur. Auch chemische Substanzen wirken sich auf

die Polarität sowie auf weitere Formaspekte der sich entwickelnden Organismen aus; und auch hier möchte ich nicht behaupten, das morphogenetische Feld sei wesentlich chemischer oder biochemischer Natur. Ich glaube, seine Erforschung sollte sich von der Annahme leiten lassen, das morphogenetische Feld könne jede der genannten Formen, auch alle gleichzeitig, oder auch keine von ihnen haben. Doch ungeachtet einer skeptischen Haltung, was die eigentliche Natur des Feldes angeht, sollte man sich bewußt sein, daß es eine entscheidende Rolle im Entwicklungsprozeß spielt.«[36]

Die Offenheit dieses Ansatzes macht ihn zu einem vielversprechenden Ausgangspunkt für eine detaillierte organizismische Theorie der Morphogenese. Verhält es sich aber so, daß man annimmt, morphogenetische Felder ließen sich vollständig auf dem Boden bekannter physikalischer Grundsätze erklären, dann sind sie am Ende nicht mehr als eine mehrdeutige Terminologie, die einer ausgeklügelten Version der mechanistischen Theorie angepaßt wird. Nur wenn ich voraussetze, daß sie eine von der Physik noch nicht erkannte kausale Rolle spielen, kann ich eine überprüfbare Theorie entwickeln. Wir werden diese Möglichkeit in den folgenden Kapiteln untersuchen.

3 Der Ursprung der Formen

3.1 Das Problem der Form

Auf den ersten Blick scheint der Begriff der Form kein Problem darzustellen. Die Welt um uns ist voll von Formen; wir erkennen sie mit jedem Akt der Wahrnehmung. Doch vergessen wir dabei leicht, daß ein krasser Unterschied besteht zwischen diesem Aspekt unserer Erfahrung, den wir für so selbstverständlich halten, und den quantitativen Faktoren, mit denen es die Physik selbst zu tun hat: Masse, Impuls, Energie, Temperatur, Druck, elektrische Ladung usw.[1]

Die Beziehungen zwischen den quantitativen Faktoren der Physik lassen sich in mathematischer Form ausdrücken, und physikalische Veränderungen sind durch Gleichungen darstellbar. Die Bildung dieser Gleichungen ist deshalb möglich, weil fundamentale physikalische Größen entsprechend den Grundsätzen der Erhaltung von Masse und Energie, Impuls, elektrische Ladung usw. erhalten bleiben. Der Gesamtbetrag von Masse, Energie, Impuls, elektrischer Ladung usw. vor einem bestimmten physikalischen Geschehen entspricht dem Gesamtbetrag danach. Was in dieser Gleichung aber keine Berücksichtigung findet, ist die Form: Sie ist weder ein Vektor noch eine auf Skalen faßbare Größe, noch bleibt sie als solche erhalten. Werfen wir beispielsweise einen Blumenstrauß in einen Ofen und lassen wir ihn zu Asche verbrennen, so bleibt der Gesamtbetrag an Materie und Energie erhalten, die Form der Blumen ist dagegen einfach verschwunden.

Physikalische Größen lassen sich mit äußerst genauen Instrumenten messen. Anders verhält es sich bei Formen, die sich nicht quantitativ messen lassen und die auch nicht gemessen werden müssen, nicht einmal von einem Wissenschaftler. Ein Botaniker ermittelt den Unterschied zweier Arten nicht mit Hilfe einer Instrumentenskala; und mit Hilfe einer Maschine identifiziert weder ein Entomologe Schmetterlinge noch ein Anatom Knochen noch ein Histologe Zellen. All diese Formen werden auf direkte Weise erkannt. Sodann werden Musterexemplare von Pflanzen in Herbarien aufbewahrt, Schmetterlinge und Knochen in Schaukästen und Zellen auf Objektträgern. Als Formen genügen sie sich selbst; sie lassen sich nicht auf irgend etwas anderes zurückführen. Für viele Gebiete der Wissenschaft ist die Beschreibung und Klassifizierung von Formen sogar das eigentliche Thema. Selbst eine naturwissenschaftliche Disziplin wie die Chemie befaßt sich unter anderem vornehmlich mit der Erhellung molekularer Formen, welche sie mit Hilfe von Diagrammen als zweidimensionale »strukturelle Formeln« oder in den bekannten dreidimensionalen Kunststoffmodellen, den Kalottenmodellen, abbildet.

Die Formen aller Systeme, die einfachsten einmal ausgenommen, können ausschließlich visuell dargestellt werden, sei es durch Fotografien, Zeichnungen, Diagramme oder Modelle. Wir können sie nicht auf mathematischer Ebene ausdrücken. Nicht einmal die fortschrittlichsten der topologischen Methoden sind zur Zeit bis zu dem Punkt entwickelt, daß sie mathematische Formeln, z. B. für die Beschreibung einer Giraffe oder einer Eiche, vorlegen könnten. Einigen der neuen Methoden, wie sie von Thom und anderen Mathematikern gegenwärtig entwickelt werden, wird es vielleicht eines Tages gelingen, Probleme dieser Art in Angriff zu nehmen. Doch die mathematischen Schwierigkeiten sind hier nicht nur praktischer sondern auch grundsätzlicher Art[2].

Bereits die bloße Beschreibung beliebiger statischer Formen (von den einfachsten abgesehen) stellt ein enorm komplexes mathematisches Problem dar. Noch schwieriger aber ist die Beschreibung des Formenwandels, der Morphogenese. Dies ist das Thema von Thoms »Katastrophentheorie«, welche die möglichen Arten des Formenwandels oder der »Katastrophe« mit Hilfe allgemeiner Begriffe klassifiziert und beschreibt. Indem er mathematische Modelle konstruiert, in denen das Ende oder das Ziel eines morphogenetischen Prozesses, also die endgültige Form, durch einen »Attraktor« innerhalb eines morphogenetischen Feldes verkörpert werden, wendet Thom diese Theorie auf die Probleme der Morphogenese an. Er behauptet, daß sich jeder Gegenstand oder jede physische Form durch einen solchen Attraktor darstellen läßt und daß die gesamte Morphogenese so beschrieben werden kann, daß die »Attraktoren, die die Ausgangsformen darstellen, verschwinden und ersetzt werden, indem die Attraktoren, welche die Schlußform repräsentieren, die Oberhand gewinnen.«[3].

Um topologische Modelle zu entwickeln, die mit bestimmten morphogenetischen Prozessen übereinstimmen, findet man durch eine Kombination empirischer Methoden (»trial and error«) und kreativer »Ratespiele« zu Formeln. Erbringt ein mathematischer Ausdruck zu viele Lösungen, wird man seinen Anwendungsbereich einschränken müssen; andererseits muß für eine Funktion mit zu kleiner Lösungsmenge eine allgemeiner gehaltene Funktion gewählt werden. Thoms

Hoffnung richtet sich darauf, daß es eines Tages möglich sein sollte, auf diesem methodischen Weg topologische Ausdrucksformen zu entwikkeln, die auch bis ins Detail morphogenetischen Prozessen entsprechen. Doch selbst dann könnten mit diesen Modellen keine quantitativen Vorhersagen gemacht werden. Ihr Hauptwert läge wohl eher darin, daß sie formale Analogien zwischen verschiedenen Typen der Morphogenese bewußt machen[4].

Auf den ersten Blick scheint es, als wäre die Informationstheorie diesem topologischen Ansatz vorzuziehen. Aber tatsächlich sind dem Anwendungsbereich der Informationstheorie enge Grenzen gezogen. Ursprünglich wurde sie von Fernsprechingenieuren entwickelt, die sich mit der Übermittlung von Nachrichten durch einen Kanal an einen Empfänger befaßten. Hierbei ging es vor allem um die Frage, wie die Beschaffenheit eines Kanals die Informationsmenge beeinflußt, die in einer gegebenen Zeit übermittelt werden kann. Eines der wichtigsten Ergebnisse dieser Untersuchung besagt, daß in einem geschlossenen System dem Empfänger nicht mehr an Information übermittelt werden kann als an der Ausgangsstelle vorhanden ist. Dies gilt auch für den Fall, daß sich die äußere Form der Information verändern kann, dann beispielsweise, wenn die Punkte und Striche des Morsealphabets in Wörter übertragen werden. Die in einem Ereignis enthaltene Informationsmenge wird nicht durch das definiert, was geschehen ist, sondern allein durch das, was sich statt dessen hätte ereignen können. Aus diesem Grunde werden gewöhnlich binäre Symbole verwendet. Der Informationsgehalt eines Modells wird dann dadurch bestimmt, daß man die Anzahl der »ja-« oder »nein«-Entscheidungen feststellt, die erforderlich sind, um zu bestimmen, welche individuelle Kategorie eines Modells aus einer bekannten Anzahl von Kategorien in Erscheinung getreten ist.

In der Biologie findet diese Theorie ihre Parallele im quantitativen Studium der Impulsleitung durch Nervenfasern. Ein weniger unmittelbarer Bezug ergibt sich zu der Vererbung einer Basensequenz in der Eltern-DNS auf die DNS der Folgegeneration. Doch auf einen so einfachen Fall wie diesen angewendet, kann die Theorie verhängnisvoll irregehen, denn im lebenden Organismus geschehen Dinge, zu denen es im Telefonnetz nicht kommen kann: Gene mutieren, Teile von Chromosomen erfahren Inversionen, Translokationen und ähnliche Prozesse. Doch die Informationstheorie ist auf die biologische Morphogenese nicht anwendbar: Sie bezieht sich nur auf die Informationsübertragung innerhalb geschlossener Systeme und ist nicht in der Lage, den Zuwachs an Information während dieses Prozesses zu berücksichtigen[5].

Organismen, die sich entwickeln, sind keine geschlossenen Systeme, und ihre Entwicklung ist epigenetisch, d. h. die Komplexität von Form und Organisation nimmt zu. Wenn auch mechanistische Biologen häufig von »genetischer Information«, »Positionsinformation« und dergleichen sprechen, als käme diesen Begriffen eine klar definierte Bedeutung zu, unterliegen sie dabei doch nur einer Illusion: Sie übernehmen die Fachsprache der Informationstheorie, ohne deren Exaktheit zu übernehmen.

Doch selbst wenn sich, durch welche Methode auch immer, ausgefeilte mathematische Modelle morphogenetischer Prozesse erstellen ließen, und selbst wenn diese dann Aussagen zuließen, die sich mit dem experimentellen Befund decken, bliebe die Frage, worauf sich diese Modelle wirklich beziehen. Überhaupt stellt sich die gleiche Frage in jeder anderen Wissenschaft auch, sobald es um die Entsprechung von mathematischem Modell und empirischer Beobachtung geht.

Ein mathematischer Mystizismus pythagoräischen Zuschnitts versucht, darauf eine Antwort zu geben: Hier wird das Universum in Abhängigkeit von einer grundlegenden mathematischen Ordnung gesehen, die auf irgendeine Weise alle empirischen Phänomene hervorbringt; allein die Methoden der Mathematik können diese transzendente Ordnung enthüllen und begreifbar machen. Diese Auffassung wird zwar nur selten ausdrücklich befürwortet, dennoch übt sie in der modernen Wissenschaft einen starken Einfluß aus, und oft genug treffen wir sie, mitunter nur flüchtig getarnt, unter Mathematikern und Physikern an.

Die Frage nach der Entsprechung von Modell und Empirie läßt sich auch mit einer Eigenschaft unseres Verstandes erklären, der dazu neigt, im Erfahrenen Ordnung zu suchen und zu finden.

Wir übertragen die geordneten Strukturen der Mathematik, Schöpfungen des menschlichen Geistes, auf die Erfahrung. Was nicht paßt, wird ausgeschieden, so daß die geeignetsten mathematischen Formeln in einer Art von natürlicher Selektion erhalten bleiben. Nach diesem Verständnis hat es naturwissenschaftliche Forschung nur mit der Entwicklung und empirischen Überprüfung mathematischer Modelle von mehr oder weniger isolierten und definierten Aspekten der Welt zu tun. Tiefgreifendes Verstehen der Wirklichkeit schließt sie damit aus.

Es gibt aber im Zusammenhang mit dem Problem der Form eine andere Vorgehensweise, die weder auf den pythagoräischen Mystizismus verpflichtet noch auf den Verzicht einer Möglichkeit der Erklärung des Phänomens. Wollen wir die Formen der Dinge verstehen, so brauchen wir sie nicht in Form von *Zahlen,* sondern von grundlegenderen *Formen* zu erklären. Plato zufolge waren die Formen in der Welt der Sinneserfahrung vergleichbar mit unvollkommenen Spiegelbildern transzendenter, archetypischer Formen oder Ideen. Doch versagte diese, von dem Mystizismus der Pythagoräer stark gefärbte Lehre dort, wo es galt, die Beziehung der ewigen Formen zu der sich wandelnden Welt der Phänomene zu klären. Aristoteles glaubte, das Problem ließe sich lösen, indem man annahm, die Form der Dinge sei eher immanenter als transzendenter Natur: Spezifische Formen seien in den Objekten nicht nur enthalten, sondern verursachten auch bei jenen die Ausgestaltung ihrer charakteristischen Formen.

In modernen nichtmechanistischen Theorien der Morphogenese hat man diese Alternative zum pythagoräischen Mystizismus weiterentwikkelt. In Driesch' System, das ausdrücklich auf dem von Aristoteles aufbaute, wurden die spezifischen Formen von Organismen durch einen nichtenergetischen Verursacher, die Entelechie, hervorgerufen. Eine ähnliche Rolle spielen die morphogenetischen Felder und Chreoden der Organizisten bei der Steuerung morphogenetischer Prozesse auf ihre endgültige Form hin. Doch bleibt die Natur der Felder und Chreoden bis heute im dunkeln.

Zum Teil mag diese Unklarheit auf die platonischen Tendenzen eines Großteils organizismischen Denkens zurückzuführen sein[6], am deutlichsten sichtbar in A. N. Whiteheads philosophischem System. Whitehead setzte voraus, daß sämtliche aktuellen Ereignisse von ihm so genannte »Ewige Objekte« beinhalten. Gemeinsam bilden diese den Bereich des potentiell Möglichen und schließen alle denkbaren Formen ein. Tatsächlich kommen sie den platonischen Formen sehr nahe[7]. Es leuchtet aber ein, daß eine metaphysische Begriffsbildung des morphogenetischen Feldes in Gestalt platonischer Formen oder Ewiger Objekte für eine experimentelle Wissenschaft nicht von sonderlichem Wert sein kann. Zu einem wissenschaftlichen Verständnis der Morphogenese können sie nur dann beitragen, wenn man sie als physikalische Gebilde betrachtet, die physikalische Auswirkungen haben.

Die organizismische Philosophie umfaßt sowohl die Biologie als auch die Physik. Nimmt man daher an, daß morphogenetische Felder bei der biologischen Morphogenese eine kausale Funktion übernehmen, müßten sie eine solche kausale Rolle auch bei der Morphogenese einfacherer Systeme, etwa bei Kristallen oder Molekülen, spielen. In den gegenwärtigen physikalischen Theorien sind Felder dieser Art jedoch nicht bekannt. Aus diesem Grund ist es geboten herauszufinden, bis zu welchem Grad diese gegenwärtigen Theorien die Morphogenese von rein chemischen Systemen erklären können. Falls sie eine hinreichende Erklärung liefern, ist die Vorstellung eines morphogenetischen Feldes unbegründet. Tun sie dies nicht, ist der Weg frei für eine neue Hypothese der Formenbildung durch morphogenetische Felder sowohl in biologischen als auch in nichtbiologischen Systemen.

3.2 Form und Energie

Die Newtonsche Physik führte jede Kausalität auf *Energie*, das Prinzip von Bewegung und Veränderung zurück.

Alles was in Bewegung ist, hat Energie – die kinetische Energie in Bewegung befindlicher Körper, Wärmestrahlung und elektromagnetischer Strahlung –, und diese Energie hat die Fähigkeit, andere Körper in Bewegung zu setzen. Auch statische Körper können Energie haben, eine potentielle Energie, und zwar aufgrund ihrer Tendenz, sich zu bewegen. Sie sind nur deswegen statisch, weil sie von Kräften gebunden werden, die sich dieser Tendenz entgegenstellen.

Man glaubte, die Gravitation hinge von einer Kraft ab, die über eine räumliche Distanz hinweg die Bewegung von Körpern verursachte oder diesen eine Bewegungstendenz, also eine potentielle Energie vermittelte. Für die Existenz dieser Anziehungskraft selbst ließ sich jedoch kein Grund anführen. Im Unterschied hierzu werden heute sowohl Gravitationseffekte also auch elektromagnetische Effekte mit Hilfe von *Feldern* dargestellt. Während man von den newtonschen Kräften glaubte, sie nähmen auf irgendeine ungeklärte Weise ihren Ursprung in materiellen Körpern, um sich von dort aus in den Raum auszubreiten, so haben in der modernen Physik die Felder diese primäre Funktion übernommen: Sie liegen sowohl den materiellen Körpern als auch dem Raum zwischen ihnen zugrunde.

Das Bild wird komplizierter durch die Tatsache, daß es eine Reihe verschiedener Arten von Feldern gibt. Zunächst haben wir das Gravitationsfeld, welches von Einstein in seiner Allgemeinen Relativitätstheorie mit dem Raumzeitkontinuum gleichgesetzt und in Anwesenheit von Materie gekrümmt wird; zweitens das elektromagnetische Feld mit seinen elektrischen Ladungen, durch welches sich elektromagnetische Strahlungen in Form von Schwingungsanregungen fortpflanzen. Entsprechend der Quantentheorie sind diese Anregungen als partikelähnliche Photonen anzusehen, die mit diskreten Energiequanten verbunden sind. Drittens gelten in der Quantenfeldtheorie der Materie subatomare Teilchen als Anregungsquanten materieller Felder. Jede Teilchenart hat einen ihr eigenen speziellen Feldtypus: Ein Proton ist ein Energiequantum des Proton-Antiproton-Feldes; ein Elektron ein Quantum des Elektron-Positron-Feldes usw.

In diesen Theorien werden physikalische Phänomene durch eine Kombination von Raumfeld- und Energiebegriffen erklärt, also nicht durch Energie allein. Dies bedeutet, daß, obgleich Energie als Ursache von Veränderung gelten kann, das *Ordnen* der Veränderung von der räumlichen Struktur der Felder bewirkt wird. Diese Strukturen haben physikalische Wirkungen, doch stellen sie selbst keine bestimmte Energieform dar. Sie wirken in Form »geometrischer« oder räumlicher Kausalfaktoren. Die Gegenüberstellung von Newtons und Einsteins Gravitationstheorien veranschaulicht den krassen Unterschied zwischen dieser Vorstellung und dem Konzept einer ausschließlich energetischen Verursachung: So könnte man mit Newton sagen, daß sich der Mond um die Erde bewegt, weil er durch eine Anziehungskraft zu ihr hingezogen wird; nach Einstein tut er dies, weil der Raum, in dem er sich bewegt, gekrümmt ist.

Das moderne Verständnis der Struktur chemischer Systeme ist stark geprägt durch die Theorien der Quantenmechanik und des Elektromagnetismus. Die Wirkungen der Gravitation sind vergleichsweise sehr klein und können hier übergangen werden. Die möglichen Formen, in denen sich die Atome verbinden können, werden zusammengefaßt in Schrödingers Gleichung der Quantenmechanik. Sie erlaubt die Berechnung der Elektronenbahnen auf der Ebene der Wahrscheinlichkeit. In der Quantenfeldtheorie der Materie können diese Bahnen als Strukturen innerhalb des Elektron-Positron-Feldes ausgedrückt werden. Da aber Elektronen und Atomkerne elektrisch geladen sind, lassen sie sich auch mit Raumstrukturen innerhalb des elektromagnetischen Feldes, also auch mit potentiellen Energien, verknüpfen. Nicht alle möglichen räumlichen Anordnungen einer bestimmten Anzahl von Atomen haben den gleichen Wert an potentieller Energie, und aus den in *Abb. 6* ersichtlichen Gründen ist nur die Anordnung mit der geringsten potentiellen Energie eine stabile. Befindet sich ein System in einem Zustand, der einen höheren Energiewert als mögliche Alternativzustände aufweist, wird es durch jede geringfügige Verlagerung (z. B. bedingt durch thermische Anregung) veranlaßt, sich in einen anderen Zustand zu begeben (A). Ist es andererseits in einem Zustand geringerer Energie als mögliche Alternativzustände, wird es nach geringfügigen Verlagerungen zu diesem Zustand, der folglich ein stabiler ist, zurückkehren (B). Ein System kann sich auch vorübergehend in einem Zustand befinden, der nicht der stabilste ist, und zwar so lange, wie es nicht über eine »Barriere« hinweg verlagert wird (C). Sobald dies geschieht, wird es sich auf

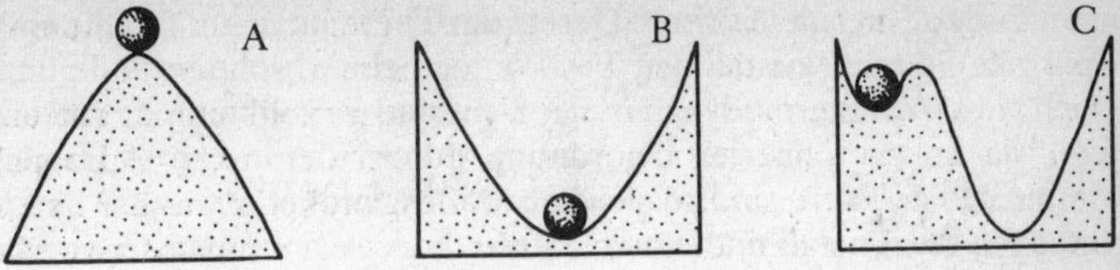

Abb. 6 Diagramm eines unstabilen (A), stabilen (B) und teilweise stabilen (C) Zustandes

einen stabileren Zustand mit geringerem Energieniveau zubewegen.

Diese Überlegungen zum Thema Energie legen den stabilsten Zustand einer chemischen Struktur fest; sie begründen aber nicht ihre räumlichen Eigenschaften, die in *Abb. 6* durch die Abhänge dargestellt sind, auf denen die Kugel hinunterrollt und die als Barrieren den Lauf der Kugel begrenzen. Diese Eigenschaften hängen von Raummustern ab, die von den Materiefeldern und den elektromagnetischen Feldern bestimmt werden.

Nach dem zweiten Gesetz der Thermodynamik steuern spontane Prozesse innerhalb eines geschlossenen Systems einen Zustand des Gleichgewichtes an. Dabei tendieren anfängliche Unterschiede in Druck und Temperatur usw. zwischen den verschiedenen Teilen des Systems dazu, sich aufzulösen. In der Fachsprache ausgedrückt heißt dies: Die Entropie eines geschlossenen makroskopischen Systems bleibt entweder auf gleichem Niveau oder nimmt zu.

Die Bedeutung dieses Gesetzes wird in der Populärliteratur oft übertrieben. Dabei wird vor allem der Begriff Entropie so verwendet, als sei er gleichbedeutend mit »Unordnung«. Die zunehmende Komplexität an Organisation, die in der Evolution und der Entwicklung von Organismen auftritt, scheint dann dem Prinzip der zunehmenden Entropie zu widersprechen. Verantwortlich für diese Begriffsverwirrung ist ein Mißverstehen der Grenzen der Thermodynamik. Erstens gibt es Entropie nur in geschlossenen Systemen, während Organismen offene Systeme darstellen, daran erkennbar, daß sie mit ihrer Umwelt Materie und Energie austauschen. Zweitens bezieht sie sich nur auf die Wechselwirkungen zwischen Wärme und anderen Energieformen. Sie ist von Bedeutung für die energetischen Faktoren, die chemische und biologische Strukturen beeinflussen, erklärt aber überhaupt nicht das Vorhandensein dieser Strukturen. Und drittens weist die technische Definition von Entropie wenig Verwandtschaft mit irgendeinem nichttechnischen Begriff von Unordnung auf; vor allem hat sie nichts zu tun mit der Art von Ordnung, die sich in spezifischen chemischen und biologischen Systeemen findet. Nach dem dritten Gesetz der Thermodynamik ist die Entropie aller reinen kristallinen Festkörper beim absoluten Nullpunkt gleich Null. Aus thermodynamischer Sicht sind sie vollkommen »geordnet«, da es zu keinerlei Unordnung durch thermische Anregung kommt. Doch sie alle sind im gleichen Maße geordnet: Zwischen einem einfachen Salzkristall und einem extrem komplexen organischen Makromolekül, etwa dem des Hämoglobins, gibt es hinsichtlich ihrer Entropie keinen Unterschied. Folglich kann die größere strukturelle Komplexität des letzteren nicht mit dem Maß der Entropie erfaßt werden.

Der Gegensatz zwischen »Ordnung« im Sinne einer chemischen oder biologischen Struktur und der thermodynamisch verstandenen Ordnung, definiert durch Abweichungen der Temperatur usw. in einem umfassenden System zahlloser Atome und Moleküle, wird sichtbar beim Kristallisationsvorgang. Gibt man eine Salzlösung in eine Kältebox, so kristallisiert das Salz mit abkühlender Lösung. Zunächst sind seine Ionenbestandteile in der Lösung nach dem Zufallsprinzip verteilt, doch mit dem Beginn der Kristallisation werden sie in den Kristallen mit großer Regelmäßigkeit geordnet. Die Kristalle selbst entwickeln sich zu makroskopisch symmetrischen Strukturen. Von einem morphologischen Standpunkt aus gesehen ist es dabei zu einem beträchtlichen Zuwachs an Ordnung gekommen; aus thermodynamischer Sicht aber hat eine Abnahme an Ordnung stattgefunden, weil die Temperaturen der Lösung und ihres Umfeldes ausgeglichen wurden und weil es während des Kristallisationsprozesses zu einer Wärmeentwicklung kam, was zu einer erhöhten thermischen Anregung der Moleküle des Lösungsmittels führte.

In ähnlicher Weise kommt es bei dem sich entwickelnden Embryo eines Tieres zu einem Entropiezuwachs des thermodynamischen Systems. Dieses besteht aus dem Embryo und der Umwelt, der er Nahrung entnimmt und Wärme und Ausscheidung zuführt. Diese Abhängigkeit lebender Organismen von äußeren Energiequellen läßt sich mit dem zweiten Satz der Thermodynamik nachdrücklich bestätigen, aber er erklärt nicht ihre spezifischen Formen.

Drückt man es ganz allgemein aus, so stehen Form und Energie in einem umkehrbaren Verhältnis zueinander: Energie ist das Prinzip der Veränderung, aber eine Form oder Struktur kann nur so lange existieren, wie sie einer Veränderung ein gewisses Maß an Stabilität und Widerstand entgegenzusetzen hat. Klar erkennbar ist dieser Gegensatz in der Beziehung zwischen den Zuständen der Materie und der Temperatur. Bei hinreichend niedrigen Temperaturen existieren Substanzen in kristallinen Formen, in denen die Moleküle sehr regelmäßig geordnet sind. Erhöht man die Temperatur, so bewirkt die Wärmeenergie zu einem bestimmten Zeitpunkt an einer bestimmten Stelle den Zerfall der kristallinen Form; der Festkörper schmilzt. Im flüssigen Zustand ordnen sich die Moleküle zu wechselhaften Mustern, die ständiger Veränderung ausgesetzt sind. Die Kräfte zwischen den Molekülen schaffen eine Oberflächenspannung, so daß die Flüssigkeit einfache Formen, z. B. kugelförmige Tropfen, bilden kann. Mit weiter ansteigender Temperatur verdampft die Flüssigkeit; im Gaszustand befinden sich die Moleküle in einem Zustand der Isolation und sind in ihrem Verhalten voneinander unabhängig. Bei höheren Temperaturen jedoch zerfallen die Moleküle selbst zu Atomen; und auf noch höherer Temperaturstufe zerfallen selbst die Atome. Es ergibt sich dann ein Mischgas von Elektronen und Atomkernen, ein Plasma.

Wird dieser Vorgang umgekehrt, treten mit fallender Temperatur zunehmend komplexere und höherwertig organisierte Strukturen auf, zunächst die stabilsten, die unstabilsten zum Schluß. Bei der Abkühlung des Plasmas sammeln sich Elektronen in passender Zahl um den Atomkern herum auf den passenden Bahnen an. Bei tieferen Temperaturen finden sich Atome zu Molekülen zusammen. Wenn dann das Gas zum Tröpfchen kondensiert, kommen supramolekulare Kräfte ins Spiel. Und wenn schließlich die Flüssigkeit kristallisiert, ist eine hochgradig supramolekulare Ordnung realisiert.

Diese Formen treten spontan auf. Sie lassen sich nicht durch äußere Energie erklären, es sei denn, man erklärt sie in negativer Form in dem Sinne, daß sie nur unterhalb einer bestimmten Temperaturgrenze in Erscheinung treten und bestehen können. Durch interne Energie sind sie nur insoweit erklärbar, als aus der Zahl aller möglichen Strukturanordnungen sich nur diejenige mit dem niedrigsten Niveau an potentieller Energie als stabil erweist; das System neigt daher dazu, diese Struktur spontan zu übernehmen.

3.3 Die Voraussage von chemischen Strukturen

Die Quantenmechanik kann im Detail die Elektronenbahnen und die Energiezustände des einfachsten chemischen Systems, des Wasserstoffatoms, beschreiben. Bei komplizierteren Atomen und schon bei den einfachsten chemischen Molekülen sind ihre Methoden unpräzise. Die Kompliziertheit der Berechnung wächst ins Ungeheure, und nur Näherungsverfahren stehen hier zur Verfügung. Bei komplexen Molekülen gar oder bei Kristallen sind ins Detail gehende Berechnungen zumindest in der Praxis unmöglich. Auf empirische Weise kann man den Aufbau der Moleküle und der atomaren Anordnungen in Kristallen durch chemische und kristallographische Methoden herausfinden. Auf der Basis empirischer Gesetze mag es zutreffen, daß diese Strukturen von Chemikern und Kristallographen mehr oder weniger sicher vorhergesagt werden können. Doch liegt hier ein ganz anderer Sachverhalt vor, als wenn wir für eine grundlegende Erklärung chemischer Strukturen die Schrödingersche Wellengleichung zu Hilfe nehmen.

Es ist wichtig, daß wir uns dieser schwerwiegenden Begrenzung der Quantenmechanik bewußt sind. Es stimmt, daß sie ein qualitatives oder halbquantitatives Verständnis chemischer Bindungen und bestimmter Eigenschaften von Kristallen wie zum Beispiel des Unterschiedes von elektrischen Nichtleitern und Leitern ermöglicht. Doch ist es ihr nicht gelungen, die Formen und Eigenschaften selbst einfacher Moleküle und Kristalle aus fundamentalen Prinzipien abzuleiten. Noch problematischer sieht es im Hinblick auf den flüssigen Zustand aus, für den es bislang keine befriedigende Erklärung gibt. Völlig illusorisch ist es anzunehmen, die Quantenmechanik könne in detaillierter und exakter Weise die Formen und Merkmale der äußerst komplexen Moleküle und makromolekularen Aggregate erklären, die von Biochemikern und Molekularbiologen untersucht werden, ganz abgesehen von der weit größeren Komplexität der Formen und Charakteristika selbst der einfachsten lebenden Zelle.

Die Annahme, die Chemie vermittle ein festes Fundament für ein mechanistisches Verständnis des Lebens, ist so verbreitet, daß es wohl angebracht ist, zu betonen, auf welch schwankendem Boden physikalischer Theorie die Chemie selbst steht. Um es mit Linus Pauling zu sagen:

> »Die theoretischen Physiker sagen uns zwar, man müßte alle Eigenschaften von Substanzen nach nunmehr bekannten Methoden errechnen können, nämlich durch die Lösung der Schrödinger-Gleichung. Sicher ist dies richtig. In der Praxis aber wurden in den letzten fünfunddreißig Jahren seit der Entdeckung der Schrödinger-Gleichung nur einige wenige nicht-empirische quantenmechanische Berechnungen durchgeführt. Immer noch ist der Chemiker in der Regel auf das Experiment angewiesen, wenn er etwas über die Eigenschaften von Substanzen erfahren will.«[8]

Obwohl seit der Veröffentlichung dieser Sätze gut dreißig Jahre vergangen sind und die Näherungslösungswege, die der Quantenchemie bei ihren Berechnungen zur Verfügung stehen, verbessert worden sind, hat sich die Situation bis heute im wesentlichen nicht geändert.

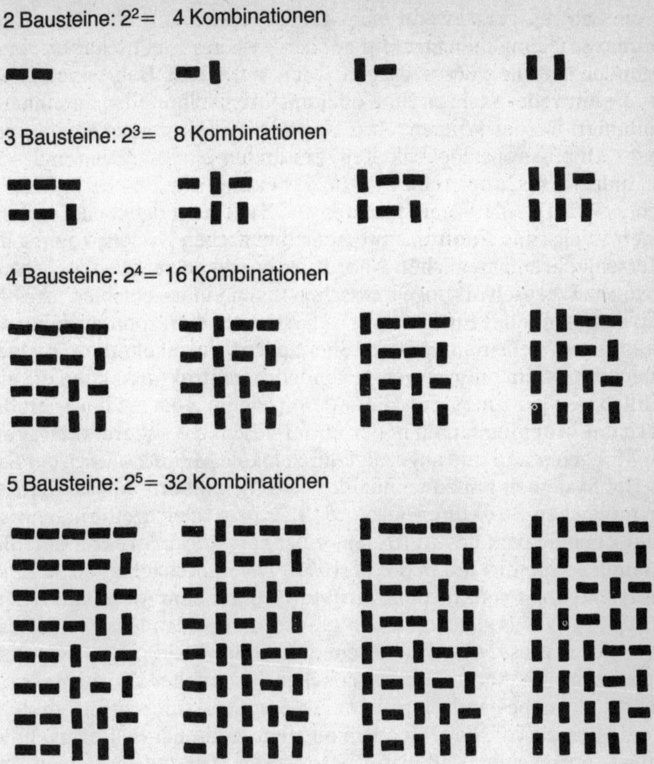

Abb. 7 Mögliche Kombinationen unterschiedlich vieler Bausteine, die sich am Ende oder seitlich zusammenfügen lassen.

Nichtsdestoweniger ließe sich einwenden, daß der Durchführung derart detaillierter Berechnungen prinzipiell nichts im Wege steht. Aber selbst wenn wir dem stattgeben und eine Durchführung dieser Berechnungen für praktikabel hielten, bliebe doch ungewiß, ob sie sich als *korrekt* herausstellen werden, d. h. mit empirischen Beobachtungen übereinstimmen. Es gilt also weiterhin, daß es zur Zeit keine Grundlage für die übliche Vermutung gibt, komplexe chemische und biologische Strukturen seien vollends mit den Begriffen der gegenwärtigen physikalischen Theorie erklärbar.

Eine einfache Veranschaulichung mag vielleicht die Gründe angeben für die Schwierigkeit, wenn nicht gar Unmöglichkeit, die Form einer komplexen chemischen Struktur auf der Basis der Eigenschaften der sie tragenden Atome vorauszusagen: Man stelle sich Bausteinelemente vor, die entweder an ihren End- oder mit ihren Seitenteilen miteinander kombiniert werden können *(Abb. 7)*. Bei zwei Bausteinen ergeben sich $2^2=4$ Kombinationsmöglichkeiten, bei dreien $2^3=8$, bei vieren $2^4=16$, bei fünfen $2^5=32$, bei zehn $2^{10}=1024$, bei zwanzig $2^{20}=1.048.576$, bei dreißig $3^{30}1.073.741.824$ und so fort. Die Zahl der möglichen Kombinationen wächst ins Enorme. In einem chemischen System kommt den unterschiedlichen möglichen Anordnungen wegen der elektrischen und sonstigen Wechselwirkungen zwischen ihnen ein unterschiedliches Niveau an potentieller Energie zu. Das System tendiert spontan dahin, die Struktur mit dem minimalsten Energiewert aufzunehmen. In einem einfachen System mit nur wenigen möglichen Strukturen kann die eine deutlich weniger Energie als die anderen haben. *Abb. 8A* illustriert dies durch das Minimum unten in der »Energiesenke«; andere weniger stabile Möglichkeiten sind angezeigt durch lokale Minima seitlich der Senke. Bei Systemen mit zunehmender Komplexität erhöht sich die Zahl der möglichen Strukturen *(Abb. 8 B, C, D)*, gleichzeitig nimmt die Wahrscheinlichkeit des Auftretens einer *einmaligen* Struktur mit minimalem Energiewert ab. In der in *Abb. 8 D* veranschaulichten Situation würden mehrere verschiedene Strukturen unter dem Aspekt ihres energetischen Niveaus gleichermaßen stabil sein. Problemlos wäre der Fall, wenn sich erwiese, daß das System aufs Geratewohl irgendeine dieser Strukturen aufnähme oder zwischen ihnen »pendelte«. Verhielte es sich eher so, daß es beständig nur auf eine dieser Strukturen zurückgreift, läge ein Hinweis vor, daß irgendein nichtenergetischer Faktor irgendwie darüber entscheidet, daß dieser besonderen Struktur vor den anderen der Vorzug gegeben wurde. Ein solcher Faktor ist bis heute in der Physik unbekannt geblieben.

Es ist Chemikern, Kristallographen und Molekularbiologen zwar nicht möglich, die detaillierten Berechnungen zur Vorhersage der Minimalenergiestruktur oder anderer Strukturen *a priori* durchzuführen, doch können sie eine Anzahl von Näherungslösungen in Verbindung mit empirischen Daten der Strukturen vergleichbarer Substanzen anwenden. Im allgemeinen erlauben es diese Berechnungen nicht, einzigartige Strukturen vorauszubestimmen (sieht man von den einfachsten Systemen einmal ab), sondern nur ein Spektrum möglicher Strukturen mit mehr oder weniger gleichem minimalen Energieniveau. Insofern scheinen diese auf dem Näherungswege gewonnenen Ergebnisse dafür zu sprechen, daß der Faktor Energie alleine die singuläre Struktur eines

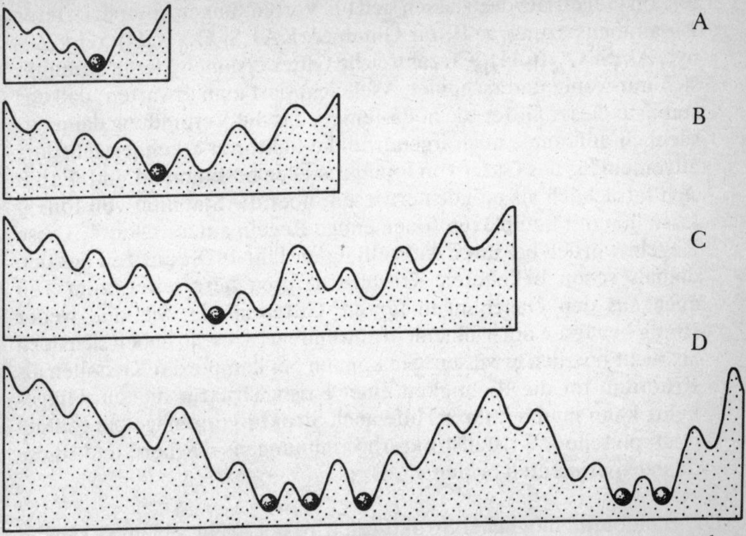

Abb. 8 Veranschaulichung der möglichen Strukturen eines Systems zunehmender Komplexität. A zeigt eine einmalige Struktur minimaler Energie, bei D jedoch sind mehrere mögliche Strukturen gleich stabil.

komplexen chemischen Systems nicht hinreichend erklären kann. Diese Schlußfolgerung kann nun allerdings dadurch umgangen werden, daß man wiederum behauptet, die einzigartige stabile Struktur müsse ein geringeres Energieniveau aufweisen als jede andere mögliche Struktur. Diese Behauptung ließe sich nie widerlegen, da in der Praxis nur Näherungslösungswege angewendet werden können. Für die Tatsache, daß gerade diese Struktur verwirklicht wurde, könnten dann immer subtile energetische, der Berechnung entschlüpfte Wirkungen verantwortlich gemacht werden. Im folgenden Text setzt sich Pauling mit dieser Situation im Hinblick auf die Struktur anorganischer Kristalle auseinander:

»Für einfache ionische Verbindungen wie die Alkalihalogenide stehen nur wenige Gitter zur Auswahl. Es gibt nur sehr wenige einigermaßen stabile Anordnungen für die Ionen in Verbindungen der Formel $M^+ X^-$. Verschiedene für die Stabilität eines Kristallgitters bestimmende Faktoren wirken einander entgegen, und keiner von ihnen muß notwendigerweise die Oberhand gewinnen bei der Entscheidung zwischen dem Natriumchlorid- und dem Cäsiumchloridgitter. Im Gegensatz dazu lassen sich für Verbindungen komplizierterer Zusammensetzung, z. B. für Glimmer, $KAl_3Si_3O_{10}(OH)_2$ oder Zunyt, $Al_{13}Si_5O_{20}(OH)_{18}Cl$, zahlreiche Gitter ersinnen, deren Stabilität sich nur wenig unterscheidet. Vielleicht darf man erwarten, daß das stabilste dieser Gitter, d. h. dasjenige, das die Verbindung dann tatsächlich annimmt, noch irgendwie die Faktoren erkennen läßt, die allgemein für das Gitter von Ionenkristallen bestimmend sind. Es hat sich tatsächlich als möglich erwiesen, über die Stabilität von Ionenkristallen mit komplexen Ionen einige Regeln aufzustellen. ...Diese Regeln wurden bei ihrer Aufstellung im Jahr 1928 zum Teil aus den damals schon bekannten Kristallstrukturen hergeleitet, zum Teil auch aus den Gleichungen für die Gitterenergie. Sie sind weder streng bewiesen noch allgemein anwendbar, aber sie haben sich doch als recht nützlich erwiesen. Sie können bei komplexen Kristallen als Kriterium für die Richtigkeit einer Kristallstruktur dienen. Umgekehrt kann man mit ihrer Hilfe auch Strukturvorschläge bei röntgenographischen Kristallstrukturbestimmungen machen und diese dann experimentell prüfen.«[9]

Die Bandbreite möglicher Strukturen wird noch sehr viel größer in der organischen Chemie, insbesondere im Falle der Makromoleküle, wie zum Beispiel bei den Proteinen, deren Polypeptidketten sich biegen, drehen und auffalten und sich zu komplizierten dreidimensionalen Formen zusammenschließen *(Abb. 9)*. Es besteht Grund zu der Annahme, daß sich ein bestimmtes Proteinmolekül unter Bedingungen, bei denen es stabil ist, zu einer einmaligen Struktur zusammenschließt. In zahlreichen experimentellen Untersuchungen hat man Proteine durch Veränderung ihres chemischen Umfeldes in unterschiedlichem Maß zur Auffaltung gebracht. Anschließend ließ sich beobachten, daß sie zu ihrer normalen Struktur zurückfanden, sobald sie wieder den entsprechenden Bedingungen ausgesetzt wurden. Obwohl sie von verschiedenen Zuständen ausgehen und während des Auffaltens verschiedene Wege gehen, gelangen sie zum gleichen strukturellen Endziel[10].

Dieser stabile Endzustand ist wahrscheinlich eine Struktur minimaler Energie. Das beweist aber nicht, daß dies die *einzige* mögliche Struktur minimaler Energie ist; denkbar ist auch, daß es viele andere mögliche Strukturen gleichen Energieniveaus gibt. Tatsächlich ergeben Berechnungen zur Ermittlung der dreidimensionalen Struktur von Proteinen, die mit Hilfe verschiedener Näherungslösungswege ausgeführt werden, stets viel zu viele Lösungen. In der Fachliteratur über Proteinauffaltung ist dieser Sachverhalt als ›Multipel-Minimum‹-Problem bekannt[11].

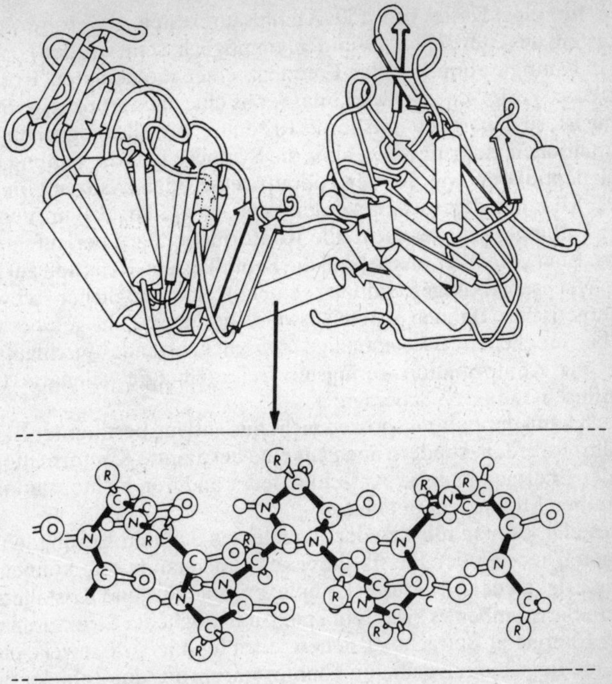

Abb. 9 Oben: Die Struktur des Enzyms Phosphoglyceratkinase, isoliert aus einem Pferdemuskel. α-Spiralen (Helices) sind dargestellt durch Zylinder, β-Stränge durch Pfeile.
Unten: Die Struktur eines α-Spiralenabschnittes in Einzelheiten (nach Banks et al., 1979)

Es gibt überzeugende Gründe für die Annahme, daß das Protein nicht erst sämtliche Minima »austestet«, bevor es das richtige Minimum findet:

»Falls die Kette alle denkbaren Konfigurationen aufs Geratewohl durch Rotationen um die einzelnen Bindungsstellen der Struktur aussondierte, würde sie zu viel Zeit brauchen, bis sie die eigentlich wirksame Konfiguration gefunden hat. Liegt zum Beispiel der Fall vor, daß die individuellen Reste einer ungefalteten Polypeptidkette nur in zwei Zuständen existieren können, was eine starke Unterschätzung darstellt, so ist die Zahl möglicher zufallsgesteuerter Konformationen für eine Kette von 150 Aminosäureresten 10^{45} (obwohl die meisten aus sterischen Gründen unmöglich sein würden). Wenn jede Konfiguration mit der Frequenz einer molekularen Rotation ($10^{12}sec^{-1}$) erforscht werden könnte, was eine eher großzügige Schätzung ist, so dauerte es annähernd 10^{26} Jahre, um alle möglichen Konformationen zu prüfen. Da aber die Synthese und die Faltung einer Polypeptidkette wie die der Ribonuklease oder Lysozyme in etwa zwei Minuten abgewickelt werden kann, ist es klar, daß im Verlaufe des Faltungsprozesses nicht alle Konformationen ›überlaufen‹ wurden. Eher scheint es uns so, daß die Peptidkette in Reaktion auf lokale Wechselwirkungen entlang einer Reihe möglicher schwachenergetischer Bahnen vergleichsweise geringer Zahl geführt wird, dabei möglicherweise einmalige Zwischenzustände durchläuft, bis sie zur Konformation geringster freier Energie gelangt.« (C.B. Anfinsen und H.A. Scheraga[12])

Doch kann der Faltungsprozeß nicht nur entlang bestimmter Bahnen »geführt« werden, sondern auch auf eine bestimmte Konformation minimaler Energie hin unter Ausschluß jeder anderen Konformation mit demselben Minimalenergieniveau.

Diese Diskussion führt zu der allgemeinen Schlußfolgerung, daß die gültigen Theorien der Physik durchaus außerstande sein können, die Einzigartigkeit der Strukturen komplexer Moleküle und Kristalle zu erklären. Sie erlauben es zwar, ein Spektrum möglicher Strukturen minimaler Energie in Betracht zu ziehen, doch fehlt jeder Hinweis, daß ihnen eine Begründung gelingen könnte, warum aus der Zahl der möglichen Strukturen gerade diese eine und nicht etwa jene gewählt wurde. Es ist daher gut vorstellbar, daß ein Faktor nichtenergetischer Art aus diesen Möglichkeiten »selektiert« und somit die vom System übernommene spezifische Struktur bestimmt[13].

Der Hypothese, die wir im folgenden entwickeln werden, liegt der Gedanke zugrunde, daß diese »Selektion« durch einen neuen Typus einer Verursachung bewerkstelligt wird, der der Physik bislang noch unbekannt ist, nämlich durch die Vermittlung morphogenetischer Felder.

3.4 Die formbildende Verursachung

Die Hypothese der *formbildenden Verursachung* besagt, daß bei der Entwicklung und Aufrechterhaltung von Formen auf allen Ebenen der Komplexität morphogenetische Felder eine kausale Rolle spielen. Das hier gewählte Wort »Form« schließt dabei nicht nur die sichtbare Oberfläche oder Begrenzung eines Systems ein, sondern ebenso seine innere Struktur. Die so verstandene Formbildung durch kausal wirkende morphogenetische Felder wird formbildende Verursachung genannt, um sie deutlich abzugrenzen von dem energetischen Typus der Verursachung, mit dem sich die Physik bereits gründlich beschäftigt[14]. Denn es trifft zwar zu, daß morphogenetische Felder ihre Wirkungen nur in Verbindung mit energetischen Prozessen zustande bringen, doch sind sie selbst nichtenergetischer Natur.

Eine Analogie aus der Architektur erleichtert uns den Zugang zu der Vorstellung einer nichtenergetischen formbildenden Verursachung. Für den Bau eines Hauses benötigen wir Ziegelsteine und andere Baumaterialien; desgleichen Bauarbeiter, die die Materialien dem ihnen gemäßen Zweck zuführen; und schließlich benötigen wir einen Bauplan, der die Form des Hauses festlegt. Dieselben Bauarbeiter könnten mit dem gleichen Arbeitsaufwand und der gleichen Menge an Baumaterial ein anderes Haus nach einem anderen Bauplan errichten. Demgemäß kann man den Plan als die *Verursachung* der spezifischen Form des Hauses ansehen, obschon er natürlich nicht die einzige Ursache darstellt: Ohne die Baumaterialien und die Tätigkeit der Bauarbeiter würde er niemals fertiggestellt werden können. In ähnlicher Weise ist ein spezifisches morphogenetisches Feld eine Ursache der spezifischen vom System übernommenen Form, obwohl es auf passende »Bausteine« und auf die Energie angewiesen ist, die erforderlich ist, um sie an die richtige Stelle zu setzen.

Mit dieser Analogie wollen wir nicht die Vorstellung wecken, die kausale Funktion morphogenetischer Felder hinge von einem bewußten Entwurf ab. Sie sollte nur unterstreichen, daß nicht jede Verursachung notwendig eine energetische ist, auch wenn alle Änderungsprozesse Energie beinhalten. Der Plan eines Hauses stellt selbst keine Energie dar. Selbst auf ein Blatt Papier gezeichnet und schließlich in Form eines Hauses verwirklicht, weist er weder Gewicht noch irgendeine eigene Energie auf. Wird das Papier verbrannt oder das Haus zerstört, finden wir in dem Gesamtbetrag von Masse und Energie keine meßbare Veränderung. In Entsprechung hierzu sind nach der Hypothese der formbildenden Verursachung morphogenetische Felder selbst keine Träger von Energie. Dessen ungeachtet spielen sie eine kausale Rolle bei der Determinierung der Formen der Systeme, mit denen sie verbunden sind. Denn ein System, das mit einem anderen morphogenetischen Feld verknüpft wäre, würde sich zu einer anderen Form entwikkeln [15]. Dort, wo die Einwirkung morphogenetischer Felder auf Systeme veränderbar ist, ist diese Hypothese offen für empirische Untersuchungen (siehe Kapitel 5.6; 7.4; 11.2 und 11.4).

Wir können morphogenetische Felder in Analogie zu bekannten physikalischen Feldern setzen, weil sie die Fähigkeit besitzen, physikalische Veränderungen zu organisieren, auch wenn sie sich einer direkten Beobachtung entziehen. Gravitationsfelder und elektromagnetische Felder sind unsichtbar, unberührbar, unhörbar, ohne Geschmack und Geruch. Wir können sie nur über ihre jeweiligen Wirkungen im Bereich von Gravitation und Elektromagnetismus aufspüren. Um die Tatsache begründen zu können, daß physikalische Systeme ohne erkennbare materielle Verbindung aufeinander einwirken, spricht man diesen hypothetischen Feldern die Eigenschaft zu, den leeren Raum überbrücken zu können oder gar zu konstituieren. In einem bestimmten Sinne sind sie nichtmateriell; da wir aber von ihnen nur durch ihre Wirkungen auf materielle Systeme wissen, stellen sie in einem anderen Sinne einen Aspekt der Materie dar. Genaugenommen hat man sogar die wissenschaftliche Definition der Materie weiter gefaßt, um diese Felder berücksichtigen zu können. In ähnlicher Weise sind morphogenetische Felder räumliche Strukturen, die wir nur aufgrund ihrer Wirkung auf materielle Systeme ausfindig machen können. Auch sie können wir als Aspekte der Materie verstehen, vorausgesetzt, wir erweitern abermals die Definition des Materiebegriffes, um auch sie zu integrieren.

Obgleich wir uns in den vorigen Kapiteln nur mit der Morphogenese biologischer und komplexer chemischer Systeme befaßt haben, werden wir im folgenden annehmen, daß sich die Hypothese der formbildenden Verursachung auf biologische und physikalische Systeme aller Komplexitätsebenen beziehen läßt. Da jedes individuelle System eine ihm eigene charakteristische Form aufweist, muß es auch ein spezifisches morphogenetisches Feld haben, d. h. es muß einen Typus des morphogenetischen Feldes geben für Protronen, einen weiteren für Nitrogenatome, ein weiterer für Wassermoleküle, dann für Sodiumchloridkristalle, für die Muskelzellen von Erdwürmern, für die Nieren eines Schafs, für Elefanten, für Birken und so fort.

Die organizismische Theorie besagt, daß Systeme oder »Organismen« auf allen Ebenen der Komplexität in hierarchischer Weise organisiert sind[16]. Wir bezeichnen diese Systeme im folgenden Text als *morphische Einheiten*. Das Adjektiv morphisch (aus der griechischen Wurzel morphe=Form, Gestalt) betont dabei den Aspekt der Struktur, das Wort Einheit die Ganzheit des Systems. So verstanden bestehen chemische und biologische Systeme aus einer Hierarchie von morphischen Einheiten: Zum Beispiel enthält ein Kristall Moleküle, die Atome ent-

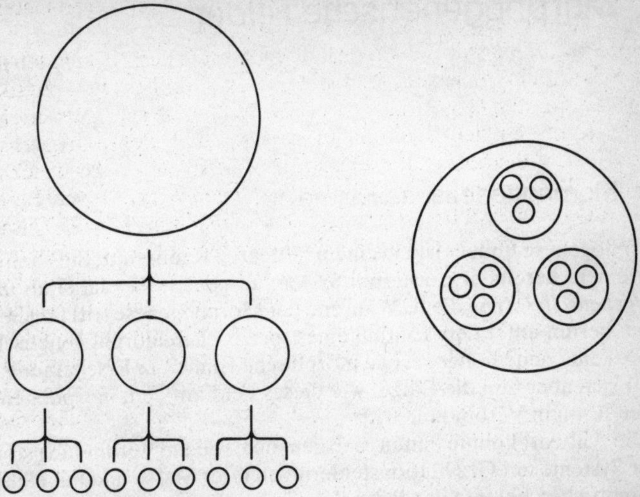

Abb. 10 Verschiedene Arten eines einfachen hierarchischen Systems

halten, die wiederum subatomare Teilchen enthalten. Kristalle, Moleküle, Atome und subatomare Teilchen sind morphische Einheiten, desgleichen Tiere und Pflanzen, Organe, Gewebe, Zellen und Organellen. Man kann einfache Beispiele dieses hierarchischen Organisationstyps mit Hilfe von Diagrammen entweder mit dem Bild eines »Baumes« oder einer Verschachtelung sichtbar machen *(Abb. 10)*.

Die morphische Einheit einer höheren Ebene muß in irgendeiner Weise imstande sein, die Anordnung der Teile zu koordinieren, aus denen sie besteht. Wir werden davon ausgehen, daß sie dies durch den Einfluß ihrer morphogenetischen Felder auf die morphogenetischen Felder ihr untergeordneter morphischer Einheiten tut. Somit sind morphogenetische Felder genauso wie die morphischen Einheiten selbst in ihrer Organisation hierarchisch.

Das folgende Kapitel befaßt sich mit der Art und Weise, in der morphogenetische Felder auf die Systeme, die ihrem Einfluß zugänglich sind, einwirken könnten, Kapitel 5 wirft anschließend die Frage auf, woher sie kommen und was ihnen ihre spezifische Struktur verleiht.

4 Morphogenetische Felder

4.1 Morphogenetische Keime

Morphogenese findet nicht in einem luftleeren Raum statt. Sie kann nur von einem bereits organisierten System ausgehen, das dabei als *morphogenetischer Keim* dient. Während der Morphogenese tritt um diesen Keim herum unter dem Einfluß eines spezifischen morphogenetischen Feldes eine neue höherwertige morphische Einheit in Erscheinung. Es stellt sich aber nun die Frage, wie dieses Feld mit dem morphogenetischen Keim in Verbindung tritt.

Die Antwort könnte lauten, daß genauso, wie die Verbindung stofflicher Systeme mit Gravitationsfeldern von ihrer Masse und mit elektromagnetischen Feldern von ihrer elektrischen Ladung abhängt, auch die Verbindung von Systemen mit morphogenetischen Feldern von ihrer Form abhängt. Somit könnte man sagen, daß ein morphogenetischer Keim aufgrund seiner charakteristischen Form von einem bestimmten, dieser Form entsprechendem morphogenetischen Feld umgeben wird.

Der morphogenetische Keim ist ein Teil des angesteuerten Systems. Ihm entspricht daher auch ein Teil des ihm zugeordneten morphogenetischen Feldes. Der Rest des Feldes ist jedoch dann noch nicht »besetzt« oder »ausgefüllt«; er enthält die *virtuelle Form* des Systems im Endzustand, das nur dann verwirklicht wird, wenn alle seine stofflichen Teile die ihnen zugeordneten Positionen eingenommen haben. Das morphogenetische Feld befindet sich dann in Übereinstimmung mit der verwirklichten Form des Systems.

In *Abb. 11 A* sind diese Vorgänge diagrammartig dargestellt. Die punktierten Flächen zeigen die virtuelle Form, die durchgezogenen Linien die Begrenzungen der verwirklichten Form des Systems. Man kann sich das morphogenetische Feld entweder als eine Struktur vorstellen, die den morphogenetischen Keim umgibt, oder als eine Struktur, die ihn in sich einschließt; auf jeden Fall enthält es den Endzustand in virtueller Form. Es ordnet Ereignisse innerhalb seines Einflußbereichs in der Weise, daß die virtuelle Form zur Ausprägung gelangt. In Abwesenheit der morphischen Einheiten, welche die Teile des entfalteten Systems ausmachen, läßt sich dieses Feld nicht nachweisen. Es zeigt

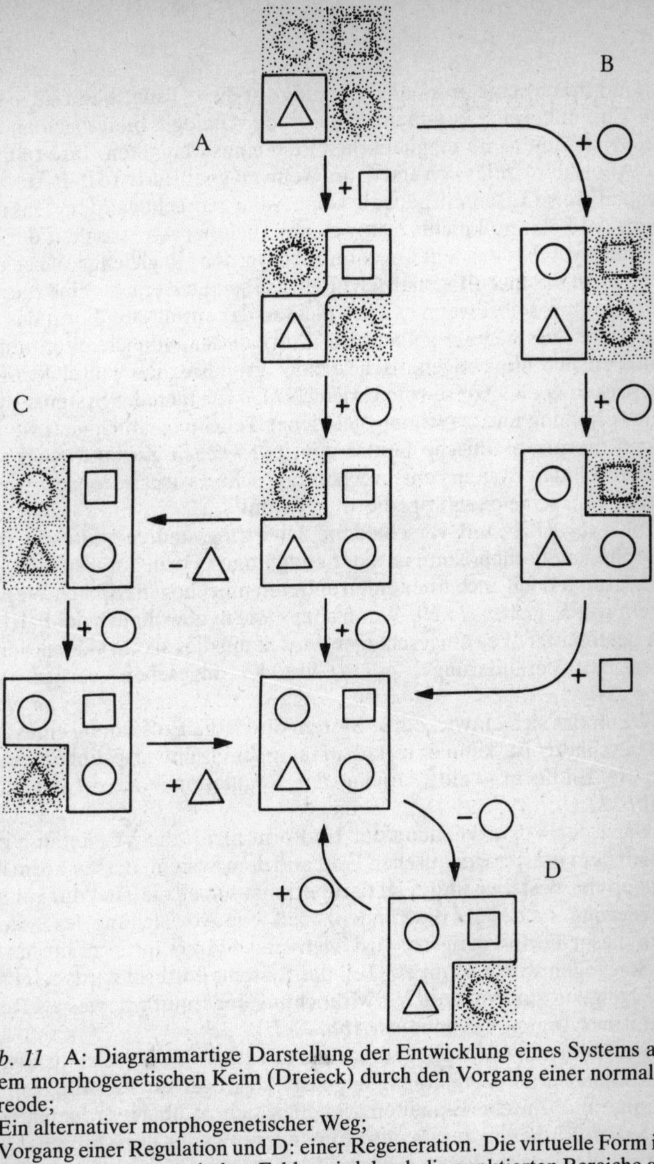

Abb. 11 A: Diagrammartige Darstellung der Entwicklung eines Systems aus einem morphogenetischen Keim (Dreieck) durch den Vorgang einer normalen Chreode;
B: Ein alternativer morphogenetischer Weg;
C: Vorgang einer Regulation und D: einer Regeneration. Die virtuelle Form innerhalb des morphogenetischen Feldes wird durch die punktierten Bereiche angegeben.

sich nur durch seine ordnende Wirkung auf diese Teile, wenn sie in seinen Einflußbereich kommen. Eine grobe Analogie bietet sich an mit den »Kraftlinien« im magnetischen Feld eines Magneten. Ihre räumliche Anordnung zeigt sich erst dann, wenn magnetisierbare Partikel, wie beispielsweise Eisenfeilspäne, in seine Nähe gebracht werden. Das magnetische Feld muß nichtsdestoweniger auch bei Abwesenheit der Eisenpfeilspäne als existent angenommen werden. In gleicher Weise existiert auch das morphogenetische Feld um seinen Keim als eine räumliche Struktur, selbst wenn es noch nicht in der entfalteten Form des Systems zur Ausprägung gelangt ist. Trotz dieser Ähnlichkeiten unterscheiden sich morphogenetische Felder grundsätzlich von elektromagnetischen, weil letztere vom *verwirklichten* Zustand des Systems – von der Verteilung und Bewegung geladener Teilchen – abhängen, wohingegen morphogenetische Felder dem *potentiellen* Zustand eines sich entwickelnden Systems entsprechen und schon vorhanden sind, bevor das System seine endgültige Form annimmt[1].

In *Abb. 11 A* sind verschiedene Übergangsstadien zwischen dem morphogenetischen Keim und der endgültigen Form dargestellt. Letztere kann jedoch auch über einen anderen morphogenetischen Weg erreicht werden *(Abb. 11 B)*. Wenn aber – wie es gewöhnlich der Fall ist – ein bestimmter Weg eingeschlagen wird, kann dies als ein »kanalisierter Weg der Veränderung«, oder Chreode, angesehen werden (vgl. *Abb. 5*).

Wenn das sich entwickelnde System durch die Entfernung eines Teiles beschädigt ist, kann es trotzdem fähig sein, seine ursprünglich angestrebte Endform – ein Vorgang der Regulation – zu verwirklichen *(Abb. 11 C)*.

Nach der Verwirklichung der Endform bleibt die Verbindung zwischen dem morphogenetischen Feld und dem System, dessen Form ihm entspricht, bestehen und zeigt darüberhinaus noch die Tendenz zur Stabilisierung. Es besteht die Tendenz, daß jede Abweichung des Systems von dieser Form korrigiert wird, wenn das System quasi zu ihr hin zurückgezogen wird. Wenn ein Teil des Systems entfernt wird, zeigt sich die Neigung zur erneuten Verwirklichung der Endform, was als Regenerationsvorgang bekannt ist *(Abb. 11 D)*.

Der Typus der Morphogenese, wie er in *Abb. 11* zu sehen ist, ist im wesentlichen auf *Vereinigung* angelegt (aggregativ): Ursprünglich getrennte morphische Einheiten schließen sich zu übergeordneten morphischen Einheiten zusammen. Ein anderer Typus der Morphogenese ist möglich, wenn die morphische Einheit, die als morphogenetischer Keim fungiert, schon Teil einer anderen übergeordneten morphischen

Einheit ist. Der Einfluß des neuen morphogenetischen Feldes führt dabei zu einer *Transformation,* in der die Form der ursprünglich übergeordneten morphischen Einheit durch die Form der neuen ersetzt wird. Die meisten Typen chemischer Morphogenese sind aggregativ, während biologische Morphogenese in der Regel eine Kombination transformativer und aggregativer Prozesse enthält. Beispiele dazu werden in den folgenden Unterkapiteln betrachtet.

4.2 Chemische Morphogenese

Die auf Vereinigung angelegten Vorgänge der Morphogenese ereignen sich in anorganischen Systemen in fortschreitendem Maße bei einer Verringerung der Temperatur: Wenn sich das Kernplasma abkühlt, schließen sich subatomare Teilchen zu Atomen zusammen, bei niedrigeren Temperaturen Atome zu Molekülen, Moleküle kondensieren dann weiter zu Flüssigkeiten, und Flüssigkeiten gehen schließlich in den Kristallisationszustand über.

Im Plasmazustand können die bloßen Atomkerne als die morphogenetischen Keime von Atomen angesehen werden. Sie sind mit den atomaren morphogenetischen Feldern verbunden, die die virtuellen Orbitale der Elektronen enthalten. In einem Sinne existieren diese Orbitale nicht, in einem anderen jedoch sehr wohl, wenn man bedenkt, daß sie sich beim Abkühlungsprozeß des Kernplasmas durch das Einfangen von Elektronen zeigen.

Elektronen, die in atomare Orbitale eingefangen wurden, können diese wieder verlassen entweder, indem Energie von außen auf sie einwirkt, oder indem sie in ein virtuelles Orbital niedrigerer potentieller Energiestufe eintreten. Im letzteren Fall verlieren sie ein diskretes Energiequantum, das als Photon abgestrahlt wird. In Atomen mit vielen Elektronen kann jedes Orbital nur zwei Elektronen (mit jeweils entgegengesetztem Spin) enthalten. So werden sich im abkühlenden Kernplasma die virtuellen Orbitale mit der niedrigsten potentiellen Energie zuerst mit Elektronen auffüllen, dann die Orbitale mit dem nächst niedrigeren Energiegehalt usw., bis sich die Gestalt des Atoms um den morphogenetischen Keim des Kerns vollständig realisiert hat.

Atome sind dann schließlich die morphogenetischen Keime von Molekülen, und kleine Moleküle die Keime größerer. Chemische Reaktionen sind entweder Synthesen von Atomen und Molekülen zu größeren Molekülen, wie z. B. beim Aufbau von Polymeren, oder Analysen, das sind Zerfallsreaktionen von Molekülen in kleinere, bzw. in Atome und

Ionen, die sich dann wieder mit anderen verbinden können. Beim Verbrennungsvorgang z. B. zerfallen unter dem Einfluß der von außen zugeführten Energie Moleküle in Atome und Ionen, die sich dann mit denen des Sauerstoffs zu kleinen, einfachen Molekülen wie H_2O und CO_2 verbinden. Bei all diesen chemischen Veränderungen verwirklichen sich virtuelle Formen, die an die Atome bzw. Moleküle gebunden sind, wobei die beiden letztgenannten als morphogenetische Keime fungieren.

Die Vorstellung, daß Moleküle virtuelle Formen haben, bevor sie entstehen, läßt sich besonders deutlich durch die bekannte Tatsache aufzeigen, daß vollkommen neue Verbindungen zuerst auf der Basis empirisch determinierter Prinzipien chemischer Kombinationsmöglichkeiten »konstruiert« werden können, bevor sie tatsächlich im Labor synthetisiert werden. Diese Synthesen werden Schritt für Schritt durchgeführt. Bei jedem Schritt dient die bestimmte Form eines Moleküls als morphogenetischer Keim für die folgende virtuelle Form, die es dann zu synthetisieren gilt, bis die Endform des angestrebten gänzlich neuen Moleküls realisiert ist.

Vielleicht erscheint es übertrieben, chemische Reaktionen als morphogenetische Prozesse zu betrachten, doch sollte man nicht vergessen, daß ein Großteil der Wirkungen von anorganischen wie organischen Katalysatoren von ihrer Morphologie abhängt. Beispielsweise verfügen Enzyme – das sind spezielle Katalysatoren zahlreicher biochemischer Reaktionen – über charakteristische Oberflächenstrukturen wie Furchen, Kerben und Eindellungen, in die die reagierenden Moleküle genau hineinpassen, was den Vergleich mit dem Schlüssel-Schloß-Prinzip nahelegt. Die katalytische Wirkung von Enzymen hängt in großem Maße davon ab, wie sie die reagierenden Moleküle in geeigneten, für die Reaktion günstigen relativen Positionen halten. (In freier Lösung ereignen sich Zufallskollisionen der Moleküle in allen möglichen Richtungen, wovon aber die meisten im obigen Sinne ungeeignet sind.)

Die Vorgänge der chemischen Morphogenese sind im einzelnen noch ziemlich unbestimmt, z. T. wegen ihrer großen Geschwindigkeit, zum anderen, weil die Zwischenformen höchst unstabil sein können, und schließlich auch, weil es sich bei den elementaren Veränderungen um Wahrscheinlichkeits-Quantensprünge von Elektronen zwischen den Orbitalen handelt, die die chemischen Bindungen ausmachen. Die virtuelle Form des zu bildenden Moleküls ist bereits in dem morphogenetischen Feld skizziert, das mit dem entsprechenden morphogenetischen Keim des Atoms bzw. Moleküls verbunden ist. Wenn das andere Atom oder Molekül sich in geeigneter Richtung nähert, bildet sich durch

Quantensprünge von Elektronen in Orbitale, die vorher nur als virtuelle Formen existierten, die Form des Produkt-Moleküls heraus, dabei wird gleichzeitig Energie frei, gewöhnlich als Wärmebewegung. Das morphogenetische Feld spielt bei diesem Vorgang gewissermaßen energetisch eine passive und morphologisch eine aktive Rolle. Es schafft virtuelle Strukturen, die dann realisiert werden, wenn untergeordnete morphische Einheiten in diese Strukturen »einrasten«, wobei Energie frei wird.

Jeder Typ von Atomen oder Molekülen kann an chemischen Reaktionen verschiedenster Art beteiligt sein; er stellt damit den potentiellen Keim vieler verschiedener morphogenetischer Felder dar, die man sich als Realisationsmöglichkeiten um ihn herum vorstellen kann. Er kann jedoch seine Rolle als Keim eines bestimmten morphogenetischen Feldes erst dann annehmen, wenn ein zur Reaktion geeignetes Atom oder Molekül in seinen Bannkreis gerät, vielleicht dadurch, daß spezifische elektromagnetische oder andere Eigenschaften des Atoms oder Moleküls auf das morphogenetische Feld einwirken.

Die Morphogenese von Kristallen unterscheidet sich dadurch von der atomaren und molekularen Morphogenese, daß ein bestimmtes Muster atomarer oder molekularer Anordnung endlos wiederholt wird. Dieses Muster selbst stellt den morphogenetischen Keim dar. Es ist bekannt, daß der Kristallisationsprozeß stark abgekühlter Flüssigkeiten oder stark gesättigter Lösungen enorm beschleunigt wird, wenn chemische »Keime« oder »Kerne« des jeweils dazu passenden Kristalls hinzugefügt werden. Ohne diese Keime oder Kerne treten die morphogenetischen Keime des Kristalls nur dann in Erscheinung, wenn die Atome oder Moleküle aufgrund ihrer Wärmebewegung zufällig die zueinander passenden Positionen einnehmen. Ist der Keim einmal gebildet, beeinflussen die durch das morphogenetische Feld gegebenen virtuellen Formen der immer wiederkehrenden Gitterstruktur die Umgebung des wachsenden Kristalls. Passende freie Atome oder Moleküle, die sich seiner Oberfläche nähern, werden dabei ergriffen und unter Abgabe von Wärmeenergie in bestimmter Position festgehalten.

Die Beimpfung (im obigen Sinne) stark abgekühlter Flüssigkeiten oder stark gesättigter Lösungen kann auch, obwohl weniger erfolgreich, mit kleinen Bruchstücken nicht verwandter Substanzen durchgeführt werden. Beispielsweise kratzen Chemiker häufig die Innenseite von Reagenzgläsern an, um Lösungen mit kleinen Glaspartikeln zu beimpfen. Diese Partikel liefern die Oberflächen, die das Zustande-kommen der passenden Positionsanordnung der Atome bzw. Molekü zueinander erleichtern, wodurch sich dann der eigentliche morpho netische Keim des Kristalls herausbildet. In ihrer morphogenetischen Wirkung ähneln diese Initial-»Keime« (s.o.) chemischen Katalysatoren.

Alle bisher betrachteten Typen chemischer Morphogenese sind im wesentlichen aggregativ. Transformationen sind in nicht belebten Systemen deutlich weniger verbreitet. Die meisten Kristalle können beispielsweise keine Transformationen in andere kristalline Formen durchlaufen. Sie können geschmolzen oder gelöst werden, und ihre Bestandteile können dann erneut an anderen Kristallisationsvorgängen beteiligt sein. Dabei handelt es sich aber nur um einen Wechsel von Auflösung und Vereinigung, so wie es für chemische Reaktionen typisch ist. Es gibt jedoch auch bedeutende Beispiele molekularer Transformationen, wie die Auffaltung von Proteinen und die reversiblen Formveränderungen von Enzymen, die sich bei der Bindung an Moleküle ergeben, deren Reaktion sie katalysieren[2].

Die Tatsache, daß Proteine sich weitaus schneller auffalten, als zu erwarten wäre, wenn sie ihre Endform durch »Zufallssuche« fänden, zeigt an, daß die Auffaltungsprozesse bestimmten Wegen bzw. einer begrenzten Zahl von Wegen folgen (Kap. 3.3). Diese »kanalisierten Wege der Veränderung« können als Chreoden betrachtet werden. Den in Kapitel 4.1 entwickelten Vorstellungen entsprechend muß ein morphogenetischer Keim vorhanden sein, bevor es zu einer Auffaltung kommt, und dieser Keim muß schon die charakteristische dreidimensionale Struktur, wie sie in der Endform des Proteins vorliegt, in sich tragen. Das Vorhandensein solcher morphogenetischer Ausgangspunkte ist tatsächlich bereits in der Literatur zur Auffaltungsproblematik von Proteinen angeregt worden:

> »Die enorme Geschwindigkeit der Ein- und Auffaltungsprozesse läßt die Annahme notwendig erscheinen, daß diese Vorgänge sich entlang einer begrenzten Anzahl vorgegebener Wege ereignen, selbst wenn die Anwendung der Statistik durch die Arten stereochemischer Grundregeln, die in dem sogenannten Ramachandra-Diagramm impliziert sind, stark beschränkt ist. Eine begrenzte Anzahl von Initialereignissen, die den Auffaltungsvorgang anregen, muß als existent angenommen werden. Solche Ereignisse, i.d.R. als Kernbildung bezeichnet, betreffen am ehesten Teile von Polypeptidketten, die ihrerseits an den Konformationsgleichgewichtseinstellungen zwischen Zufalls- und kooperativ stabilisierten Anordnungen teilhaben können ...

Ferner ist es wichtig zu betonen, daß die Aminosäure-Sequenzen von Polypeptidketten, die als Strukturmaterial von Proteinmolekülen vorgesehen sind, nur dann in geeigneter Weise funktionieren, wenn sie in ihrer charakteristischen dreidimensionalen Anordnung wie im eigentlichen Proteinmolekül vorliegen. Die Annahme scheint einsichtig, daß Teile einer Proteinkette, die als Kernbildungsorte für Auffaltungsprozesse dienen können, jene sind, die um die Konformation fluktuieren, die sie in dem fertigen Protein einnehmen. Diese Teile bilden dadurch eine relativ starre Struktur, die durch eine Reihe von Wechselwirkungen stabilisiert wird.« (C.B. Anfinsen[3])

Solche Kernbildungsorte würden demnach durch ihre Verbindung mit dem morphogenetischen Feld des Proteins als morphogenetische Keime wirken, wobei das Feld die Auffaltungsprozesse auf die charakteristische Endform hin kanalisiert.

4.3 Morphogenetische Felder als »Wahrscheinlichkeitsstrukturen«

Die Orbitale von Elektronen um einen Atomkern können als Strukturen innerhalb des morphogenetischen Feldes des Atoms betrachtet werden. Sie lassen sich durch die Schrödinger-Gleichung beschreiben. Nach der Quantenmechanik jedoch können die genauen Umlaufbahnen der Elektronen nicht bestimmt werden, sondern nur die Wahrscheinlichkeiten, mit denen sie an bestimmten Stellen zu finden sind. Die Orbitale werden daher als Wahrscheinlichkeitsverteilungen im Raum angesehen. Deshalb ist es im Zusammenhang mit der Hypothese der formbildenden Verursachung naheliegend, daß auch die morphogenetischen Felder im allgemeinen nicht genau festgelegt werden können, sondern durch Wahrscheinlichkeitsverteilungen anzugeben sind[4]. Wir gehen davon aus, daß dies in der Tat der Fall ist, und werden deshalb die Strukturen von morphogenetischen Feldern von jetzt an als *Wahrscheinlichkeitsstrukturen* bezeichnen[5]. Eine Erläuterung der Wahrscheinlichkeitsnatur dieser Felder folgt in Kap. 5.4

Die Wirkung des morphogenetischen Feldes einer morphischen Einheit auf die morphogenetischen Felder ihrer Teile, die morphische Einheiten niedrigerer Stufen sind (Kap. 3.4), kann als Einfluß dieser übergeordneten Wahrscheinlichkeitsstruktur auf Strukturen untergeordneter Wahrscheinlichkeit betrachtet werden. Das übergeordnete Feld verändert die Wahrscheinlichkeitsstrukturen der untergeordneten Felder. Konsequenterweise verändert auch während der Morphogenese das übergeordnete Feld die Wahrscheinlichkeit von möglichen Ereignissen in untergeordneten – unter seinem Einfluß stehenden – morphischen Einheiten[6].

Bei freien Atomen finden die Ereignisse, die die Elektronen betreffen, mit den Wahrscheinlichkeiten statt, die durch die nicht veränderten Wahrscheinlichkeitsstrukturen der atomaren morphogenetischen Felder gegeben sind. Wenn aber die Atome unter den Einfluß des übergeordneten morphogenetischen Feldes eines Moleküls geraten, werden diese Wahrscheinlichkeiten so verändert, daß die Wahrscheinlichkeit der zur Verwirklichung der Endform führenden Ereignisse erhöht und die anderer herabgesetzt wird. Auf diese Weise *beschränken* die morphogenetischen Felder von Molekülen die mögliche Zahl atomarer Konfigurationen, die sonst auf der Basis von Berechnungen – ausgehend von den Wahrscheinlichkeitsstrukturen freier Atome – zu erwarten wären. Die nachweisliche Geschwindigkeit, mit der sich beispielsweise Ein- bzw. Auffaltungen von Proteinen ereignen, macht deutlich, daß das System nicht all die zahllosen denkbaren Konfigurationsmöglichkeiten durchtestet, die die Atome einnehmen können (Kap. 3.3).

In ähnlicher Weise schränken die morphogenetischen Felder von Kristallen die Vielzahl möglicher Molekülanordnungen ein, die durch ihre Wahrscheinlichkeitsstrukturen gegeben wären. Folglich bildet sich beim Kristallisationsprozeß aus einer Anzahl vieler denkbarer Strukturen ein ganz bestimmtes Muster einer molekularen Anordnung bevorzugt heraus.

So sind die morphogenetischen Felder von Kristallen und Molekülen in dem gleichen Sinne Wahrscheinlichkeitsstrukturen wie die Elektronen-Orbitale in den morphogenetischen Feldern von Atomen. Dies stimmt mit der konventionellen Annahme überein, daß es keinen grundsätzlichen Unterschied gibt zwischen der quantenmechanischen Beschreibung einfacher atomarer Systeme und einer potentiell quantenmechanischen Beschreibung komplexerer Formen. Aber im Unterschied zur Hypothese der formbildenden Verursachung sucht die konventionelle Theorie, komplexere Systeme gewissermaßen von Grund auf im Sinne quantenmechanischer Eigenschaften von Atomen zu erklären.

Der Unterschied zwischen diesen beiden Ansätzen läßt sich aus dem historischen Kontext deutlicher ableiten. Die Anfänge der Quantentheorie waren primär verbunden mit den Eigenschaften einfacher Systeme wie dem Wasserstoffatom. Im Laufe der Zeit wurden neue Grundsätze aufgestellt, die Beobachtungen, wie etwa über die Feinstruktur der von Atomen emittierten Lichtspektren, erklären können. Die ursprünglichen Quantenzahlen, die die diskreten Elektronenorbitale charakterisieren, wurden durch einen weiteren Satz ergänzt, der zum Winkelmoment Angaben macht und durch noch einen weiteren, der über den »spin« Auskunft gibt. Der »spin« gilt als eine nicht weiter rückführbare Eigenschaft von Teilchen, ebenso wie die elektrische Ladung, und hat seinen eigenen Erhaltungssatz. In der Kernphysik sind mehr oder weniger *ad hoc* noch zusätzliche nicht weiter rückführbare Faktoren, wie »strangeness« und »charm«, zusammen mit anderen Erhaltungssätzen eingeführt worden, um Beobachtungen erklären zu können, die mit den schon bekannten Quantenfaktoren nicht erklärbar sind. Darüberhinaus hat die Entdeckung einer großen Zahl neuer subatomarer Teilchen dazu geführt, daß eine stetig anwachsende Zahl neuer Arten von Materiefeldern postuliert werden mußte.

Unter Berücksichtigung der Tatsache, daß zur Erklärung weiterer Eigenschaften von Atomen und subatomaren Teilchen neue Grundsätze und Felder in die Physik eingeführt wurden, erscheint die konventionelle Ansicht, daß auf Organisationsebenen oberhalb des Atoms keine neuen physikalischen Grundsätze oder Felder mehr aufgestellt werden dürfen, doch bemerkenswert willkürlich. Es ist in der Tat kaum mehr als ein Relikt des Atomismus aus dem 19. Jahrhundert. Wo doch Atome jetzt nicht mehr als letzte unteilbare Teilchen betrachtet werden können, muß die ursprünglich gegebene theoretische Rechtfertigung dieser Ansicht eigentlich gegenstandslos sein. Obwohl die Quantentheorie, die in Verbindung mit den Eigenschaften von Atomen und subatomaren Teilchen entwickelt wurde, viel Licht in die Natur morphogenetischer Felder gebracht hat, können die durch sie errungenen Erkenntnisse aufgrund des oben beschriebenen Atavismus nicht auf die Beschreibung morphogenetischer Felder komplexerer Systeme übertragen werden. Das aber wäre im Sinne der Hypothese formbildender Verursachung notwendig. Es besteht schließlich kein Grund für eine Bevorzugung der morphogenetischen Felder von Atomen, da sie ja nur die Felder von morphischen Einheiten einer bestimmten Komplexitätsstufe sind.

4.4 Wahrscheinlichkeitsprozesse in biologischer Morphogenese

Es gibt zahlreiche Beispiele von physikalischen Prozessen, deren räumliche Erscheinungen auf Wahrscheinlichkeit beruhen. Im allgemeinen sind Veränderungen, die den Bruch der Symmetrie oder der Homogenität nach sich ziehen, nicht determinierbar; Beispiele dazu lassen sich bei Phasenübergängen zwischen dem gasförmigen und flüssigen und dem flüssigen und festen Zustand finden. Wenn beispielsweise ein dampfgefüllter Ballon in Abwesenheit äußerer Temperatur- und Schwerkraftgradienten unter den Sättigungspunkt abgekühlt wird, wird die entstehende Flüssigkeit zuerst an den Wänden kondensieren und schließlich in einer unvorhersagbaren, fast nie kugelsymmetrischen Verteilung vorliegen[7]. Thermodynamisch lassen sich die relativen Mengen von Flüssigkeit und Dampf vorherbestimmen, nicht aber ihre räumliche Verteilung. Bei der Kristallisation eines Stoffes unter gleichen Bedingungen lassen sich zur räumlichen Verteilung, Anzahl und Größe der Kristalle keine Angaben machen. Wenn – in anderen Worten – der gleiche Vorgang unter genau den gleichen Bedingungen wiederholt würde, wäre das räumliche Erscheinungsbild jedesmal im Detail anders.

Wenn auch das äußere Erscheinungsbild des Kristalls eine streng definierte Symmetrie aufweist, kann seine Form sehr wohl unbestimmbar sein; ein vertrautes Beispiel hierzu sind Schneeflocken, die in Myriaden verschiedener Formen auftreten[8].

In »dissipativen Strukturen« makroskopisch physikalischer wie chemischer Systeme, weit entfernt vom thermodynamischen Gleichgewicht, können Zufallsfluktuationen räumliche Verteilungsmuster entstehen lassen, beispielsweise Konvektionszellen in aufgeheizten Flüssigkeiten oder Farbbänder in Lösungen, in denen die Zhabotinski-Reaktion abläuft. Die mathematischen Beschreibungen solcher Fälle von »Ordnung durch Fluktuationen« durch die Methoden der Nicht-Gleichgewichtsthermodynamik lassen frappierende Analogien zu Phasenübergängen erkennen[9].

Diese Beispiele räumlicher Unbestimmbarkeit sind aus einfachen physikalischen und chemischen Vorgängen entnommen. Die physikochemischen Systeme in lebenden Zellen sind jedoch bei weitem komplexer als irgend etwas entsprechendes im anorganischen Bereich und schließen viele potentiell unbestimmbare Phasenübergänge und nichtgleichgewichtsthermodynamische Prozesse ein. Im Protoplasma befinden sich kristalline, flüssige und Lipid-Phasen in dynamischer Wechselbeziehung; man findet dort zahlreiche Typen von Makromolekülen, die sich zu kristallinen oder quasikristallinen Aggregaten zusammenschließen können; ferner Lipidmembranen, die als Flüssigkeitskristalle auf der Grenzschicht zwischen flüssigen und festen Zuständen schwimmen, so wie die sol- und gelartigen kolloidalen Lösungen; es gibt dort elektrische Potentiale über Membranen, die auf nicht voraussagbare Weise fluktuieren, und Kompartimente, die verschiedene Konzentrationen anorganischer Ionen und anderer Substanzen enthalten, und die durch Membranen, durch welche sich jene Stoffe nach den Gesetzen der Wahrscheinlichkeit bewegen, von ihrer Umgebung abgetrennt sind[10]. Bedenkt man den hohen Komplexitätsgrad, der sich aus alledem ergibt, so muß sich hieraus eine unvorstellbar große Zahl energetisch möglicher Veränderungsmuster ableiten lassen und somit auch ein weites Wirkungsfeld für die morphogenetischen Felder, die ihre Muster auf diese möglichen Prozesse projizieren.

Das soll nicht heißen, daß *jede* Form in lebenden Organismen durch formbildende Verursachung bestimmt ist. Einige Muster können auch zufällig entstehen, andere dürften vollständig als Konfigurationen, die mit einem Minimum an Energie zustandekommen, erklärbar sein: Die Kugelform freischwimmender Eizellen (z. B. solcher von Seeigeln) läßt sich beispielsweise vollständig durch die Oberflächenspannung der Zellmembran erklären. Dennoch ist der Erfolg sehr begrenzt, biologische Formen auf einfache physikalische Art und Weise zu erklären[11], woraus sich die Rechtfertigung ableiten läßt, daß die *meisten* Aspekte biologischer Morphogenese durch morphogenetische Felder bestimmt werden können. Es sollte jedoch in diesem Zusammenhang noch einmal betont werden, daß diese Felder nicht allein, sondern zusammen mit den energetischen und chemischen Ursachen wirken, für deren Erforschung die Biophysik bzw. Biochemie zuständig ist.

Ein Beispiel, wie morphogenetische Felder innerhalb von Zellen wirken können, sei mit der räumlichen Anordnung von Mikrotubuli gegeben – zarten, stäbchenartigen Strukturen, die durch spontane Zusammenlagerungen von Proteinuntcreinheiten entstehen. Mikrotubuli spielen eine bedeutende Rolle als mikroskopische Gerüstmaterialien in Tier- und Pflanzenzellen. Sie steuern die Vorgänge, die sich in Zellen abspielen, durch Festlegung der Richtung z. B. bei der Zellteilung (die Spindelfasern in der Mitose und Meiose sind aus Mikrotubuli aufgebaut) und bei den zu Musterbildung führenden Ablagerungen von Zellwandmaterial in sich differenzierenden Pflanzenzellen. Sie dienen auch als intrazellulares »Skelett« und machen dadurch – wie beispielsweise in Radiolarien – die Aufrechterhaltung bestimmter zellularer Formen möglich[12]. Wenn nun die räumliche Verteilung der Mikrotubuli für die Musterbildung vieler verschiedener Arten von Vorgängen und Strukturen in Zellen verantwortlich ist, was bestimmt dann die räumliche Verteilung der Mikrotubuli? Wenn andere Organisationsmuster dafür verantwortlich sein sollten[13], ist das Problem ja einfach nur auf eine Stufe zurückverlagert, denn: Was steuert dann diese Organisationsmuster?

Das Problem kann jedoch nicht unbegrenzt weiter zurückverlagert werden, da der Entwicklungsprozeß epigenetisch ist; das bedeutet, daß in ihm bereits eine Zunahme an räumlicher Vielfalt und Organisation enthalten ist, die nicht im Sinne von vorausgehenden Mustern oder Strukturen betrachtet werden darf. Früher oder später muß irgend etwas grundsätzlich anderes für das Sichtbarwerden des Musters, zu dem sich die Mikrotubuli zusammenschließen, in Betracht kommen.

Nach der vorliegenden Hypothese verdankt dieses Muster seine Entstehung der Wirkung spezifischer morphogenetischer Felder. Diese Felder erhöhen entweder direkt oder indirekt durch Bildung eines vorausgehenden Organisationsmusters in hohem Maße die Wahrscheinlichkeit des Zusammenschlusses von Mikrotubuli in geeigneter Verteilung. Es ist naheliegend, daß die Musterbildungsaktivität der Felder nur möglich ist, wenn eine stark gesättigte Lösung von Mikrotubuli-Untereinheiten innerhalb der Zelle und geeignete physikochemische Bedingungen für deren Zusammenschluß gegeben sind. Zwar sind dies notwendige Bedingungen für die Bildung von Mikrotubuli, aber sie reichen für sich allein genommen nicht aus, um die Muster zu erklären, in denen die Mikrotubuli in Erscheinung treten.

Der Einwand könnte erhoben werden, daß die vorgeschlagene Wirkung der formbildenden Verursachung bei der Musterbildung von Wahrscheinlichkeitsprozessen innerhalb von Zellen unmöglich ist, weil sie zu einer lokalen Verletzung des zweiten Gesetzes der Thermodynamik führen würde. Dieser Einwand kann jedoch entschieden zurückgewiesen werden, da das zweite Gesetz der Thermodynamik sich nur auf extrem große Ansammlungen von Teilchen bezieht und nicht auf Prozesse im mikroskopischen Maßstab angewendet werden kann. Darüberhinaus findet es nur auf geschlossene Systeme Anwendung: Bereiche einer Zelle und im allgemeinen selbstverständlich auch lebende Organismen stellen keine geschlossenen Systeme dar.

Wie im Bereich der Chemie so sind auch in lebenden Organismen die morphogenetischen Felder hierarchisch gestaffelt: Die von Organellen – beispielsweise des Zellkerns, der Mitochondrien und Chloroplasten – wirken, indem sie die in ihnen ablaufenden physikochemischen Prozesse regulieren. Diese Felder sind Gegenstand übergeordneter Felder von Zellen, d. h. sie werden von ihnen bestimmt; die Felder von Zellen werden wiederum von denen der Gewebe bestimmt, die der Gewebe von denen der Organe und die der Organe schließlich von dem morphogenetischen Feld des Organismus als eines Ganzen. Auf jeder Ebene wirken die Felder dadurch, daß sie Prozesse, die sonst unbestimmbar wären, auf bestimmte Weise regulieren. Auf zellularer Ebene z. B. reguliert das morphogenetische Feld die Kristallisation der Mikrotubuli und andere Vorgänge, die bei der Zellteilung zusammenspielen. In Abwesenheit eines übergeordneten Feldes lassen sich die Ebenen, in die sich die Zellen teilen, jedoch nicht bestimmen. Beispielsweise ist von pflanzlichen Kallusgeweben bekannt, daß ihre Zellen mehr oder weniger ziellos zu wuchern beginnen und schließlich eine ungeordnete Masse entstehen lassen[14]. Andererseits wäre es vorstellbar, daß innerhalb eines geordneten Gewebes eine der Aufgaben des dem Gewebe zugehörigen morphogenetischen Feldes darin besteht, die Ebenen der Zellteilung nach einem Muster auszurichten, wodurch dann das Wachstum des Gewebes als Ganzes kontrollierbar würde. Isoliert man jedoch Gewebepartien und läßt sie in Gewebekulturen weiterwachsen[15], dann zeigt sich, daß ihre Entwicklung für sich genommen in vielerlei Hinsicht unbestimmbar wird, wohingegen unter normalen Bedingungen diese Unbestimmbarkeit durch das übergeordnete Feld des Organs eingeschränkt wird. Tatsächlich verhalten sich auf jeder Ebene biologischer wie chemischer Systeme die morphischen Einheiten unbestimmbarer, wenn sie isoliert sind, als seien sie Teil einer übergeordneten morphischen Einheit. Das übergeordnete morphogenetische Feld ist imstande, die ihnen – für sich allein betrachtet – eigene Unbestimmbarkeit durch Musterbildung zu verringern.

4.5 Morphogenetische Keime in biologischen Systemen

Auf zellularer Ebene müssen untergeordnete morphische Einheiten innerhalb von Zellen als Keime für morphogenetische Transformationen wirken und sowohl zu Beginn wie am Ende des zellularen Differenzierungsprozesses vorhanden sein. Welche dieser morphischen Einheiten als mögliche morphogenetische Keime dieser Transformationen in Frage kommen, läßt sich nicht unmittelbar entscheiden. Es könnten Zellorganellen sein, Aggregate von Makromolekülen, Cytoplasma- oder Membranstrukturen oder auch die Zellkerne. In vielen Fällen könnten Zellkerne sehr wohl diese Rolle übernehmen. Sie müßten dann angesichts der großen Vielfalt an differenzierten Zellen, die sich in ein und demselben Organismus bilden, in der Lage sein, verschiedene Organisationsmuster in den entsprechend verschiedenen Zelltypen anzunehmen. Der Differenzierung einer Zelle müßte somit eine entsprechende Differenzierung ihres Zellkerns vorausgehen, was infolge von Veränderungen in der Kernmembran oder in der Anordnung der Chromosomen bzw. in der Zusammensetzung von Proteinen und Nukleinsäuren innerhalb der Chromosomen oder infolge von Veränderungen in den Kernkörperchen bzw. anderen Bestandteilen möglich wäre. Solche Veränderungen könnten direkt oder indirekt durch die Wirkung des übergeordneten morphogenetischen Feldes des sich differenzierenden Gewebes ausgelöst werden. Tatsächlich gibt es eindeutige Belege dafür, daß bei vielen Arten von Zelldifferenzierung Veränderungen im Zellkern vorausgehen. Das hier vorgestellte Konzept unterscheidet sich von der üblichen Interpretation dieser Veränderungen dadurch, daß es deren Bedeutung nicht rein chemisch versteht, als Folge der Bildung spezieller Arten der Boten-RNS, sondern zusätzlich noch als morphogenetisch: Die veränderten Kerne könnten als Keime dienen, die mit den artgleichen morphogenetischen Feldern schon differenzierter Zellen in Verbindung treten[16].

Es gibt jedoch wenigstens einen Vorgang zellularer Morphogenese, bei dem der Zellkern nicht als morphogenetischer Keim dienen kann. Das ist die Zellteilung, in deren Verlauf der Kern seine Identität als separate Struktur verliert, und zwar dann, wenn die Kernmembran abgebaut wird und verschwindet[17]. Die sich verdoppelnden, stark spiralisierten Chromosomen ordnen sich in der Äquatorialebene des mitotischen Spindelapparates ein, und je ein kompletter Chromosomensatz wandert zu den beiden Spindelpolen. Um jeden Satz bildet sich dann eine neue Kernmembran, wodurch zwei Tochterkerne entstehen. Als morphogenetische Keime für diese Vorgänge – zwei davon müssen gegeben sein – können nur Strukturen außerhalb des Zellkerns bzw. der Zellorganellen in Frage kommen[18].

Die Entwicklung von Geweben und Organen bringt gewöhnlich sowohl transformative als auch aggregative Veränderungen mit sich. Die für ihre Morphogenese verantwortlichen morphogenetischen Keime müssen hier ganze Zellen bzw. Zellverbände sein, die sowohl als Teil der Endform als auch zu Beginn des morphogenetischen Prozesses vorhanden sein müssen; dies können nicht jene spezialisierten Zellen sein, die erst in Erscheinung treten, nachdem der Prozeß begonnen hat. So scheinen die morphogenetischen Keime relativ unspezialisierte Zellen zu sein, die nur geringer Veränderung unterliegen. In höheren Pflanzen gibt es solche Zellen beispielsweise in den Scheitelzonen von Meristemen oder den Wachstumspunkten[19]. In Sprossen verwandelt der die Blütenbildung auslösende Faktor diese Meristeme so, daß sie eher Blüten als Laubblätter und andere vegetative Strukturen entstehen lassen. Die Scheitelzonen werden vom Blüh-Impuls in dazu geeigneter Weise modifiziert und könnten somit die morphogenetischen Keime für diese Transformation darstellen. Von der experimentellen Embryologie konnten in Tierembryonen bereits viele »Organisationszentren« nachgewiesen werden, die für die Entwicklung von Geweben und Organen eine Schlüsselrolle spielen; ein Beispiel dafür ist der apikale ektodermale Wulst an der Spitze von sich zu Gliedmaßen entwickelnden Knospen[20]. Diese »Organisationszentren« könnten sehr wohl die Keime darstellen, mit denen die größeren morphogenetischen Felder in Verbindung treten.

Obwohl im Bereich der Chemie wie der Biologie die Existenz morphogenetischer Keime, wenn auch *de facto* noch nicht identifiziert, so doch nahegelegt werden kann, so bleibt doch noch so manches unklar, insbesondere die Ursache für die bestimmte Form jedes morphogenetischen Feldes und für die Art und Weise, in der es mit dem ihm zugehörigen Keim in Verbindung tritt. Die im folgenden Kapitel vertiefte Betrachtung dieser Probleme führt zu einem vollständigeren Bild der Hypothese der formbildenden Verursachung, die zwar ungewöhnlich und erstaunlich, doch vielleicht weniger schwer verständlich ist.

5 Der Einfluß vergangener Formen

5.1 Beständigkeit und Wiederholung von Formen

Immer wieder besetzen die Elektronen bei der Bildung von Atomen die gleichen Orbitale um den Atomkern; in steter Wiederholung verbinden sich Atome, um die gleichen molekularen Formen auszubilden; wieder und wieder kristallisieren Moleküle die gleichen Raumstrukturen aus; Jahr für Jahr bringen die Samen einer bestimmten Spezies Pflanzen von gleichem Aussehen hervor; von Generation zu Generation weben Spinnen die gleichen Netze. Die Formenentstehung wiederholt sich, und jedes Mal bleiben sich die Formen im wesentlichen gleich. Auf dieser Tatsache beruht unsere Fähigkeit, Dinge zu erkennen, zu identifizieren und zu benennen.

Diese Beständigkeit und Wiederholung wäre kein Problem, wenn alle Formen ausschließlich durch unveränderliche physikalische Gesetze oder Prinzipien festgelegt wären. Bei der konventionellen Theorie der Formenbildung setzt man dies voraus. Man nimmt an, daß die grundlegenden physikalischen Prinzipien den tatsächlich realisierten Formen der Dinge zeitlich vorausgehen: d. h. es müßte eigentlich berechenbar sein, auf welche Weise eine neue synthetisierte Substanz kristallisiert, bevor der Kristall selbst zum ersten Male in Erscheinung tritt. Ebenso müßten die Auswirkungen einer DNS-Mutation bei einem Tier oder einer Pflanze im voraus erkennbar sein. Natürlich sind derartige Berechnungen in der Praxis nie durchgeführt worden. Diese recht bequeme Hypothese wurde nie geprüft und ist höchstwahrscheinlich auch gar nicht prüfbar.

Demgegenüber besagt die Hypothese der formbildenden Verursachung, daß die Formen von komplexen chemischen und biologischen Systemen nicht ausschließlich durch die bekannten Gesetze der Physik festgelegt sind. Diese Gesetze erlauben eine Reihe von Möglichkeiten, zwischen denen formbildende Faktoren wählen können. Die Beständigkeit und die Wiederholung der Formen soll sich aus dem wiederholten Zusammenschluß eines gleichartigen morphogenetischen Feldes mit einem bestimmten Typus eines physikochemischen Systems ergeben. Was aber bestimmt dann die besondere Form des morphogenetischen Feldes?

Es wäre denkbar, daß morphogenetische Felder unendlich sind. Sie sind einfach vorhanden und durch nichts anderes erklärbar. Dies würde bedeuten, daß die morphogenetischen Felder von allen chemischen Stoffen, Kristallen, Tieren und Pflanzen, die es je auf der Erde gab oder geben wird, sogar schon vor der Entstehung dieses Planeten in latentem Zustand vorhanden waren.

Diese Antwort ist eigentlich eine platonische oder gar eine aristotelische, denn Aristoteles glaubte an die ewige Beständigkeit spezifischer Formen. Von der konventionellen physikalischen Theorie unterscheidet sie sich insofern, als für diese Formen nicht eine energetische Verursachung verantwortlich gemacht werden könnte. Sie stimmt mit ihr überein in der Annahme, daß sich hinter allen empirischen Phänomenen präexistente Ordnungsprinzipien finden.

Die andere mögliche Antwort ist grundlegend verschieden. Chemische und biologische Formen werden nicht deswegen wiederholt, weil sie von unveränderbaren Gesetzen oder ewigen Formen bestimmt werden, sondern weil sie einem *kausalen Einfluß vergangener ähnlicher Formen* unterliegen. Dieser Einfluß müßte eine Wirkung ausüben, die über Raum *und Zeit* hinausreicht und die etwas völlig anderes wäre als jede bekannte Form physikalischen Wirkens.

So gesehen wäre die von einem System angenommene einzigartige Form vor ihrem ersten Erscheinen nicht physikalisch determiniert. Sie würde aber dennoch wiederholt, weil die Form des ersten Systems selbst die Form bestimmte, die von den nachfolgenden ähnlichen Systemen angenommen wird. Man stelle sich vor, aus mehreren verschiedenen möglichen Formen P,Q,R,S ....., die vom energetischen Standpunkt aus alle gleich wahrscheinlich sind, nimmt ein System zufällig bei der ersten Gelegenheit die Form R an. Dies bedeutet, daß ähnliche Systeme bei folgenden Gelegenheiten ebenfalls die Form R aufgreifen, weil das erste dieser Systeme einen Einfluß über Raum und Zeit hinaus ausübt.

Wenn es sich so verhält: Was bestimmt die Form beim ersten Mal? Eine wissenschaftliche Antwort ist nicht möglich. Die Frage berührt einzigartige und energetisch indeterminierte Ereignisse, die, nachdem sie einmal stattgefunden haben, *laut Hypothese,* sämtliche folgenden ähnlichen Ereignisse beeinflussen. Die Wissenschaft kann sich nur mit regelmäßig auftretenden Phänomenen befassen, mit Dingen, die wiederholbar sind. Man könnte die ursprüngliche Wahl einer bestimmten

Form dem Zufall zuschreiben, oder man spricht sie einer Kreativität in der Materie zu oder einem transzendenten kreativen Organ. Wir haben aber keinerlei Aussicht, diese verschiedenen Möglichkeiten auf experimentellem Wege voneinander zu unterscheiden. Denkbar wäre dies nur auf der Grundlage der Metaphysik. Diese Frage werden wir zum Schluß des Buches streifen. Für unsere gegenwärtigen Ziele ist es aber unerheblich, welche dieser Möglichkeiten man vorzieht. Die Hypothese der formbildenden Verursachung geht nur auf die *Wiederholung* von Formen ein, nicht auf die Gründe, die zu ihrem erstmaligen Auftreten führten.

Diese neue Art zu denken ist ungewohnt und führt auf unbekanntes Terrain. Doch nur, wenn wir ihr nachgehen, können wir hoffen, zu einem neuen wissenschaftlichen Verständnis von Form und Organisation im allgemeinen und Organismen im besonderen zu gelangen. Die Alternative zum Schritt nach vorn bedeutet Rückkehr zum Ausgangspunkt. Wir stünden wieder vor der alten begrenzten Wahl zwischen einem einfachen mechanistischen Glauben und einem metaphysischen Organizismus. Im folgenden wird angenommen, daß dieser hypothetische Raum und Zeit überschreitende Einfluß über morphogenetische Felder läuft und ein wesentliches Merkmal formbildender Verursachung darstellt.

5.2 Die allgemeine Möglichkeit überzeitlicher kausaler Verknüpfungen

Die Hypothese der formbildenden Verursachung stellt eine neue Form einer überzeitlichen oder diachronen kausalen Verknüpfung dar, die bis heute von der Wissenschaft nicht erkannt worden ist. Dennoch ist die Möglichkeit einer »Fernwirkung« in der Zeit in allgemeiner Sprache von mehreren Philosophen untersucht worden. Demnach gibt es keinen Grund, diese Möglichkeit *a priori* auszuschließen. Zum Beispiel schreibt J. L. Mackie:

> »Natürlich sind uns zusammenhängende Ursache-Wirkungskomplexe die genehmsten, und wir finden die Vorstellung einer Fernwirkung über eine räumliche und zeitliche Kluft hinweg verwirrend, doch schließen wir sie nicht aus. Unser gewöhnliches Verständnis der Kausalität ist nicht untrennbar mit dem Begriff der Kontiguität, des direkten Zusammenhangs verbunden. Es ist nicht notwendiger Bestandteil unserer Kausalitätsvorstellung, und ein Satz wie: ›C verursachte E über eine räumliche wie auch zeitliche Kluft ohne Zwischenglieder‹, wäre demzufolge kein Widerspruch.«[1]

Überdies steht einer Beschäftigung mit neuen Formen kausaler Verbindung auch von philosophischer Seite nichts entgegen:

»Die Wissenschaftstheorie setzt keinen bestimmten Modus einer kausalen Verbindung zwischen Ereignissen voraus. Sie fordert nur, daß es möglich sein muß, Gesetze und Hypothesen zu finden, die in den Begriffen irgendeines Modells ausdrückbar sind und den Kriterien Verständlichkeit, Beweisbarkeit und Falsifizierbarkeit genügen. Der Modus einer kausalen Verbindung im jeweiligen Fall wird durch das Modell angezeigt und ändert sich mit einem grundlegenden Wandel des Modells.« (M. B. Hesse[2])

Doch obschon diese neue Form einer Kausalverknüpfung, die die Hypothese der formbildenden Verursachung zur Diskussion stellt, im Prinzip möglich scheint, kann über die Glaubwürdigkeit dieser Hypothese erst entschieden werden, nachdem von ihr abgeleitete Aussagen empirisch überprüft worden sind.

5.3 Morphische Resonanz

Die Vorstellung eines Prozesses, bei dem die Formen vergangener Systeme die Morphogenese folgender ähnlicher Systeme beeinflussen, ist mit den gängigen Begriffen nur schwer auszudrücken. Uns steht hier nur das Mittel der Analogie zur Verfügung.

Die Analogie der *Resonanz* scheint dabei die zweckmäßigste zu sein. Zu energetischer Resonanz kommt es dann, wenn ein System unter den Einfluß einer alternierenden Kraft gerät, die mit seiner natürlichen Schwingungsfrequenz übereinstimmt. Beispiele sind u. a. die »sympathische Schwingung« von gespannten Saiten als Reaktion auf entsprechende Schallwellen, die Feinabstimmung von Radiogeräten auf ausgestrahlte Radiofrequenzen, die Absorption von Lichtwellen bestimmter Frequenzen durch Atome und Moleküle, die zu charakteristischen Absorptionsspektren führt, die Reaktion von Elektronen und Atomkernen in magnetischen Feldern auf elektromagnetische Strahlung bei der Spinresonanz von Elektronen und der nuklearmagnetischen Resonanz. All diesen Resonanzformen ist das Prinzip der Selektivität gemeinsam: Ganz gleich, wie kompliziert ein Schwingungskomplex sein mag, die Systeme sprechen nur auf diejenigen mit bestimmten Frequenzen an.

Ein Resonanzeffekt von Form auf Form über Raum und Zeit hinweg wäre mit der energetischen Resonanz durch seine Selektivität vergleichbar, aber keine der bekannten Resonanzformen könnte uns seine Eigenart erklären, und es fände auch keine Energieübertragung statt. Um ihn von der energetischen Resonanz zu unterscheiden, wollen wir ihn *morphische Resonanz* nennen.

Noch in einer weiteren Hinsicht zeigt sich eine Analogie von morphischer zu energetischer Resonanz: Sie ereignet sich zwischen schwingenden Systemen. Atome, Moleküle, Kristalle, Organellen, Zellen, Gewebe, Organe und Organismen bestehen alle aus Teilen, die sich in fortwährender Schwingung befinden, und sie alle weisen ihre eigenen charakteristischen Schwingungsmuster und ihren eigenen inneren Rhythmus auf. Die morphischen Einheiten sind dynamisch, nicht statisch[3]. Doch während energetische Resonanz nur von dem Spezifikum der »Antwort« auf bestimmte Frequenzen, auf »eindimensionale« Stimuli abhängt[4], beruht die morphische Resonanz auf dreidimensionalen Schwingungsmustern. Gemeint ist damit, daß die Form eines Systems einschließlich ihrer individuellen inneren Struktur und ihrer Schwingungsfrequenzen für ein zeitlich nachfolgendes System ähnlicher Form *gegenwärtig* wird. Das Raumzeitmuster des früheren *überlagert sich* auf das letztere.

Morphische Resonanz vollzieht sich durch morphogenetische Felder und veranlaßt in der Tat die Entstehung ihrer charakteristischen Strukturen. Es verhält sich nicht nur so, daß ein spezifisches morphogenetisches Feld die Form eines Systems beeinflußt (wie im vorigen Kapitel ausgeführt), sondern die Form dieses Systems beeinflußt auch das morphogenetische Feld und vergegenwärtigt sich durch dieses Feld für alle folgenden ähnlichen Systeme.

5.4 Der Einfluß der Vergangenheit

Morphische Resonanz ist nichtenergetisch, und morphogenetische Felder selbst sind weder eine Form von Masse noch von Energie. Aus diesem Grunde scheint es *a priori* keinen zwingenden Grund zu geben, warum sie Gesetzen gehorchen sollten, deren Gültigkeit man für die Bewegung von Körpern, Teilchen und Wellen erkannt hat. Insbesondere muß sie nicht notwendigerweise durch die räumliche oder zeitliche Trennung zwischen ähnlichen Systemen an Wirksamkeit verlieren. Sie könnte sich über die Distanz von zehntausend Meilen als ebenso wirksam erweisen wie über einen Meter, und sie könnten über ein Jahrhundert ebenso unvermindert wirken wie über eine Stunde.

Die Vermutung, daß sich morphische Resonanz über räumliche und zeitliche Distanz nicht abschwächt, soll uns der Einfachheit halber als vorläufige Hypothese dienen.

Wir nehmen weiter an, daß morphische Resonanz nur aus der *Vergangenheit* wirkt, daß also nur einstmals vorhandene morphische Ein-

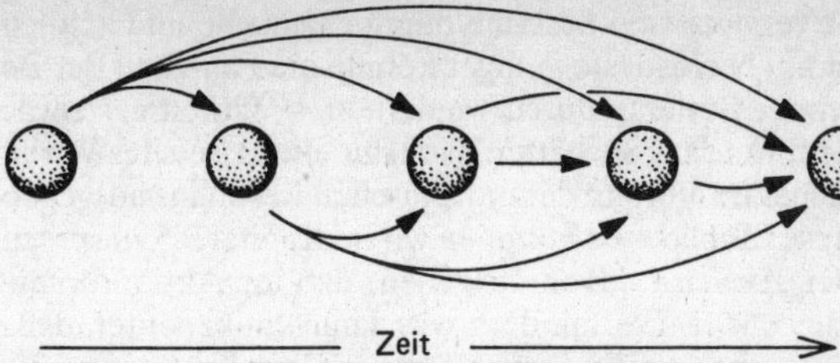

Abb. 12 Veranschaulichung des sich verstärkenden Einflusses vergangener Systeme auf nachfolgende Systeme durch morphische Resonanz.

heiten einen morphischen Einfluß in der Gegenwart ausüben können. Die Vorstellung, daß noch nicht in Erscheinung getretene *zukünftige* Systeme einen kausalen Einfluß »rückwärts« ausüben könnten, mag logisch denkbar sein[5]. Doch erst wenn es überzeugendes empirisches Beweismaterial für einen physikalischen Einfluß zukünftiger morphischer Einheiten gibt, wäre es geboten, diese Möglichkeit ernsthaft zu betrachten[6].

Doch zurück zu unserer Ausgangshypothese, die besagt, daß morphische Resonanz nur durch vergangene morphische Einheiten erfolgt und daß sie ungeachtet einer zeitlichen oder räumlichen Distanz unvermindert wirksam bleibt: Auf welche Weise mag der Prozeß stattfinden? Mehrere bildhafte Vergleiche können uns den Vorgang veranschaulichen. Es könnte sich so verhalten, daß der morphische Einfluß eines vergangenen Systems einem folgenden gegenwärtig wird, indem es sich »jenseits« von Raum und Zeit begibt, um dann dort »wiedereinzutreten«, wo und wann immer ein ähnliches Schwingungsmuster in Erscheinung tritt. Möglich wäre auch, daß es die Verbindung über andere »Dimensionen« herstellt. Es könnte aber auch einen Raumzeit-»Tunnel« durchlaufen, um dann in Gegenwart eines folgenden ähnlichen Systems in unveränderter Form aufzutreten. Oder aber der morphische Einfluß vergangener Systeme ist einfach überall stets präsent. Vermutlich aber ließen sich die unterschiedlichen Auffassungen über morphische Resonanz auf experimentellem Wege nicht gegeneinander abgrenzen. Aus allen aber ließe sich die gleiche Konsequenz ableiten: Die Formen vergangener Systeme würden zeitlich nachgeordneten Systemen automatisch präsent werden.

Die Hypothese impliziert unmittelbar, daß ein System von *allen* vergangenen Systemen ähnlicher Form und von ähnlichem Schwingungsmuster beeinflußt wird. Nach unserer Hypothese nimmt die Wirksamkeit dieser vergangenen Systeme durch räumliche und zeitliche Trennung nicht ab. Nichtsdestoweniger könnte die Fähigkeit der Beeinflussung folgender Systeme durch wiederholtes Wirken geschwächt oder ausgeschöpft werden. Sie hätten dann nur ein begrenztes Wirkungspotential, welches im Verlauf der morphischen Resonanz ausgegeben würde. Auf diese Möglichkeit kommen wir im Kapitel 5.5 zu sprechen. Wir wollen aber zunächst davon ausgehen, daß ihr Aktionspotential sich nicht auf diese Weise vermindert, was dann also bedeutet, daß die Formen aller vergangenen Systeme alle nachfolgenden Systeme beeinflussen *(Abb. 12)*. Aus dieser Grundvoraussetzung leiten wir mehrere entscheidende Folgerungen ab:

1. Das erste System mit einer bestimmten Form wirkt sich auf das zweite System dieser Art aus; anschließend beeinflussen sowohl das erste als auch das zweite das dritte System, und der Vorgang läuft auf diese Weise sich ständig verstärkend weiter. Bei diesem Prozeß schwächt sich der unmittelbare Einfluß eines Systems auf jedes nachgeordnete System im Laufe der Zeit fortschreitend ab. Sein absoluter Effekt nimmt dabei nicht ab, doch sein *relativer* Effekt wird in dem Maße geringer wie die Gesamtzahl ähnlicher ehemaliger Systeme zunimmt *(Abb. 12)*.

2. Die Form selbst einfachster chemischer morphischer Einheiten ist unbeständig. Subatomare Teilchen befinden sich in fortwährender Schwingung, und Atome und Moleküle unterliegen der Deformation durch mechanische Kollision und elektrische und magnetische Felder. Noch wechselhafter sind biologische morphische Einheiten: Selbst wenn Zellen und Organismen die gleiche genetische Anlage haben und sich unter den gleichen Bedingungen entwickeln, werden sie doch kaum in jeder Hinsicht miteinander identisch sein.

Bei der morphischen Resonanz werden die Formen aller ähnlichen vergangenen Systeme für ein folgendes System vergleichbarer Form gegenwärtig. Auch unter der Annahme, daß man den Faktor der absoluten Größe vernachlässigen kann (vgl. Kapitel 6.3), werden sich viele dieser Formen voneinander in ihren Einzelheiten unterscheiden. Sie werden sich also, wenn sie durch das Phänomen der morphischen Resonanz übereinandergelegt werden, nicht miteinander zur Deckung bringen lassen. Das Ergebnis wird ein Prozeß einer *automatischen Mittellung* sein, welcher die den meisten vergangenen Systemen gemeinsamen Charakteristika verstärkt. Doch wird diese »Durchschnittsform« innerhalb des morphogenetischen Feldes nicht scharf definiert, sondern von einem »Schleier« umgeben sein, der von der Wirkung der weniger gemeinschaftlich angetroffenen Varianten herrührt.

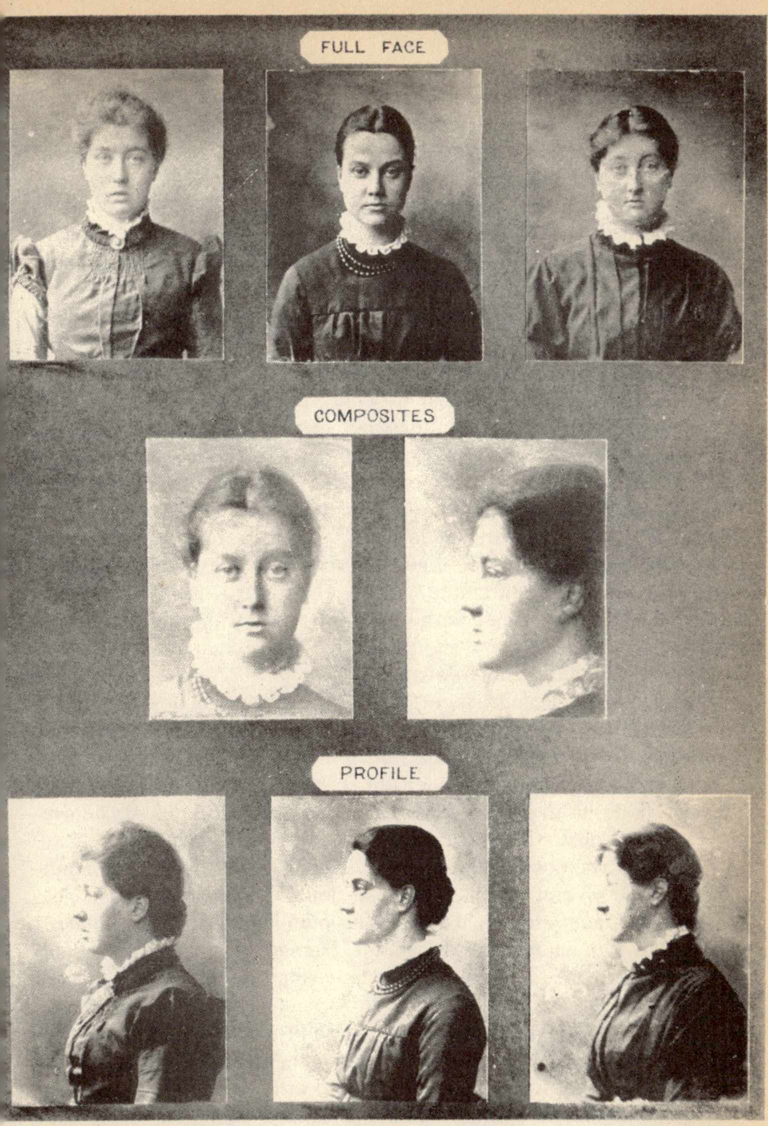

Abb. 13 Fotoporträts von drei Schwestern. Aufnahmen von vorne und im Profil mit den entsprechenden Komposits. Diese Bilder stammen von Francis Galton, der die Technik der Kompositfotografie vor mehr als hundert Jahren erfand (aus: Pearson, 1924, Reproduktion mit freundlicher Genehmigung der Cambridge University Press).

Das Beispiel der Kompositfotos gewinnt man durch »Übereinanderlegen« (durch Mehrfachbelichtung) von Fotos verschiedener Individuen. Als Folge dieses Vorganges werden die den Individuen gemeinsamen Merkmale verstärkt wiedergegeben, doch wegen der Unterschiede zwischen den individuellen Bildern sind die »Durchschnittsfotos« nicht scharf konturiert *(Abb. 13, 14)*.

3. Die automatische Mitteilung vergangener Formen wird eine wahrscheinlichkeitsbedingte räumliche Verteilung im morphogenetischen Feld mit sich bringen, oder, anders gesagt, eine *Wahrscheinlichkeitsstruktur* (vgl. Kapitel 4.3).

Die Wahrscheinlichkeitsstruktur eines morphogenetischen Feldes legt den wahrscheinlichen Zustand eines seinem Einfluß unterliegenden Systems in Übereinstimmung mit den *aktualisierten* Zuständen aller ähnlichen Systeme der Vergangenheit fest. Das System wird am ehesten die Form annehmen, die bereits am häufigsten aufgetreten ist.

4. In den frühen Stadien der Geschichte einer Form wird das morphogenetische Feld relativ undeutlich sein und vergleichsweise stark von individuellen Merkmalen geprägt sein. Mit fortschreitender Zeit aber wird der sich verstärkende Einfluß zahlloser früherer Systeme dem Feld eine stetig wachsende Stabilität zutragen. Je wahrscheinlicher der Durchschnittstypus wird, desto größer die Wahrscheinlichkeit, daß er sich in Zukunft wiederholen wird.

Um es anders auszudrücken: Das »Sammelbecken« des morphogenetischen Feldes wird zunächst vergleichsweise seicht sein. Es wird aber zunehmend tiefer, je größer die Zahl der Systeme ist, die zur morphischen Resonanz beitragen. Oder um ein anderes Bild zu gebrauchen: Durch Wiederholung gerät die Form in eine Spur, und je öfter sie wiederholt wird, desto tiefer wird die Spur werden.

5. Die Stärke des Einflusses eines Systems auf nachfolgende ähnliche Systeme scheint von seiner Lebensdauer abhängig zu sein: Eines, das für die Dauer eines Jahres besteht, kann mehr Effekt ausüben als eines, das nach einer Sekunde zerfällt. Daraus folgt, daß das automatisch »gewogene Mittel« zugunsten langlebiger vergangener Formen ausschlägt.

6. Zu Beginn eines morphogenetischen Prozesses tritt der morphogenetische Keim in ein morphisches Resonanzverhältnis mit gleichartigen früheren Systemen, welche zu höherwertigen Einheiten gehören: Auf diese Weise verbindet er sich mit dem morphogenetischen Feld der höherwertigen morphischen Einheit (Kapitel 4.1). Wir stellen uns den morphogenetischen Keim als die morphische Einheit F vor und die Zielform, auf die das System hingezogen wird, als D-E-F-G-H. Die

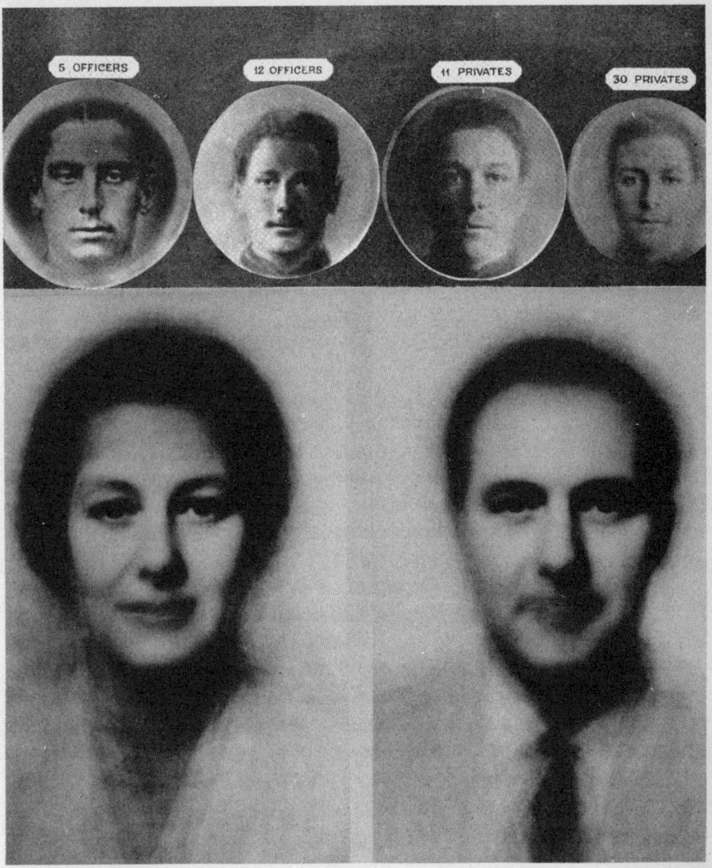

Abb. 14 Oben: Kompositfotos von Offizieren und Soldaten des Königlich-Britischen Pionierkorps, angefertigt von Francis Galton (aus: Pearson, 1924. Mit freundlicher Genehmigung der Cambridge University Press).
Unten: Kompositfotos von 30 weiblichen und 45 männlichen Bediensteten des John Innes Institute, Norwich (Wiedergabe mit freundlicher Genehmigung des John Innes Institute).

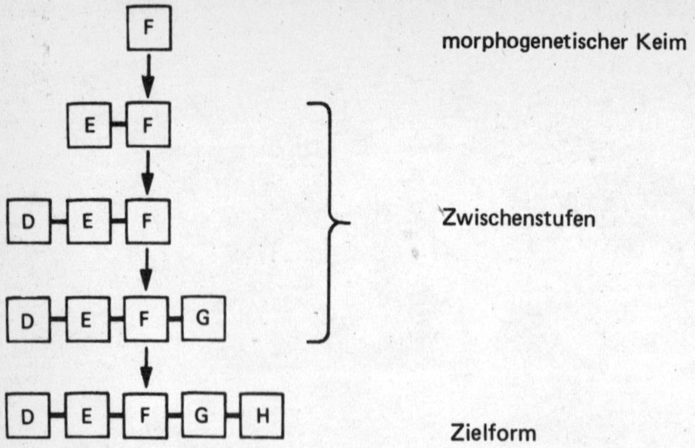

Abb. 15 Stufen einer aggregativen (zusammengesetzten) Morphogenese der morphischen Einheit D-E-F-G-H aus dem morphogenetischen Keim F.

Zwischenstufen seien von der Art wie in *Abb. 15* dargestellt. Nun wird es nicht nur zum Resonanzphänomen zwischen dem morphogenetischen Keim und den Zwischenstufen einerseits und der *Ziel*form früherer gleichartiger Systeme andererseits kommen. Auch die Zwischenstufen treten in morphische Resonanz, und zwar mit den gleichartigen Zwischenstufen E-F, D-E-F usw. früherer ähnlicher Morphogenesen. Entsprechend werden diese Stufen durch morphische Resonanz stabilisiert werden und zur Bildung einer Chreode führen. Je häufiger dieser morphogenetische Weg beschritten wird, desto mehr wird die Chreode verstärkt. Um es mit dem Bild unseres Modells einer »epigenetischen Landschaft« *(Abb. 5)*auszudrücken: Das Tal der Chreode wird um so tiefer, je häufiger es von der Entwicklung durchlaufen wird.

5.5 Überlegungen zu einer abgeschwächten morphischen Resonanz

Die Erörterungen des letzten Kapitels gingen von der Voraussetzung aus, daß der morphische Einfluß eines Systems im Verlaufe seiner Einwirkung auf spätere ähnliche Systeme nicht an Stärke verliert, auch wenn sein *relativer* Effekt mit zunehmender Zahl gleichartiger Systeme

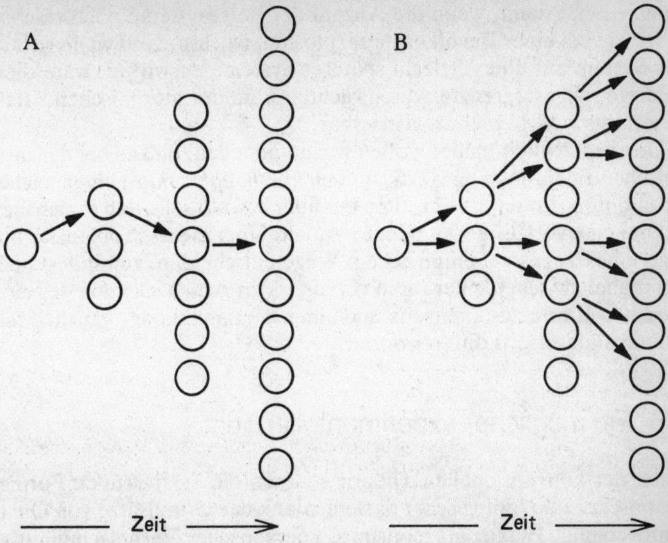

Abb. 16 Situationen, in denen die Wirkung früherer Systeme durch morphische Resonanz mit nur einem Folgesystem (A) und mit zwei Folgesystemen (B) abgeschwächt wird.

schwächer wird. Wir wenden uns jetzt der anderen Möglichkeit zu, derzufolge sich dieser Einfluß auf irgendeine Weise »verausgabt«.

Falls es zu einer solchen Abschwächung kommt, könnten wir sie nur unter der Voraussetzung aufspüren, daß sie hinreichend rasch abläuft. Wir betrachten zunächst den Extremfall, daß sich der Einfluß eines Systems bei der morphischen Resonanz mit nur einem Folgesystem verliert. Erhöht sich mit der Zeit die Anzahl ähnlicher Systeme, werden in diesem Fall die meisten dieser Systeme keiner morphischen Resonanz früherer ähnlicher Systeme ausgesetzt sein *(Abb. 16A)*. Es steht ihnen folglich frei, auf »zufällige« oder »kreative« Weise unterschiedliche Formen anzunehmen. Die Formen dieser Systeme können also sehr variabel sein.

Untersuchen wir nun den Fall, bei dem jedes System zwei Folgesysteme beeinflußt. Wie *Abb. 16B* zeigt, würden in diesem Fall dank der morphischen Resonanz die meisten, doch nicht alle der nachfolgenden Formen stabilisiert werden. Wenn jedes System drei Folgesysteme beeinflußte, würden alle stabilisiert. Zu einer Unbeständigkeit der Form käme es erst dann, wenn die Anzahl der Folgesysteme noch rascher, z. B. wie bei einer Bevölkerungsexplosion, wüchse. Und wenn sich jedes System auf eine Vielzahl späterer Systeme auswirkte, wäre diese niedrige, aber begrenzte Abschwächungsrate des morphischen Effektes praktisch nicht mehr registrierbar.

Der Einfachheit halber wollen wir unterstellen, daß es bei der morphischen Beeinflussung von Systemen *überhaupt nicht* zu einer solchen Erschöpfung kommt. Wir sollten uns aber bewußt sein, daß es sich hierbei um eine vorläufige Annahme handelt. Über dieses Problem könnte man eines Tages auf empirischem Wege entscheiden; zumindest ließe sich dabei zwischen einer rasch verlaufenden Abschwächung des morphischen Einflusses einerseits und einer langsamen oder gänzlich fehlenden andererseits differenzieren.

5.6 Ein möglicher experimenteller Test

Nach der konventionellen Theorie müßten die einzigartigen Formen chemischer und biologischer Systeme dank der Grundsätze von Quantenmechanik, Elektromagnetismus, energetischer Verursachung usw. vor ihrer ersten Realisation vorhersagbar sein. Anders verhält es sich nach der Hypothese von der formbildenden Verursachung: Nicht einzigartige Formen, sondern nur ein Spektrum möglicher Formen ist ihr zufolge vorhersagbar. Grundsätzlich ließe sich nun sagen, daß das Unvermögen der konventionellen Theorie, singuläre Formen vorherzusagen, gegen sie spricht und ein Argument für die Hypothese der formbildenden Verursachung liefert. In der Praxis wird dieses Versagen jedoch nicht zwingend nachzuweisen sein: Die Berechnungen, die man in diesem Zusammenhang anstellen kann, sind nur angenäherte. Verfechter dieser Theorie werden daher immer das Argument auf ihrer Seite haben, die Vorhersage einzigartiger Formen sei unter der Voraussetzung subtiler Berechnungen eines Tages durchaus möglich.

Glücklicherweise unterscheidet sich die Hypothese der formbildenden Verursachung von der konventionellen Theorie in einem zweiten entscheidenden Punkt. Letztere besagt, daß die Ursachen der Formenbildung, da sie als unveränderlich gelten, beim ersten Mal in genau der gleichen Weise wie beim hundertsten oder beim milliardsten Mal arbeiten. Die gleiche Erwartung folgt aus Theorien, die es darauf anlegen, empirisch beobachtbare Formen durch einige archetypischen Formen oder transzendentale mathematische Wahrheiten zu erklären. Doch nach der Hypothese der formbildenden Verursachung hängt die Form eines Systems von dem kumulativen Einfluß vergangener ähnlicher Systeme ab. Das heißt, beim milliardsten Mal wird dieser Einfluß stärker als beim tausendsten oder beim zehnten Mal sein. Könnte dieser kumulative Aspekt der formbildenden Verursachung auf empirischer Ebene aufgezeigt werden, so ließe er sich von der konventionellen Theorie einerseits und dem platonisch und pythagoräisch bestimmten Theorien andererseits klar abgrenzen.

Im Falle morphischer Einheiten, die schon seit einer sehr langen Zeit existieren – Wasserstoffatom Tausende von Millionen Jahren –, wird das morphogenetische Feld so stark begründet sein, daß es praktisch nicht mehr veränderbar ist. Selbst die morphogenetischen Felder morphischer Einheiten, deren Alter einige Jahrhunderte oder Jahrzehnte nicht übersteigt, mögen bereits dem Einfluß einer so großen Zahl vergangener Systeme ausgesetzt sein, daß jeder Zuwachs an Wirkungsstärke zu geringfügig sein wird, um überhaupt entdeckt zu werden. Anders bei ganz jungen Formen; hier ist die Aufdeckung eines sich verstärkenden morphischen Einflusses auf experimentellem Wege sehr wohl denkbar.

Stellen wir uns eine gänzlich neu synthetisierte chemische Substanz vor, die es bislang noch nie gab. Die Hypothese der formbildenden Verursachung besagt, daß vor der Synthetisierung auf ihre Kristallform nicht geschlossen werden kann und daß es noch kein dieser Form entsprechendes morphogenetisches Feld gibt. Sobald aber diese Substanz auskristallisiert, wird die Form ihrer Kristalle durch morphische Resonanz spätere Kristallisationen beeinflussen. Je häufiger diese Substanz kristallisiert, desto stärker wird der Hypothese zufolge dieser Effekt. Demnach kann es sein, daß die Kristallisation beim ersten Mal nur mit Verzögerung abläuft. Da aber die wachsende Zahl früherer Kristalle in der Folgezeit das morphogenetische Feld durch morphische Resonanz verstärkt, ist zu erwarten, daß sich der Prozeß der Kristallisation bei den folgenden Malen zunehmend reibungsloser abspielt.

In der Tat können Chemiker, die neue Stoffe synthetisiert haben, die Kristallisation dieser Stoffe häufig nur unter großen Schwierigkeiten in Gang setzen. Mit zunehmender Zeit kristallisieren diese Stoffe dann aber immer müheloser.

Diesen Sachverhalt illustriert der folgende Bericht (aus einem Lehrbuch über Kristalle) über das spontane und nichterwartete Auftauchen eines neuen Kristalltyps:

»Vor etwa zehn Jahren betrieb eine Gesellschaft eine Fabrik, die große Äthylendiamintartratkristalle durch Lösung in Wasser gewann. Die Gesellschaft verschickte die Kristalle von diesem Werk aus über viele Kilometer zu einem anderen, wo sie für industrielle Zwecke geschnitten und geschliffen wurden. Ein Jahr nach Eröffnung der Fabrik zeigten sich beim Wachstum der Kristalle negative Veränderungen. Andersartige Kristalle verwuchsen mit ihnen und wuchsen sogar schneller. Das Mißgeschick griff alsbald auf das andere Werk über: Die geschnittenen und geschliffenen Kristalle wiesen an ihrer Oberfläche die gleiche ›Krankheit‹ auf…

Die gewünschte Substanz war *anhydrisches* Äthylendiamintartrat, das unerwünschte erwies sich als das *Monohydrat* dieser Substanz. Während der dreijährigen Forschungs- und Entwicklungszeit und eines weiteren Jahres für die Produktion hatte sich kein Keim des Monohydrates ausgebildet. Danach schien es diese Keime überall zu geben.« (A. Holden u. P. Singer[7]).

Diese Autoren halten es für möglich, daß auf anderen Planeten Kristalltypen, die hier auf der Erde weit verbreitet sind, noch nicht in Erscheinung getreten sind, und sie fügen hinzu: »Vielleicht sind in unserer eigenen Welt bestimmte Festkörperformen noch unbekannt, nicht weil es an den Bestandteilen mangelte, sondern einfach, weil sich die entsprechenden Keime noch nicht gezeigt haben.«[8]

Für die Tatsache, daß Substanzen gewöhnlich schneller kristallisieren, nachdem sie zum ersten Male kristallisiert haben, und dafür, daß die Mühelosigkeit der Kristallisation im allgemeinen zunimmt, je häufiger es zur Kristallisation kommt, gibt es eine konventionelle Erklärung. Sie besagt, daß Bruchstücke früherer Kristalle die nachfolgenden Lösungen »infizieren«. Für den Fall, daß sich kein offensichtlicher Weg ausfindig machen läßt, den die Keime bei ihrer Wanderung von Ort zu Ort zurücklegen, setzt man einfach voraus, daß sie sich als mikroskopisch kleine Staubteilchen durch die Atmosphäre fortbewegen.

Zweifellos erleichtert die »Infektion« einer übersättigten Lösung mit geeigneten Kristallkeimen die Kristallisation sehr. Doch nach der Hypothese der formbildenden Verursachung müßte es sich so verhalten, daß allein die schlichte Tatsache, daß es bereits zuvor zur Kristallisation kam, die Kristallisation einer Substanz erleichtert. Wenn sich daher beobachten läßt, daß Substanzen um so spontaner kristallisieren, je häufiger sie dies tun, kann die Erklärung durch eine steigende Zahl unsichtbarer Keime in der Atmosphäre nicht die einzige sein. Über diese Frage könnte auf experimentellem Wege entschieden werden, indem man Bedingungen schafft, unter denen Staubteilchen durch Luftfilterung entfernt und jede sonstige denkbare Verunreinigung ausgeschaltet wird. Die Zeit, die eine neusynthetisierte Substanz braucht, um aus einer übersättigten Lösung zu kristallisieren, könnte unter streng standardisierten Bedingungen vor und nach wiederholter Kristallisation gemessen werden, wobei die Kristallisationen vorher und nachher an jeweils verschiedenen Orten stattfinden. Eine Verkürzung dieser Zeit würde einen Beweis zugunsten der Hypothese der formbildenden Verursachung erbringen.

Möglicherweise könnten kompliziertere Experimente nicht allein belegen, daß das morphogenetische Feld einer bestimmten Kristallart dem kumulativen Einfluß früherer Kristalle ausgesetzt ist, sondern auch, daß die Struktur dieses Feldes vor dem Auftreten des ersten Kristalls dieser Art nicht determiniert war. Betrachten wir zum Beispiel den folgenden Vorgang: Man unterteilt eine Lösung eines neusynthetisierten Stoffes in mehrere Mengen, die wir P, Q und R nennen wollen. Eine Vorsichtsmaßnahme, die einer gegenseitigen Verunreinigung durch Keime entgegenwirkt, ist die Verteilung dieser einzelnen Mengen auf verschiedene, Hunderte von Kilometern voneinander entfernte Laboratorien. Anschließend versieht man jede Teilmenge bewußt mit dem Keim einer anderen Kristallart. Dies geschieht in der Absicht, die Ausbildung unterschiedlicher Kristallisationsmuster des neuen Stoffes, dessen Kristallform laut Hypothese bis zu diesem Zeitpunkt noch unentschieden ist, zu veranlassen. Diese Kristallisationen finden bei möglichst exakter Zeitgleichheit statt. Nehmen wir an, daß P, Q und R je eine verschiedene Kristallart ergeben. Proben dieser Kristalle werden nun analysiert und ihre Strukturen durch Röntgenstrahlkristallographie bestimmt. Jetzt greift man eine beliebige Kristallart heraus, sagen wir R, und kristallisiert wiederholt große Teilmengen des Stoffes mit Keimen des Kristalltyps R. Nach der Hypothese der formbildenden Verursachung müßte nun diese große Zahl der Kristalle des Typs R einen stärkeren morphischen Einfluß auf alle folgenden Kristallisationen ausüben als die kleinen anfänglichen Proben von P- und Q-Kristallen. Somit sollte es wahrscheinlicher sein, Kristalle vom Typ R zu erhalten als solche vom Typ P oder Q.

Nun versuchen wir, die Kristallisationen vom Typ R und Q unter Verwendung der gleichen Keimarten zu wiederholen, die zu Beginn gebraucht wurden. Kristallisation findet auch bei vollständigem Fehlen jeglicher Keimart statt. Wenn wir in all diesen Fällen Kristalle des Typs R erhielten, würde das Ergebnis ein starkes Argument für die Hypothese der formbildenden Verursachung sein. Und wenn sich die Form des Experimentes mit vielen verschiedenen neu synthetisierten Stoffen durchführen ließe, hätten wir ein überzeugendes Maß an Beweisen.

Erhielten wir jedoch anfänglich einen einzigen Kristalltyp in P, Q und R, so wäre das Ergebnis ohne Beweiskraft. Wenn einerseits die Kristallisation in einer dieser Lösungen etwas eher als bei den anderen stattfindet, könnte der Einfluß dieser Kristalle durch morphische Resonanz hinreichend stark sein, um es zum gleichen Kristallisationstyp in den anderen Lösungen kommen zu lassen. Andererseits würde dieses Ergebnis auch zu der konventionellen Annahme passen, nach der eine einzige Kristallform gebildet würde, da es sich um eine einzigartige Minimalenergiestruktur handelte. Dennoch sollte es selbst bei einem einzigen Kristalltyp möglich sein, eine Verkürzung der Zeit festzustellen, welche die Substanz benötigt, um unter standardisierten Bedingungen zu kristallisieren, da ja die wachsende Zahl früherer Kristalle dieses Typs das morphogenetische Feld durch morphische Resonanz aufbaut.

Experimente mit Kristallen stellen nur eine Möglichkeit dar, mit der sich die Hypothese der formbildenden Verursachung untersuchen ließe. Beispiele möglicher Experimente mit biolgischen Systemen entwikkeln wir in den Abschnitten 7.4, 7.6, 11.2 und 11.4.

6 Formbildende Verursachung und Morphogenese

6.1 Aufeinanderfolgende Morphogenesen

Nachdem sich subatomare Teilchen zu Atomen zusammengeschlossen haben, können sich die Atome zu Molekülen verbinden, diese wiederum zu Kristallen. Die Kristalle halten ihre Formen unbegrenzt, solange die Temperatur unter dem Schmelzpunkt bleibt. Im Vergleich hierzu setzen sich bei lebenden Organismen morphogenetische Prozesse endlos fort in den stetig wiederholten Zyklen von Wachstum und Reproduktion.

Die einfachsten lebenden Organismen bestehen aus einzelnen Zellen, die wachsen, sich teilen, dann wieder wachsen. Also müssen die morphogenetischen Keime für die Chreoden der Teilung in den letztendlichen Formen der ausgewachsenen Zellen erscheinen, und die neugeteilten Zellen dienen als Ausgangspunkt für die Chreoden des zellularen Wachstums und der zellularen Entwicklung.

Bei multizellularen Organismen setzen sich diese Zyklen nur in einigen der Zellen fort, zum Beispiel in der Keimbahn, in Zellen des Sprosses und in meristematischen Zellen. Andere Zellen, auch ganze Gewebe und Organe, bilden sich zu einer Vielfalt spezialisierter Strukturen aus, die dann nur einen unerheblichen morphogenetischen Wandel durchlaufen. Ihr Wachstum kommt zum Stillstand, obwohl sie die Fähigkeit, sich nach einer Beschädigung zu regenerieren, beibehalten können. Früher oder später sterben sie ab. Genaugenommen könnte man sagen, sie sind sterblich, weil sie aufhören zu wachsen[1].

Die Entwicklung multizellularer Organismen durchläuft eine Reihe von Stufen, die von einer Folge morphogenetischer Felder kontrolliert werden. Zunächst entwickeln sich die embryonalen Gewebe unter der Kontrolle primärer embryonaler Felder. Früher (bei der »Mosaik«-ähnlichen Entwicklung) oder später (bei der »regulativen« Entwicklung) gelangen verschiedene Bereiche unter den Einfluß sekundärer Felder, bei Tieren sind dies die den Gliedern, Augen, Ohren usw. zugeordneten, bei Pflanzen die der Blätter, Blütenblätter, Staubgefäße usw.

Allgemein gesagt ist die Morphogenese, die von den Primärfeldern ausgeht, nicht spektakulär. Sie ist aber von fundamentaler Bedeutung, da sie die charakteristischen Unterschiede zwischen Zellen in unterschiedlichen Bereichen aufbaut. Gemäß unserer Hypothese erlauben diese Unterschiede den Zellen, als morphogenetische Keime des Organfeldes in Erscheinung zu treten. In den Geweben, die sich unter ihrem Einfluß entwickeln, treten Keime untergeordneter Felder auf, Felder, die die Morphogenese von Strukturen im Organ als Ganzes kontrollieren: beim Blatt, der Blattspreite, den Nebenblättern, dem Blattstiel usw., beim Auge, der Hornhaut, der Iris, der Linse usw. Anschließend kommen morphogenetische Felder noch weiter untergeordneter Ebenen ins Spiel: z. B. diejenigen, die der Gefäßdifferenzierung der Blattspreite, der Stomatadifferenzierung und der Differenzierung der Haarzellen auf der Blattoberfläche entsprechen.

Man kann, wie auch bereits geschehen, diese Felder experimentell untersuchen, indem man die Regulationsfähigkeit sich entwickelnder Organismen nach einer Beschädigung verschiedener Bereiche des embryonalen Gewebes untersucht, und nachdem man ein Gewebetransplantat von einem Bereich auf den anderen vornimmt. Sowohl bei den Tierembryonen als auch bei den meristematischen Zonen der Pflanze bringt die Weiterentwicklung der Gewebe ein zunehmend autonomes Verhalten der unterschiedlichen Bereiche mit sich. Das System als Ganzes verliert seine Regulationsfähigkeit. Da aber zahlreichere Sekundärfelder an die Stelle der primären embryonalen Felder treten, kommt es zu lokalen Regulationen in den sich entwickelnden Organen[2].

6.2 Die Polarität morphogenetischer Felder

Die meisten morphischen Einheiten sind in wenigstens einer Richtung polarisiert. Ihre morphogenetischen Felder, die polarisierte virtuelle Formen beinhalten, werden automatisch passende Orientierungen aufgreifen, wenn ihre morphogenetischen Keime desgleichen in ihrem Innern polarisiert sind. Ist dies aber nicht der Fall, müssen ihnen zunächst Polaritäten zugeführt werden. Die kugelförmige Eizelle der Alge *Fucus* zeigt keine innere Polarität. Ihre Entwicklung setzt erst dann ein, wenn sie von einem Richtungsstimulus polarisiert worden ist. Dieser Stimulus ist einer aus einer Reihe zahlreicher Stimuli, darunter Licht, chemische Gradienten und elektrische Ströme. Fehlt ein solcher Stimulus, greift das Feld eine beliebige Polarität auf, wobei es sich vermutlich von Zufallsschwankungen leiten läßt.

Nahezu alle multizellularen Organismen sind in einer Wurzel-Sproß oder Kopf-Schwanz-Richtung polarisiert, viele auch in einer zweiten Richtung (Bauch-Rücken), einige in allen drei Richtungen (Kopf-Schwanz, Bauch-Rücken, rechts-links). Die Letztgenannten sind folglich asymmetrisch und potentiell fähig, in Formen zu existieren, die einander Spiegelbilder sind, z. B. Schnecken mit spiralförmigem Gehäuse. Und in zweiseitig symmetrischen Organismen treten asymmetrische Strukturen, die auf beiden Seiten ausgebildet sind, notwendigerweise sowohl in »rechts-« wie auch in »linkshändiger« Form auf, beispielsweise als rechte und linke Hand.

Diese Spiegelbildformen haben die gleiche Morphologie, und vermutlich entwickeln sie sich unter dem Einfluß desselben morphogenetischen Feldes. Das Feld übernimmt einfach diese Symmetrie des morphogenetischen Keimes, mit dem es Verbindung aufnimmt. Also beeinflussen rechts- wie auch linkshändige frühere Systeme durch morphische Resonanz sowohl rechts- als auch links»händige« Folgesysteme. Einige bekannte Tatsachen aus der Biochemie bestätigen diese Deutung. Die Moleküle von Aminosäuren und Zuckern sind asymmetrisch und können sowohl in rechts- als auch links»händigen« (d. h. drehend) Formen existieren. In lebenden Organismen sind jedoch alle Aminosäuren in den Proteinen links»drehend«, während der Großteil der Zuckerarten rechts»drehend« ist. Die ununterbrochene Fortsetzung dieser chemischen Asymmetrien wird ermöglicht durch die asymmetrischen Strukturen der Enzyme, die die molekulare Synthese katalysieren. In der Natur treffen wir die meisten Aminosäuren und Zucker äußerst selten außerhalb lebender Organismen an. Also müßten diese besonderen asymmetrischen Formen in überwältigendem Ausmaß durch morphische Resonanz zu den morphogenetischen Feldern der Moleküle beitragen. Stellt man sie aber auf künstliche Weise her, erhält man rechts- und links»händige« Formen zu gleichen Anteilen. Wir leiten daraus ab, daß die morphogenetischen Felder keine innerlich angelegte »Händigkeit« haben.

6.3 Die Größe morphogenetischer Felder

Die Dimensionen bestimmter atomarer und molekularer morphischer Einheiten sind mehr oder weniger konstant. Dies gilt auch für Kristallgitter, auch wenn sie in unaufhörlicher Wiederholung Kristalle verschiedener Größe ergeben. Biologische morphische Einheiten sind variabler. Nicht allein zwischen Zellen, Organen und Organismen bestimmter Arten finden sich Unterschiede, sondern die individuellen morphischen Einheiten selbst verändern im Laufe ihres Wachstums ihre Größe. Soll es sich so verhalten, daß von vergangenen Systemen mit ähnlichen Formen, aber unterschiedlichen Größen morphische Resonanz ausgeht, und setzen wir weiter voraus, daß ein bestimmtes morphogenetisches Feld seine Verbindung mit einem wachsenden System aufrechthält, dann müßte man den »Skalenwert« der Formen im morphogenetischen Feld nach oben oder unter verschieben können. Ihre wesentlichen Charakteristika müssen daher von den relativen, nicht den absoluten, Positionen ihrer Bausteine sowie von ihren relativen Schwingungsraten abhängen. Die Musik, die eine Schallplatte erklingen läßt, wenn man sie mit unterschiedlicher Geschwindigkeit abspielt, kann hier als einfache Analogie dienen: Trotz der absoluten Veränderungen hinsichtlich der Tonhöhen und der Rhythmen bleibt die Musik identifizierbar, weil die Verhältnisse von Noten und Rhythmen zueinander unberührt bleiben.

Obwohl morphogenetische Felder hinsichtlich ihrer absoluten Größe anpassungsfähig sind, ist die Spanne, in der ein System variieren kann, deutlichen physikalischen Beschränkungen unterworfen. Bei dreidimensionalen Systemen wachsen die Oberflächen mit der zweiten Potenz, während die Volumina mit der dritten Potenz wachsen. Diese schlichte Tatsache besagt, daß sich biologische Systeme nicht unbegrenzt vergrößern oder verkleinern lassen, ohne dabei ihre Stabilität zu verlieren[3].

6.4 Die wachsende Spezifizierung morphischer Resonanz während der Morphogenese

Energetische Resonanz ist kein »Alles oder nichts«-Prozeß: Ein System reagiert mit Schwingung auf ein *Spektrum* von Frequenzen, die seiner eigenen natürlichen Frequenz mehr oder weniger entsprechen. Die maximale Reaktion zeigt sich natürlich nur, wenn die Frequenz mit der eigenen voll übereinstimmt. In ähnlicher Weise kann auch die morphische Resonanz in stärkerem oder geringerem Maße fein »abgestimmt« sein. Die stärkste Spezifizierung wird dabei erreicht, wenn sich die Formen der vergangenen und gegenwärtigen Systeme möglichst ähnlich sind.

Wenn ein morphogenetischer Keim mit den Formen zahlloser früherer Systeme höherer Ebene ein Resonanzverhältnis eingeht, stimmen diese Formen nicht exakt überein, sondern führen zu einer Wahrscheinlichkeitsstruktur. In den ersten Phasen der Morphogenese werden

Strukturen an bestimmten Stellen innerhalb der Bereiche, die durch die Wahrscheinlichkeitsstruktur gegeben sind, realisiert. Das System weist jetzt eine entwickeltere und klarer definierte Form auf und wird folglich den Formen einiger früherer ähnlicher Systeme näherstehen als anderen. Die morphische Resonanz, die von diesen Formen ausgeht, wird spezifischer und also auch wirksamer sein. Und mit fortschreitender Entwicklung wird die Selektivität morphischer Resonanz weiter zunehmen.

Die Entwicklung eines Organismus aus einem befruchteten Ei kann als eine sehr allgemeine Illustration dieses Prinzips gelten. Die frühen Stufen der Embryologie gleichen oft denen zahlreicher anderer Arten oder gar Familien und Ordnungen. Im weiteren Verlauf der Entwicklung neigen die spezifischen Merkmale der Ordnung, Familie, Gattung und schließlich der Art dazu, in regelmäßiger Folge aufzutreten; und die vergleichsweise geringfügigen Unterschiede, die das Individuum von anderen Individuen derselben Art abhebt, erscheinen in der Regel zum Schluß.

Diese zunehmend spezifischer werdende morphische Resonanz wird dahin tendieren, Entwicklung auf bestimmte Varianten der Zielform hinzuleiten, die in früheren Organismen ihren Ausdruck fanden. In seinen Einzelheiten wird dieser Entwicklungspfad durch genetische wie auch umweltbedingte Faktoren modifiziert: Ein Organismus einer bestimmten genetischen Konstitution wird dahin streben, sich so zu entwickeln, daß er in eine spezifische morphische Resonanz mit früheren Individuen der gleichen genetischen Anlage eintritt. Die Umwelteinflüsse tendieren dahin, den Organismus unter den spezifischen morphischen Einfluß früherer Organismen zu stellen, welche sich in derselben Umgebung ausgebildet haben.

Einen noch spezifischeren Effekt werden frühere ähnliche morphische Einheiten haben, die Teil desselben Organismus waren. Im Falle der Entwicklung von Blättern eines Baumes ist es beispielsweise wahrscheinlich, daß die Formen früherer Blätter desselben Baumes einen entscheidenden Anteil an dem morphogenetischen Feld haben und die für diesen Baum typische Blattform konstant halten.

6.5 Die Erhaltung und Stabilität von Formen

Am Ende eines morphogenetischen Prozesses fällt die tatsächliche Form eines Systems mit der virtuellen Form, wie sie durch das morphogenetische Feld gegeben ist, zusammen. Diese fortwährende Verbindung von System und Feld kommt am deutlichsten im Phänomen der Regeneration zum Ausdruck. Weniger offensichtlich, doch nicht minder bedeutend, ist die Wiederherstellung der Form des Systems nach kleinen Abweichungen von der Zielform: Die morphische Einheit wird fortwährend durch ihr morphogenetisches Feld stabilisiert. In biologischen Systemen, und bis zu einem gewissen Grade bei chemischen Systemen, befähigt die Beibehaltung der Form die morphischen Einheiten, weiter zu bestehen, auch wenn sich ihre Bestandteile verändern, indem sie »umgestellt« und ersetzt werden. Das morphogenetische Feld selbst verdankt seine Konstanz dem fortwährenden Einfluß der Formen ähnlicher vergangener Systeme.

Ein ungemein interessantes Charakteristikum der morphischen Resonanz, die auf ein System mit gleichbleibender Form einwirkt, können wir in der Tatsache sehen, daß diese Resonanz einen Beitrag der vergangenen Zustände des Systems selbst einschließt. Sofern ein System sich selbst in Bezug auf seine Vergangenheit mehr ähnelt als jedem anderen System der Vergangenheit, ist diese Selbstresonanz eine hochgradig spezifische. Tatsächlich mag es sich erweisen, daß diese Selbstresonanz von äußerst fundamentaler Bedeutung für die Erhaltung der Identität des Systems ist.

Die Vorstellung von der Materie kann nicht länger die von festen Teilchen sein, etwa in der Form winziger Billardkugeln, welche durch die Zeiten hindurch einen unveränderten Zustand aufrechterhalten. Materielle Systeme sind dynamische Strukturen, die sich selbst ständig aufs Neue schaffen. In der Sprache unserer Hypothese ausgedrückt beruht die Dauerhaftigkeit materieller Formen auf der ständig neu vollzogenen Aktualisierung des Systems unter dem Einfluß seines morphogenetischen Feldes. Gleichzeitig erneuern frühere Formen ohne Unterbrechung dank morphischer Resonanz das Feld selbst. Die Formen, die die größte Ähnlichkeit aufweisen und somit die stärkste Wirkung ausüben, werden diejenigen des Systems selbst in der unmittelbaren Vergangenheit sein. Diese Schlußfolgerung wäre von tiefgreifender physikalischer Tragweite: Es ist gut denkbar, daß die bevorzugte Resonanz eines Systems mit sich selbst in der unmittelbaren Vergangenheit dazu beiträgt, seine Beständigkeit nicht nur in der Zeit, sondern auch an einem bestimmten Ort zu erklären[4].

6.6 Eine Anmerkung zum physikalischen »Dualismus«

Alle wirksamen morphischen Einheiten können als *Formen von Energie* betrachtet werden. Einerseits beruhen ihre Strukturen und Wirkungsmuster auf den morphogenetischen Feldern, mit denen sie in Verbindung stehen und unter deren Einfluß sie ins Dasein getreten sind. Andererseits sind sie hinsichtlich ihrer Existenz und ihrer Fähigkeit, mit anderen materiellen Systemen zusammenzuwirken, auf die in ihnen gebundene Energie angewiesen. Das begriffliche Denken vermag diese Aspekte von Form und Energie auseinanderzuhalten, in Wirklichkeit aber sind sie stets miteinander verbunden. Keine morphische Einheit kann Energie ohne Form haben, umgekehrt ist eine materielle Form ohne Energie unmöglich.

Dieser physikalische »Dualismus« von Form und Energie, den die Hypothese der formbildenden Verursachung so deutlich sichtbar macht, hat vieles gemeinsam mit dem sogenannten Welle-Teilchen-Dualismus der Quantentheorie.

Die Hypothese der formbildenden Verursachung besagt, daß der Unterschied zwischen der Morphogenese von Atomen und der von Molekülen, Kristallen, Zellen, Geweben, Organen und Organismen nur ein gradueller ist. Wenn wir »Dualismus« so definieren, daß die Orbitale von Elektronen in Atomen sich durch einen Dualismus von Wellen und Teilchen oder von Form und Energie auszeichnen, so trifft dieses Charakteristikum auch auf die komplexeren Formen höherwertiger morphischer Einheiten zu. Werden die Orbitale als nichtdualistisch gesehen, so gilt dies auch für die letzteren[5].

Ihrer Ähnlichkeit zum Trotz besteht zwischen der Hypothese der formbildenden Verursachung und der konventionellen Theorie ein wesensgemäßer Unterschied. Die konventionelle Theorie erlaubt kein tiefergehendes Verstehen der Verursachung der Formen, es sei denn, man schreibt den Gleichungen oder »mathematischen Strukturen«, die sie beschreiben, eine kausale Rolle zu. In diesem Falle verhielte es sich so, daß ein geheimnisvoller Dualismus von Mathematik und Realität im Spiele wäre. Die Hypothese der formbildenden Verursachung überwindet dieses Problem, indem sie die Formen vergangener Systeme als die Ursachen folgender ähnlicher Formen betrachtet. Aus der Sicht der konventionellen Theorie mag es scheinen, als sei hier das Heilverfahren schlimmer als die Krankheit, da die Hypothese ja eine Wirkung über Raum und Zeit voraussetzt und sich damit von jedem der bekannten physikalischen Wirkungsmechanismen unterscheidet. Doch handelt es sich hier nicht um einen metaphysischen, sondern um einen physikalischen Ansatz, der für eine experimentelle Überprüfung offen ist.

Wenn diese Hypothese durch experimentelle Überprüfung gestützt wird, erlaubt sie nicht nur die Deutung der verschiedenen Materiefelder der Quantenfeldtheorie mit Hilfe morphogenetischer Felder. Sie könnte darüber hinaus zu einem neuen Verständnis anderer physikalischer Felder führen.

Innerhalb des morphogenetischen Feldes eines Atoms dient ein nackter, von virtuellen Orbitalen umgebener Atomkern als morphogenetischer »Attraktor« für Elektronen. Möglicherweise läßt sich die sogenannte elektrische Anziehung(Attraktion) als ein Aspekt dieses atomaren morphogenetischen Feldes verstehen. Ist die endgültige Form des Atoms verwirklicht, spielt sie nicht mehr die Rolle eines morphogenetischen Attraktors und ist elektrisch neutral. Es ist also nicht abwegig anzunehmen, daß sich elektromagnetische Felder von den morphogenetischen Feldern der Atomkerne ableiten lassen.

In vergleichbarer Weise könnte es schließlich auch möglich sein, die starken und schwachen Kernkräfte durch die morphogenetischen Felder von Atomkernen und Nuklearteilchen zu deuten.

6.7 Eine Zusammenfassung der Hypothese der formbildenden Verursachung

1. Neben den Arten energetischer Verursachung, die in der Physik bekannt sind, und der Verursachung, die sich auf die Strukturen bekannter physikalischer Felder zurückführen lassen, ist ein weiterer Typ von Verursachung verantwortlich für die Formen aller materiellen morphischen Einheiten (subatomare Teilchen, Atome, Moleküle, Kristalle, quasi-kristalline Aggregate, Organellen, Zellen, Gewebe, Organe, Organismen). Form in dem hier verstandenen Sinne beinhaltet nicht nur die Gestalt der nach außen sichtbaren Oberfläche der morphischen Einheit sondern auch deren innere Struktur. Diese Verursachung, die wir *formbildende Verursachung* nennen, überträgt auf die Veränderungen, die von energetischer Verursachung bewirkt werden, eine räumliche Ordnung. Die Verursachung selbst ist nicht energetischer Natur, auch können wir sie nicht auf die Form einer Verursachung zurückführen, wie sie von bekannten physikalischen Feldern herrührt (Kapitel 3.3, 3.4).

2. Formbildende Verursachung beruht auf *morphogenetischen Feldern,* Strukturen mit morphogenetischen Wirkungen beruhen auf materiellen Systemen. Jeder Art einer bestimmten morphischen Einheit kommt ein eigenes charakteristisches morphogenetisches Feld zu. Bei der Morphogenese einer bestimmten morphischen Einheit wird eines oder mehrere seiner Teile – von uns *morphogenetischer Keim* genannt – vom morphogenetischen Feld der gesamten morphischen Einheit um-

geben oder darin eingebettet. Das Feld enthält die virtuelle Form der morphischen Einheit, die dadurch verwirklicht wird, daß passende Komponenten in seinen Wirkungsbereich und in die ihnen zukommenden passenden Positionen gelangen. Diese Positionsfindung der Teile einer morphischen Einheit geht einher mit der Freisetzung von Energie, gewöhnlich Wärme, und verläuft thermodynamisch gesehen spontan. Energetisch gesehen erscheinen die Strukturen morphischer Einheiten als Minima oder »Senken« potentieller Energie (Kapitel 3.4; 4.1; 4.2; 4.4; 4.5).

3. Eine nichtorganische Morphogenese verläuft in der Regel rasch. Im Vergleich dazu ist die biologische Morphogenese langsam und durchläuft eine Folge von Zwischenstufen. Eine bestimmte Morphogenese folgt gewöhnlich einem bestimmten Entwicklungspfad. Ein solcher kanalisierter Weg wird *Chreode* genannt. Wie aber die Phänomene der Regulation und der Regeneration zeigen, kann sich die Morphogenese der Zielform über verschiedene morphogenetische Keime und verschiedene Entwicklungspfade nähern. In den Zyklen von Zellwachstum und Zellteilung und in der Entwicklung der differenzierteren Strukturen multizellularer Organismen findet eine Folge morphogenetischer Prozesse unter dem Einfluß einer Folge morphogenetischer Felder statt (Kapitel 2.4; 4.1; 5.4; 6.1).

4. Die charakteristische Form einer morphischen Einheit wird bestimmt durch die Formen früherer ähnlicher Systeme. Diese üben ihren Einfluß auf diese Einheit über Zeit und Raum hinaus mittels eines Vorganges aus, den wir *morphische Resonanz* nennen. Dieser Einfluß wird von dem morphogenetischen Feld übermittelt und hängt von den dreidimensionalen Strukturen und Schwingungsmustern des Systems ab. Morphische Resonanz ist in ihrer spezifischen Wirkungsweise der energetischen Resonanz analog. Doch ist sie nicht in der Sprache irgendeiner bekannten Resonanzart ausdrückbar. Ebensowenig schließt die morphische Resonanz eine Übertragung von Energie mit ein (Kapitel 5.1; 5.3).

5. Alle ähnlichen vergangenen Systeme beeinflussen ein nachfolgendes System durch morphische Resonanz. Wir gehen vorläufig davon aus, daß sich diese Wirkungsintensität nicht durch Raum und Zeit abschwächt, sondern unaufhörlich fortdauert. Doch der relative Effekt eines Systems nimmt in dem Maße ab wie die Zahl ähnlicher Systeme, die zur morphischen Resonanz beitragen, zunimmt. (Kapitel 5.4; 5.5).

6. Die Hypothese der formbildenden Verursachung erklärt die Wiederholung von Formen, erklärt aber nicht, wie das erste Exemplar einer bestimmten Form ursprünglich in Erscheinung treten konnte. Dieses

einzigartige Ereignis läßt sich dem Zufall zuschreiben, einer der Materie inhärenten Kreativität, oder einer transzendenten kreativen Instanz. Eine Entscheidung über diese Alternativen läßt sich allein auf metaphysischer Ebene erreichen und liegt folglich außerhalb des Aussagebereiches der Hypothese (Kapitel 5.1).

7. Die morphische Resonanz, die von Zwischenstufen früherer ähnlicher morphogenetischer Prozesse ausgeht, strebt die Kanalisierung nachfolgender ähnlicher morphogenetischer Prozesse in die gleichen Chreoden an (Kapitel 5.4).

8. Eine wirksame morphische Resonanz aus vergangenen Systemen mit charakteristischer Polarität ist erst möglich, nachdem der morphogenetische Keim eines Folgesystems passend polarisiert worden ist. Systeme, die in allen drei Dimensionen asymmetrisch sind und in rechts- oder links»händigen« Formen existieren, beeinflussen durch morphische Resonanz ähnliche Systeme unabhängig von ihrer symmetrischen Anlage (6.2).

9. Morphogenetische Felder sind hinsichtlich ihrer absoluten Größe anpassungsfähig und können innerhalb bestimmter Grenzen einen höheren oder niedrigeren »Skalenwert« erreichen. Also beeinflussen frühere Systeme Folgesysteme ähnlicher Form durch morphische Resonanz auch bei unterschiedlicher absoluter Größe (Kapitel 6.3).

10. Auch unabhängig von der Größenanpassung sind die vielen früheren Systeme, die ein Folgesystem durch morphische Resonanz beeinflussen, hinsichtlich ihrer Form nicht identisch sondern nur ähnlich. Aus diesem Grunde stehen ihre Formen im morphogenetischen Feld nicht in exakter gegenseitiger Übereinstimmung. Der häufigste Typ einer früheren Form leistet den größten Beitrag zur morphischen Resonanz, der zahlenmäßig am wenigsten vertretene den geringsten: Morphogenetische Felder sind nicht exakt definiert, sondern drücken sich in *Wahrscheinlichkeitsstrukturen* aus, die von der statistischen Verteilung früherer ähnlicher Formen abhängen. Die wahrscheinlichkeitsabhängige Verteilung der Orbitale von Elektronen, wie in den Lösungen der Schrödinger-Gleichung beschrieben, ist ein Beispiel solcher Wahrscheinlichkeitsstrukturen. Sie sind den Wahrscheinlichkeitsstrukturen der morphogenetischen Felder morphischer Einheiten auf übergeordneten Ebenen wesensmäßig vergleichbar (Kapitel 4.3; 5.4).

11. Die morphogenetischen Felder morphischer Einheiten beeinflussen die Morphogenese, indem sie auf die morphischen Felder ihrer sie tragenden Teilbereiche wirken. Die Felder der Gewebe beeinflussen somit jene der Zellen, jene der Zellen Organellen, jene der Kristalle Moleküle, jene der Moleküle Atome und so fort. Diese Wirkungsme-

chanismen sind abhängig von dem Einfluß übergeordneter Wahrscheinlichkeitsstrukturen auf untergeordnetere und sind daher von Natur aus wahrscheinlichkeitsbedingt (Kapitel 4.3; 4.4).

12. Nachdem die Zielform einer morphischen Einheit verwirklicht worden ist, sorgt das fortschreitende Wirken der morphischen Resonanz, die von früheren Systemen ausgeht, für ihre Stabilisierung und Beständigkeit. Ist die Form eine dauerhafte, wird die auf sie einwirkende morphische Resonanz von ihren eigenen vergangenen Zuständen mitgetragen sein. Insoweit als das System seinen eigenen vergangenen Zuständen mehr als denen anderer Systeme ähnelt, ist die morphische Resonanz eine hochgradig spezifizierte. Für die Aufrechterhaltung der Identität des Systems kann sie von beträchtlicher Bedeutung sein (Kapitel 6,4; 6.5).

13. Die Hypothese der formbildenden Verursachung ist offen für experimentelle Überprüfung (Kapitel 5.6).

7 Die Vererbung der Formen

7.1 Genetik und Vererbung

Erbunterschiede zwischen sonst gleichen Organismen liegen in genetischen Unterschieden begründet, und genetische Unterschiede haben ihre Ursache in unterschiedlichen DNS-Strukturen bzw. in der unterschiedlichen Anordnung der DNS innerhalb der Chromosomen. Und diese Unterschiede führen zu Veränderungen in der Struktur von Proteinen oder zu Veränderungen in der Kontrolle der Proteinsynthese.

Diese von einer Unzahl detaillierter Erkenntnisse getragenen fundamentalen Entdeckungen ermöglichen uns ein einigermaßen geradliniges Verständnis von der Vererbung von Proteinen und von Eigenschaften, die mehr oder weniger direkt von besonderen Proteinen abhängen, beispielsweise die Sichelzellenanämie und erbliche Stoffwechselschäden. Im Gegensatz dazu lassen erblich bedingte Unterschiede bestimmter Proteine in der Form im allgemeinen keine unmittelbar ersichtliche Beziehung zu Änderungen in ihrer Struktur oder Synthese erkennen. Dennoch könnten solche Änderungen die Morphogenese auf verschiedene Weise beeinflussen, durch Wirkungen auf Stoffwechselenzyme, hormonsynthetisierende Enzyme, Strukturproteine, Proteine in Zellmembranen usw. Viele dieser Wirkungen sind bereits bekannt. Aber angenommen, daß verschiedene chemische Veränderungen zu Abwandlungen oder Verzerrungen des normalen Musters der Morphogenese führen, was bestimmt dann das normale Muster der Morphogenese?

Nach der mechanistischen Theorie nehmen Zellen, Gewebe, Organe und Organismen die für sie geeigneten Formen an, weil es am richtigen Ort zur richtigen Zeit zur Synthese der richtigen chemischen Substanzen kommt. Der spontane Verlauf der Morphogenese wird als Ergebnis komplexer, den Gesetzen der Physik entsprechenden physikochemischen Wechselwirkungen angesehen – aber welchen Gesetzen der Physik entsprechend? Die mechanistische Theorie läßt diese Frage einfach offen (Kapitel 2.2).

Die Hypothese der formbildenden Verursachung hingegen schlägt neue Wege zur Beantwortung dieser Frage vor. Indem sie eine Interpretation der biologischen Morphogenese anbietet, die die Analogie zu physikalischen Vorgängen wie der Kristallisation betont und den energetisch unbestimmbaren Fluktuationen eine entscheidende Rolle zuschreibt, erfüllt sie eher die Erwartungen der mechanistischen Theorie als daß sie diese bestreitet. Während jedoch letztere praktisch alle Phänomene der Vererbung auf die in der DNS angelegte Erbsubstanz zurückführt, erben nach der Hypothese der formbildenden Verursachung Organismen auch die morphogenetischen Felder vorausgegangener Organismen derselben Art. Dieser zweite Typ der Vererbung geschieht durch morphische Resonanz und nicht durch die Gene. Somit schließt Vererbung *beides* ein, Vererbung durch Gene *und* morphische Resonanz von gleichen vorausgegangenen Formen.

Man betrachte folgende Analogie: Die Musik, die aus dem Lautsprecher eines Radiogerätes kommt, hängt *sowohl* von den materiellen Bauelementen des Gerätes ab und von der Energie, mit der es betrieben wird, *als auch* von den Wellen, auf die es eingestellt ist. Die Musik kann natürlich durch Änderungen im Schaltsystem, in den Transistoren und Kondensatoren etc. beeinflußt werden, und sie hört auf, wenn die Batterie entfernt wird. Jemand, der nichts von der Übertragbarkeit unsichtbarer, unberührbarer, unhörbarer Wellen durch das elektromagnetische Feld wüßte, könnte daher schließen, daß sich das Zustandekommen der Musik allein anhand der Bestandteile des Radios, wie sie angeordnet sind, und durch die Energie, von der ihre Funktionsfähigkeit abhängt, erklären läßt. Zöge er jemals in Erwägung, daß etwas von außen in das Gerät eintreten könnte, und stellte er dann fest, daß das Gerät ein- und ausgeschaltet gleich schwer ist, würde er diese Möglichkeit schnell wieder fallenlassen. Es bliebe ihm daher nichts anderes übrig als anzunehmen, daß die rhythmischen und harmonischen Formen der Musik im Radio das Ergebnis einer immens komplizierten Wechselwirkung zwischen den einzelnen Bauteilen sein müssen. Er könnte es sogar fertigbringen, nach sorgfältiger Untersuchung und Analyse des Gerätes eine Nachbildung herzustellen, die die gleichen Laute wie das Original erzeugt, und er würde dieses Ergebnis vermutlich als den schlagenden Beweis für seine Theorie ansehen. Aber ungeachtet seiner Leistung bliebe ihm auch weiterhin vorenthalten, daß die Musik in Wirklichkeit im einem Hunderte von Kilometern entfernten Rundfunkstudio erzeugt wurde.

In der Sprache der Hypothese der formbildenden Verursachung heißt dies, daß die »Sendung« von früheren ähnlichen Systemen ausgeht und ihr »Empfang« vom detaillierten Aufbau und von der exakten Organisation des Empfangssystems abhängt. Wie beim Radio spielen zwei Formen von Veränderung in der Organisation des »Empfängers«

eine ausschlaggebende Rolle. Erstens könnte eine veränderte »Einstellung« des Systems den »Empfang« ganz verschiedener »Sendungen« ermöglichen – genauso wie ein Radiogerät auf verschiedene Sendestationen eingestellt werden kann, läßt sich auch ein sich entwickelndes System auf verschiedene morphogenetische Felder »einstellen«. Zweitens können Änderungen in einem Radiogerät, das auf eine bestimmte Station eingestellt ist, zu Abwandlungen und Verzerrungen der Musik aus dem Lautsprecher führen – entsprechend können Veränderungen innerhalb eines Systems, das unter dem Einfluß eines bestimmten morphogenetischen Feldes steht, verschiedene Modifikationen und Verzerrungen der endgültigen Form nach sich ziehen.

Bei sich entwickelnden Organismen könnten Umwelt- wie Genfaktoren die Morphogenese auf doppelte Weise beeinflussen: entweder durch Veränderungen der »Einstellung« morphogenetischer Keime oder durch Veränderung der gewohnten morphogenetischen Abläufe, die zur Ausbildung von Varianten der normalen Zielformen führen.

7.2 Veränderte morphogenetische Keime

Die morphogenetischen Keime für die Entwicklung von Organen und Geweben bestehen aus Zellen oder Zellengruppen mit charakteristischen Strukturen und Schwingungsmustern (Kapitel 4.5, 6.1). Würde die Struktur und das Schwingungsmuster eines Keimes aufgrund von Umweltbedingungen genügend stark beeinflußt, wäre seine Verbindung mit dem gewohnten übergeordneten Feld unterbrochen: Entweder könnte er überhaupt nicht mehr als Keim fungieren, was bedeutete, daß eine gesamte Struktur im Organismus nicht zur Ausbildung gelangen würde; oder er geht eine Verbindung mit einem anderen morphogenetischen Feld ein, mit der Folge, daß eine Struktur, die normalerweise in diesem Teil des Organismus nicht auftritt, sich anstelle der gewohnten entwickelte.

Beispiele für einen solchen Verlust einer ganzen Struktur oder für eine Ersetzung einer Struktur durch eine andere sind vielfach beschrieben worden. Manchmal können die gleichen Veränderungen auch durch genetische Faktoren und durch Veränderungen in der Umgebung des sich ausbildenden Organismus herbeigeführt werden; letzteres nennt die genetische Fachliteratur »Phänokopie«.

Die Auswirkungen dieser genetischen Faktoren wurden sehr ausführlich bei der Fruchtfliege *Drosophila* untersucht. Eine beträchtliche Anzahl identifizierter Mutationen führt zu Umwandlungen ganzer Teile der Fliege. Bei »Antennapedia« z. B. handelt es sich um die Verwandlung der Fühler zu Beinen. Mutationen innerhalb des »Bithorax«-Genkomplexes bewirken, daß sich das metathorakale Segment, das in der Regel zwei Halteren aufweist, so entwickelt, als sei es ein mesothorakales Segment *(Abb. 17)*. Die hieraus entstehenden Organismen haben zwei Flügelpaare auf benachbarten Segmenten[1].

Vergleichbare Phänomene hat man auch bei Pflanzen gefunden. Die Blätter der Erbse tragen beispielsweise unten an der Basis Blättchen und Ranken an der Spitze. Bei einigen Blättern bilden sich Ranken auf

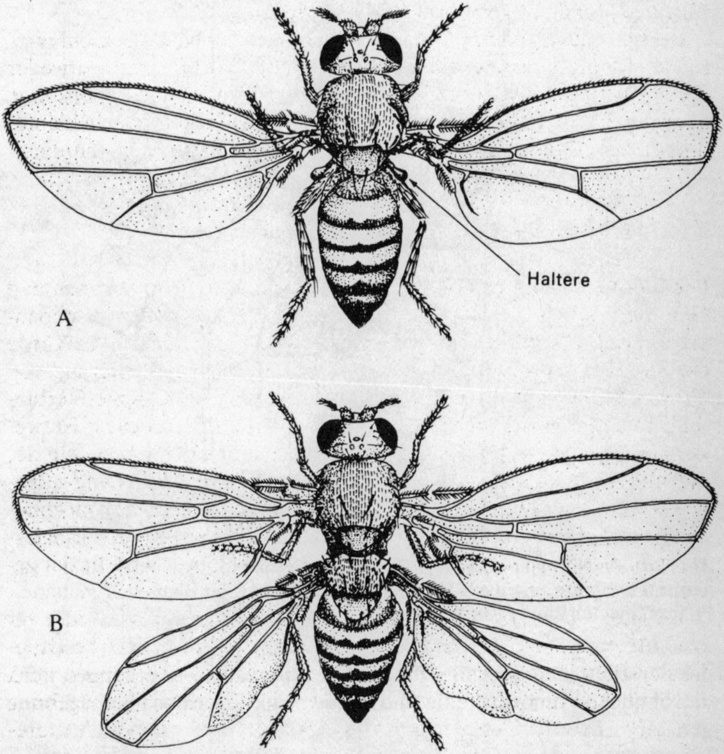

Abb. 17 Ein normales Exemplar der Fruchtfliege *Drosophila* (A) und eine Mutante (B), bei der das dritte thorakale Segment so umgewandelt wurde, daß es dem zweiten thorakalen Segment ähnelt. Die Fliege hat also zwei Flügelpaare anstelle von einem.

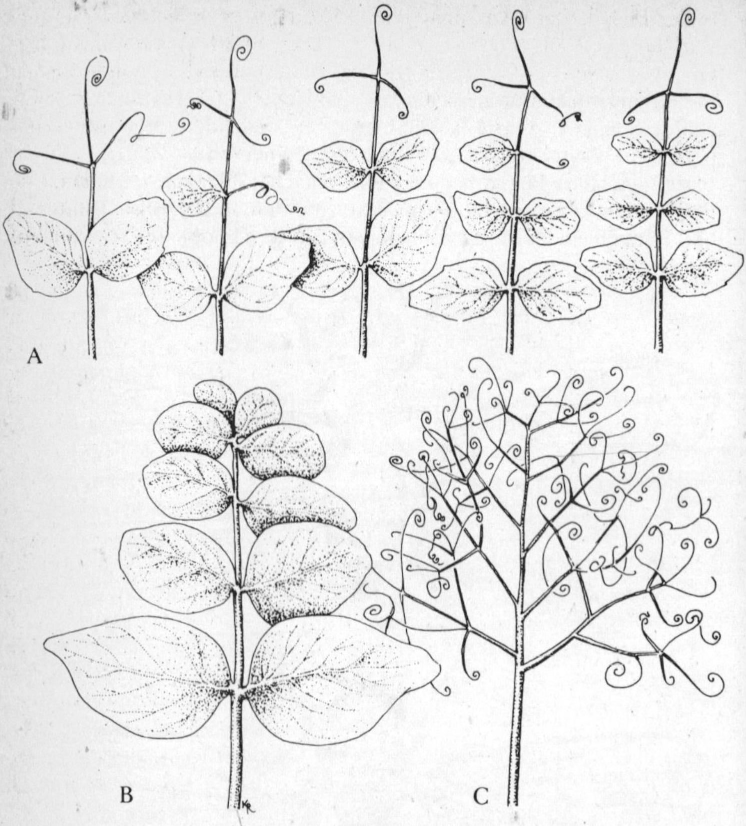

Abb. 18 A: Normale Erbsenblätter mit Blättchen und Ranken. B: Blatt einer mutierten Pflanze, die nur Blättchen ausgebildet hat. C: Blatt einer mutierten Pflanze, die nur Ranken ausgebildet hat.

der den Blättchen gegenüberliegenden Seiten aus, was erkennen läßt, daß ähnliche Primordia fähig sind, beide Strukturformen hervorzubringen *(Abb. 18)*.

Vermutlich werden Primordialstrukturen von Faktoren im Keimblatt beeinflußt, die sie veranlassen, die Struktur und das Schwingungsmuster aufzugreifen, die charakteristisch für den morphogenetischen Keim einer Ranke oder eines Blättchens sind. Bei einer bestimmten

Mutante jedoch ist die Fähigkeit der Rankenausbildung blockiert, und alle Primordialstrukturen ermöglichen die Ausbildung von Blättchen. Bei einer weiteren Mutante verhält es sich (dank eines Gens auf einem anderen Chromosom) umgekehrt. Hier wird die Ausbildung von Blättchen zugunsten der von Ranken verhindert[2] *(Abb. 18)*.

Die konventionelle Interpretation sagt hierzu, daß die Gene, die für diesen Effekt verantwortlich sind, in die Kontrolle der Proteinsynthese einbezogen sind, die für die morphogenetischen Prozesse unerläßlich ist. Eine Interpretation entsprechend der Hypothese der formbildenden Verursachung geriete mit dieser Vermutung nicht in Widerstreit, sondern würde sie ergänzen. Das fragliche Gen erschiene nicht nur als etwas, das eine komplizierte Folge chemischer Wechselwirkungen »aus-« und »abschaltet«, sondern als ein Element, das die Struktur eines morphogenetischen Keims beeinflußt. Es könnte dies in denkbar vielfältiger Weise tun: Es könnte ein Protein kodieren, das die Eigenschaften von Zellmembranen modifiziert. Wenn die Mutation die Struktur dieses Proteins änderte und somit Veränderungen der spezifischen Merkmale der Membranen bewirkte, könnten die Zellstrukturen oder zellularen Schwingungsmuster des morphogenetischen Keims so verändert werden, daß der Anschluß an das morphogenetische Feld nicht länger hergestellt werden kann. Dies würde bedeuten, daß ein ganzer morphogenetischer Entwicklungspfad blockiert wäre. Da die an diesen Entwicklungsweg gebundenen Zellen fortan nicht mehr ihre normale Entwicklung und Differenzierung durchliefen, würden sie nicht die diesen Prozessen entsprechenden Proteine synthetisieren. Läge der Fall so, daß der morphogenetische Keim in der Weise verändert würde, daß er durch morphische Resonanz mit einem andersartigen morphogenetischen Feld in Berührung käme, würden die sich ausbildenden Zellen die Proteine synthetisieren, die für diesen bestimmten morphogenetischen Prozeß charakteristisch sind.

Eine Mutation, die einen morphogenetischen Entwicklungsweg blockiert oder zur Ablösung durch einen anderen führt, würde also tatsächlich ein Genprodukt ändern, das in indirekter Weise die strukturierte Synthese von Proteinen kontrollieren würde, ganz so wie von der mechanistischen Theorie angenommen. Doch würde diese Kontrolle nicht allein auf komplizierten chemischen Wechselwirkungen beruhen, sondern durch morphogenetische Felder vermittelt werden.

7.3 Veränderte morphogenetische Entwicklungswege

Die Faktoren, die morphogenetische Keime beeinflussen, wirken sich in *qualitativer* Weise auf die Morphogenese aus, indem sie für das Fehlen einer Struktur oder für seine Ersetzung durch eine andere verantwortlich sind. Demgegenüber bewirken viele umweltbezogene oder genetische Faktoren durch ihre Auswirkungen auf die morphogenetischen Prozesse *quantitative* Modifikationen der Zielformen von Strukturen. Beispielsweise unterscheiden sich bei Pflanzen einer bestimmten kultivierten Varietät, die unter verschiedenen Umweltbedingungen gezogen werden, die Gesamtform der Sproß- und Wurzelsysteme, die Morphologie der Blätter und sogar die Anatomie von verschiedenen Organen in Einzelheiten. Doch die für die Art charakteristische Form bleibt erkennbar. Ein weiteres Beispiel: Bei verschiedenen Varietäten derselben Art, in derselben Umgebung gezogen, differieren die Pflanzen in vielen Details, auch wenn sie deutlich erkennbar Varianten einer charakteristischen spezifischen Form sind: Arten sind schließlich in erster Linie durch ihre Morphologie bestimmt.

Genetische und umweltbedingte Faktoren beeinflussen die Entwicklung durch verschiedene quantitative Auswirkungen auf Strukturelemente, enzymatische Aktivität, Hormone usw. (Kapitel 7.1). Einige dieser Einflüsse sind vergleichsweise unspezifisch und betreffen mehrere verschiedene morphogenetische Entwicklungswege. Andere stören vielleicht den normalen Entwicklungsablauf, nehmen aber dank der Regulationsfähigkeit nur wenig Einfluß auf die endgültige Form.

Einige bemerkenswerte genetische Auswirkungen sind möglicherweise auf bestimmte Gene rückführbar, die Mehrzahl aber beruht auf den individuellen Wirkungen einer Vielzahl von Genen, deren individuelle Effekte geringfügig sind, und die nur schwer zu identifizieren und zu analysieren sind.

Nach der Hypothese der formbildenden Verursachung verdanken Organismen derselben Varietät oder Rasse ihre Verwandtschaft nicht allein der Tatsache, daß sie genetisch ähnlich sind und somit vergleichbaren genetischen Einflüssen während der Morphogenese ausgesetzt sind. Die Ähnlichkeit ergibt sich auch daraus, daß die morphische Resonanz, die von früheren Organismen derselben Varietät ausgeht, ihre charakteristischen varietätsbezogenen Chreoden verstärkt und stabilisiert.

Die morphogenetischen Felder einer Art sind nicht unveränderbar festgelegt, sondern wandeln sich mit der Evolution der Art. Den statistisch signifikantesten Anteil an den Wahrscheinlichkeitsstrukturen des morphogenetischen Feldes werden die am häufigsten auftretenden morphologischen Typen haben. Diese werden sich auch dadurch auszeichnen, daß sie sich unter den normalsten Umweltbedingungen entwickeln. Im einfachsten Fall stabilisiert der Effekt des automatischen »Mittels« der morphischen Resonanz die morphogenetischen Felder um eine einzige, hochgradig wahrscheinliche Form herum, die den »Wildtyp« darstellt. Kommt die Art jedoch in zwei oder mehr geographisch und ökologisch unterschiedlichen Umgebungen vor, wo sich charakteristische Varietäten oder Rassen ausgebildet haben, enthalten die morphogenetischen Felder der Art nicht eine einzige hochgradig wahrscheinliche Form, sondern eine Vielfalt von Formen. Diese hängt ab von der Anzahl der morphologisch unterschiedlichen Varietäten oder Rassen und der relativen Größe ihrer früheren Populationen.

7.4 Dominanz

Auf den ersten Blick scheint der Gedanke, daß varietätsbezogene Formen durch morphische Resonanz von früheren Organismen derselben Varietät stabilisiert werden, der konventionellen Erklärung, die im Rahmen der genetischen Ähnlichkeit bleibt, nichts Wesentliches hinzuzufügen. Wir erkennen jedoch sofort seine Bedeutung, wenn wir hybride Organismen (Bastarde) betrachten, welche einer morphischen Resonanz ausgesetzt sind, die von zwei eindeutig verschiedenen Elterntypen ausgeht.

Drücken wir es in der Radio-Analogie aus: Unter normalen Bedingungen ist ein Rundfunkgerät nur auf eine Sendestation eingestellt, genauso wie ein Organismus in der Regel auf ähnliche frühere Organismen derselben Varietät »eingestimmt« ist. Stellen wir das Gerät auf zwei verschiedene Sender zur gleichen Zeit ein, ist das, was wir hören, ein Ergebnis der relativen Stärke ihrer Signale: Kommt ein sehr starker mit einem sehr schwachen Sender zusammen, hat der letztere einen kaum merklichen Effekt. Sind aber beide etwa gleich stark, ist das Ergebnis eine Klangmischung aus beiden Sendern. Ebenso verhält es sich bei einem Hybriden, der aus der Kreuzung zweier Varietäten entsteht: Die für beide charakteristischen Gene und Genprodukte werden versuchen, das sich entwickelnde System in morphische Resonanz mit früheren Organismen beider Elterntypen zu bringen. Nun wird die Gesamtheit der Wahrscheinlichkeitsstruktur im morphogenetischen Feld des Hybriden von der relativen Stärke der morphischen Resonanz beider Elterntypen abhängen. Kommen beide Elternteile aus Varietäten, die

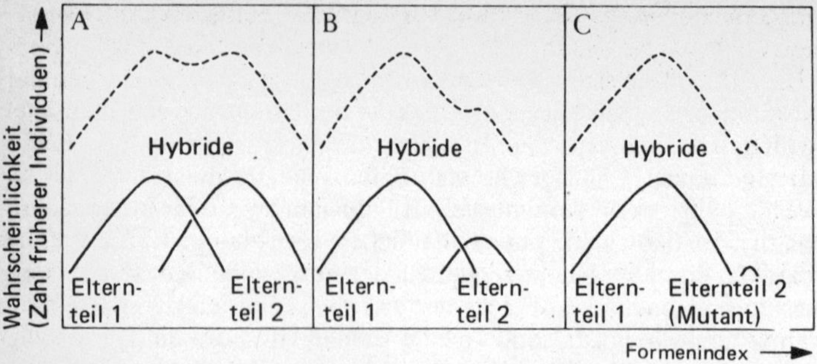

Abb. 19 Darstellung der Wahrscheinlichkeitsstrukturen der morphogenetischen Felder von Eltern und Hybriden

durch eine etwa gleich starke Anzahl früherer Individuen vertreten sind, tendieren beide dahin, die Morphogenese zu ungefähr gleichen Maßen zu beeinflussen. Das Ergebnis ist eine Kombination oder eine »Resultante« der beiden Elternformen *(Abb. 19 A)*. Ist jedoch eine Varietät durch weniger Individuen vertreten, wird ihr schwächer ausfallender Beitrag zur Gesamtheit der Wahrscheinlichkeitsstruktur die Prädominanz der anderen Elternvarietät zur Folge haben *(Abb. 19 B)*. Stammt ein Elternteil aus einer jüngeren Mutantenlinie, wird die morphische Resonanz der kleinen Anzahl früherer Individuen dieses Typs einen nur unbedeutenden Anteil an der Wahrscheinlichkeitsstruktur der Hybriden haben *(Abb. 19 C)*.

Die Fakten bestätigen diese Erwartungen. Einmal kombinieren Hybride aus schon lange existenten Varietäten oder Arten gewöhnlich die Merkmale von beiden, oder sie sind von einer Zwischenform geprägt. Zweitens sind bei Hybriden aus einer relativ jungen Varietät und einer langexistenten Varietät die Merkmale der letztgenannten in der Regel mehr oder weniger dominant. Und drittens sind Mutationen jüngeren Datums, die auf morphologische Merkmale einwirken, in beinahe allen Fällen rezessiv.

Bezeichnenderweise sind mechanistische Theorien der Dominanz ebenso vage wie spekulativ, sieht man einmal ab von dem Fall der Charakteristika, die mehr oder weniger direkt auf bestimmten Proteinen beruhen. Wenn ein mutiertes Gen einen Funktionsverlust nach sich zieht, indem es z. B. ein fehlerhaftes Enzym bewirkt, ist es rezessiv, weil bei Hybriden die Anwesenheit eines normalen Gens die Synthetisierung des normalen Enzyms ermöglicht und damit auch das Eintreten der normalen biochemischen Reaktionen. In einigen Fällen aber könnte das schadhafte Gen eindeutig nachteilige Wirkung haben, dann z. B., wenn es die Permeabilität von Membranen stört. In diesem Fall würde die Mutation dahin tendieren, sowohl dominant als auch letal (tödlich) zu sein.

Diese Art der Erklärung erfüllt bis zu einem gewissen Punkt ihren Zweck. Doch ohne mechanistisches Verständnis der Morphogenese geht der Versuch, die Tatsache der Dominanz bei der Formenvererbung von der molekularen Ebene aus erklären zu wollen, unvermeidlich von falschen Voraussetzungen aus.

Die konventionellen genetischen Dominanztheorien sind verfeinerter als die rein biochemische Theorie. Sie betonen, daß Dominanz nicht unverkennbar festgelegt ist, sondern daß sie sich entwickelt. Um die relative Uniformität wilder Populationen, in denen die meisten nichtletalen Mutationen rezessiv sind, zu erklären, vermuten sie, daß die Dominanz des »Wildtyps« durch natürliche Selektion begünstigt wurde. Eine Theorie postuliert die Selektion von Genen, welche die Dominanz anderer Gene modifizieren[3]; eine andere Theorie geht aus von der Selektion zunehmend wirkungsvollerer Ausprägungen der Gene, welche die fraglichen dominanten Merkmale kontrollieren[4]. Doch ganz abgesehen von der Tatsache, daß sich einiges gegen diese beiden Theorien ins Feld führen läßt, und nur wenig für sie spricht, kranken diese Theorien daran, daß sie das Phänomen der Dominanz eher voraussetzen als daß sie es erklären: Sie bieten nicht mehr als hypothetische Mechanismen, die Dominanz erhalten oder stärken könnten[5].

Die Hypothese der formbildenden Verursachung legt der Entstehung der Dominanz eine fundamental andere Erklärung zugrunde: Sie besagt, daß die von der natürlichen Selektion begünstigten Typen durch eine höhere Anzahl von Individuen repräsentiert sind als die mit geringerem Überlebenswert. Die Dominanz der ersteren wird dabei laufend über den Weg der sich verstärkenden Effekte der morphischen Resonanz gesteigert.

Eine experimentelle Abgrenzung dieser Hypothese von allen mechanistischen Dominanztheorien ist prinzipiell möglich. Diese besagen, daß unter bestimmten Umweltbedingungen die Dominanz ausschließlich auf die genetische Anlage eines Hybriden zurückzuführen ist. Unsere Hypothese dagegen legt ihr die genetische Anlage *und* die morphische Resonanz seitens der Elterntypen zugrunde. Wenn sich also die relative Stärke der Elterntypenresonanz veränderte, käme es im Dominanzverhältnis der beiden selbst dann zu einer Änderung, wenn die genetische Anlage des Hybriden unberührt bliebe.

Man stelle sich folgendes Experiment vor: Aus einer Kreuzung von Pflanzen einer klar definierten Varietät (P_1) und einer Mutantenlinie (P_2) erhält man Hybridsamen. Ein Teil des Samens wird kühl gelagert, einen anderen läßt man unter kontrollierten Bedingungen wachsen. Die Eigenarten der hybriden Pflanzen werden sorgfältig beobachtet, und die Pflanzen werden aufbewahrt. In diesen Pflanzen dominiert vollständig die Morphologie vom Typ P_1 *(Abb. 19 C)*. Daraufhin läßt man die Pflanzen des Mutantentyps (P_2) in großer Anzahl im Freien wachsen. Wieder lassen wir einige der Hybriden unter den gleichen Bedingungen wie zuvor aus demselben Samenvorrat wachsen. Da nun P_2 an der morphischen Resonanz verstärkt teil hat, dürfte P_1 nur noch vermindert dominant sein *(Abb. 19 B)*. Lassen wir jetzt noch eine große Zahl weiterer P_2-Pflanzen wachsen, dürfte die Hybridform einen Mittelwert zwischen den beiden Elterntypen erbringen *(Abb. 19 A)*. Wir lassen nun eine noch größere Anzahl vom Typ P_2 wachsen; in der Folge ziehen wir wieder die Hybriden unter den gleichen Bedingungen, die wir bei den früheren Hybriden aus demselben Samensatz hatten. Jetzt würden wir feststellen, daß die morphische Resonanz des Typs P_2 stärker als die des Typs P_1 ist, und daß die P_2-Morphologie dominant ist.

Das Ergebnis spräche klar zugunsten der Hypothese einer Dominanz aufgrund morphischer Resonanz. Vom Standpunkt der orthodoxen genetischen Theorie wäre es völlig unerklärlich. Die einzige Schwierigkeit, die sich bei diesem Experiment ergeben könnte, ist praktischer Art: Da P_2 eine seit langem existente, festbegründete Varietät darstellt – im Falle einer wilden Varietät weist sie vielleicht gar eine Dauer von vielen Tausenden, wenn nicht Millionen von Jahren auf –, wäre es nicht praktikabel, eine vergleichbare Anzahl von Exemplaren des Typs P_2 zu ziehen. Das Experiment ließe sich nur dann durchführen, wenn es sich bei P_1 um eine jüngere Varietät handelte, von der es nur eine vergleichsweise überschaubare Anzahl früherer Individuen gibt.

7.5 Ähnlichkeiten von Familien

Innerhalb einer Varietät unterscheiden sich Organismen durch allerlei Kleinigkeiten. In einer durch Kreuzung entstandenen Population ist jedes Individuum mehr oder weniger genetisch einzigartig und ist bestrebt, seinem individuellen Entwicklungspfad unter den verschiedenen quantitativen genetischen Einflüssen zu folgen. Dazu kommt, daß dieser gesamte Prozeß nicht determiniert ist, da die Morphogenese ja auf der Wirkung von Wahrscheinlichkeitsstrukturen auf wahrscheinlichkeitsbedingte Ereignisse beruht. Schließlich variiert auch die Beschaffenheit der örtlichen Umgebung. All diese Faktoren haben zur Folge, daß jedes Individuum eine charakteristische Form aufweist und seinen eigenen unverwechselbaren Anteil an den nachfolgenden morphogenetischen Feldern hat.

Die spezifischste morphische Resonanz, die sich auf einen bestimmten Organismus ausrichtet, ist vermutlich diejenige, die von früheren engverwandten Individuen vergleichbarer genetischer Anlage ausgeht und daher Familienähnlichkeiten bewirkt. Diese spezifische morphische Resonanz wird der weniger spezifischen Resonanz von zahllosen vergangenen Individuen derselben Varietät zugetragen. Diese spezifische Resonanz wiederum wird einem allgemeinen Hintergrund einer morphischen Resonanz aller früheren Artgenossen übermittelt.

Dies läßt sich an dem »Talmodell« einer Chreode (vgl. *Abb. 5*) demonstrieren: Die spezifischsten morphischen Resonanzen legen hier den detaillierten Kurs der Morphogenese fest, so wie wir es im Bild eines Flußbettes wiederfinden, und die weniger spezifischen Resonanzen früherer Individuen derselben Varietät sind den Niederungen eines kleinen Tals zuzuordnen. Die varietätsbezogenen Chreoden verschiedener Varietäten innerhalb derselben Art entsprächen kleinen Seitentälern oder parallelen Tälern innerhalb des größeren Tals, welches die Chreode der Art als Ganze darstellt.

7.6 Umwelteinfluß und morphische Resonanz

Die Formen von Organismen werden in unterschiedlichem Maße von den Umweltbedingungen beeinflußt, unter denen sie sich entfalten. Die Hypothese der formbildenden Verursachung geht weiter und behauptet, daß sie auch von den Umwelteinflüssen geprägt werden, unter denen sich frühere ähnliche Organismen entwickelten; denn die Formen dieser Organismen haben ja durch morphische Resonanz teil am Aufbau ihrer morphogenetischen Felder. In der Radio-Analogie heißt dies, daß die Musik aus dem Lautsprecher nicht nur durch Veränderungen im Empfänger, sondern auch durch Veränderungen im Studio des Senders beeinflußt wird: Setzt ein Orchester zu einem neuen Musikstück an, läßt das Radiogerät andere Klänge ertönen, wobei seine Sendereinstellung und innere Struktur unverändert bleiben.

Betrachten wir beispielsweise eine neue Varietät einer gezüchteten Art. Wenn man Pflanzen dieser Art in sehr großen Mengen in einer bestimmten Umgebung zieht, und eine sehr kleine Anzahl an anderen Orten, kann man erwarten, daß die in großen Mengen gezogenen Pflanzen die Wahrscheinlichkeitsstrukturen der varietätsbezogenen morphischen Felder wesentlich stärker prägen. Ihre Form wird die wahrscheinlichste der Varietät sein und folglich dahin tendieren, die Morphogenese aller nachfolgenden Pflanzen derselben Varietät zu beeinflussen, selbst dann, wenn sie in jeweils verschiedenen Umgebungen gewachsen sind.

Um diese Vorhersage zu untersuchen, wäre es am besten, eine neue Varietät einer sich selbst bestäubenden Getreideart zu benutzen: Die Pflanzen kämen sich in genetischer Hinsicht sehr nahe, und wir hätten der Gefahr ihrer Kreuzung mit anderen Varietäten vorgebeugt. Wir beginnen damit, daß wir einige wenige Pflanzen in zwei gänzlich verschiedenen Umgebungen, X und Y, aufziehen, und ihre morphologischen Besonderheiten gewissenhaft registrieren. Einen Teil der ursprünglichen Saat heben wir unter Kühlverschluß auf. Anschließend ziehen wir in der Umgebung Y eine große Anzahl von Pflanzen (entweder im Laufe einer Saison oder über mehrere Generationen). Wir greifen nun auf die ursprüngliche aufbewahrte Saat zurück und ziehen wieder einige Pflanzen in der Umgebung X. Wir erwarten nun, daß ihre Morphogenese dem Einfluß morphischer Resonanz einer großen Anzahl genetisch verwandter Pflanzen der Umgebung Y unterliegt. Sie müßte also der Morphologie des Y-Typus stärker ähneln, als dies die ursprünglichen Pflanzen des Typs X taten. (Wenn der Vergleich der in X zu verschiedenen Gelegenheiten gezogenen Pflanzen gültigen Aussagewert haben soll, muß natürlich sichergestellt sein, daß die Bedingungen praktisch identisch sind. Im Feldversuch wäre dies unmöglich, doch ließe sich dieser Zustand relativ leicht mit einer künstlich kontrollierten Umgebung in einem Phytotron erreichen.)

Erhielten wir tatsächlich das Ergebnis wie beschrieben, käme dies einer klaren Bestätigung der Hypothese der formbildenden Verursachung gleich und entzöge sich der Beschreibung mittels mechanistischer Begriffe.

Ein negatives Ergebnis ist aus zwei Gründen ohne Beweiskraft: Erstens könnten die direkten Auswirkungen der Umgebung X auf morphogenetische Prozesse so stark sein, daß sie die Morphogenese immer auf Chreoden vom Typ X hinleitet, trotz des relativ unbedeutenden stabilisierenden Effektes morphischer Resonanz auf diese Entwicklungswege. Zweitens würden Pflanzen anderer Varietäten derselben Art die Entwicklung durch morphische Resonanz, wenngleich weniger spezifisch, beeinflussen. Doch könnte dieser Einfluß immerhin dahin tendieren, die Chreoden vom Typ X oder die vom Typ Y oder beide gleichzeitig zu stabilisieren. Dies gilt insbesondere dann, wenn diese Umgebungen jenen gleichen, in denen gewöhnlich frühere Varietäten der gleichen Art wuchsen. Durch die richtige Wahl der Umgebungen könnte man diesen Effekt auf ein Minimum beschränken.

7.7 Die Vererbung erworbener Eigenschaften

Der Einfluß früherer Organismen auf folgende ähnliche Organismen durch morphische Resonanz hätte Auswirkungen, die sich eigentlich nicht einstellen könnten, wenn Vererbung allein durch die Übertragung von Genen und anderen substantiellen Strukturen von Eltern auf ihre Nachkommenschaft beschrieben wäre. Diese neue Möglichkeit wirft ein ganz anderes Licht auf das Problem der »Vererbung erworbener Eigenschaften«.

In der scharf geführten Kontroverse Ende des 19. und Anfang des 20. Jahrhunderts waren sowohl die Lamarckisten als auch die Anhänger von Weismann und Mendel der Ansicht, die Vererbung beruhe allein auf dem Keimplasma im allgemeinen und den Genen im besonderen. Sollten daher Merkmale, welche der Organismus in spezifischer Reaktion auf Umweltfaktoren erwarb, vererbt werden, mußte dies bedeuten, daß das Keimplasma oder die Gene spezifische Modifikationen durchliefen. Die Anti-Lamarckisten hielten dem entgegen, derartige Modifikationen seien äußerst unwahrscheinlich, wenn nicht unmöglich. Die Lamarckisten selbst waren nicht in der Lage, irgendwelche plausiblen Mechanismen anzuführen, die diese Veränderungen hätten erklären können.

Andererseits schien es der lamarckischen Theorie zu gelingen, die vererbten Anpassungen bei Pflanzen und Tieren zu erklären. Ein Beispiel sind die Schwielen an den Knieen von Kamelen. Die Erklärung, daß die Kamele diese Schwielen von Hautabschürfungen bekommen, die sie sich beim Niederknien zuziehen, ist rasch zur Hand. Doch diese Schwielen sind den Kamelen angeboren. Phänomene dieser Art erschienen uns sofort sinnvoller, wenn erworbene Charakteristika vererbt würden.

Die Anhänger der Mendelschen Schule lehnen aber diese Erklärung ab und bieten eine alternative Deutung an, die auf Zufallsmutationen zurückgreift: Wenn Organismen mit den fraglichen Charakteristika durch natürliche Selektion begünstigt werden, wird dies auch für Zufallsmutationen gelten, die die gleichen Eigenschaften »ziellos« und ohne Notwendigkeit ausbilden, womit diese Charakteristika erblich werden. Man bezeichnet diesen hypothetischen Nachvollzug der Vererbung und der erworbenen Charakteristika mitunter auch als Baldwin-Effekt[6] nach einem der Evolutionstheoretiker, die diesen Gedanken erstmals entwickelten.

Zu Beginn unseres Jahrhunderts gab es Dutzende von Wissenschaftlern, die behaupteten, eine Vererbung von erworbenen Merkmalen bei verschiedenen Tier- und Pflanzenarten nachgewiesen zu haben[7]. Die Anti-Lamarckisten warteten mit Gegenbeispielen auf und zitierten wieder und wieder Weismanns längst bekanntes Experiment, in dem er 22 Mäusegenerationen die Schwänze abschnitt, um dann festzustellen, daß die Nachkommen dennoch Schwänze ausbildeten. Auch das Argument, daß Juden nach vielen Generationen praktizierter Beschneidung nach wie vor mit einer Vorhaut geboren wurden, fand starke Beachtung.

Nach dem Selbstmord eines führenden Lamarckisten, P. Kammerer, im Jahre 1926, entwickelte sich der Mendelismus im Westen zur praktisch unwidersprochenen orthodoxen Lehre[8]. In der Sowjetunion beherrschten die Anhänger der Theorie erworbener Merkmale unter ihrem Führer T.D. Lysenko in den dreißiger Jahren das biologische Establishment und behaupteten sich bis 1964. Während dieser Zeit wurden viele ihrer Mendelschen Gegner rücksichtslos verfolgt[9]. Diese Entzweiung führte auf beiden Seiten zu Verbitterung und dogmatischer Verhärtung.

Gegenwärtig spricht jedoch vieles dafür, daß erworbene Verhaltensweisen vererbt werden können; das Problem ist subjektiv interpretierbar geworden. In einer Reihe wichtiger Experimente setzte C.H. Waddington die Eier oder die Puppen von Wildtyppopulationen von Fruchtfliegen dem Einfluß von Äther oder hoher Temperaturen aus und erzielte damit eine abnorme Entwicklung einiger Fliegen[10]. Aus diesen abnormen Fliegen züchtete er die nächste Generation und setzte die Eier oder Puppen aufs neue den Stress-Situationen der Umwelt aus. Er wiederholte den Vorgang der Selektion der abnormen Fliegen, führte die Zucht weiter und setzte den Vorgang in der beschriebenen Weise fort. In den folgenden Generationen erhöhte sich der relative Anteil abnormer Fliegen. Als er nach einer größeren Zahl von Generationen (in manchen Fällen 14, in anderen 20 oder mehr) die Nachkommenschaft der abnormen Formen *ohne* umweltverursachten Streß großzog, bildeten einige Exemplare weiterhin die chakteristischen Abnormitäten aus. Diese Abnormitäten ließen sich sogar bei ihren Nachkömmlingen, die unter normalen Verhältnissen aufwuchsen, beobachten. Waddington meinte dazu: »All diese Experimente beweisen folgendes: Wenn sich eine Selektion auf das Auftreten eines besonderen Merkmales in einer bestimmten abnormen Umgebung richtet, lassen die erzielten selektierten Sonderformen dieses Merkmal selbst dann erkennen, wenn sie wieder der normalen Umgebung ausgesetzt werden.«[11].

Waddington erwog die Möglichkeit, daß ein bestimmter physikalischer oder chemischer Einfluß seitens der veränderten Strukturen der abnormen Fliegen vererbbare Genmutationen nach sich ziehen könnte[12], ging aber davon ab, weil die Befunde der Molekularbiologie jede Form eines solchen Mechanismus höchst unwahrscheinlich erscheinen ließen[13]. In seiner Schlußauslegung betonte er *sowohl* die Rolle der Selektion für die Reaktion des genetischen Potentials, wenn es auf Umweltstress mit Fehlentwicklung reagiert, *als auch* die »Kanalisierung der Entwicklung«, die Teil der modifizierten Morphogenese ist: »Bildlich ausgedrückt könnte man sagen, daß die Selektion nicht nur einfach eine ›Schwelle‹ senkt, sondern gleichzeitig auch bestimmt, welche Richtung das sich entwickelnde System einschlägt, sofern es diese Schwelle überschreitet.«[14] Waddington selbst prägte den Begriff der Chreode, um die Vorstellung gerichteter, kanalisierter Entwicklung wiederzugeben. Er war sich auch bewußt, daß eine Chreode dank ihrer »Einstimmung« (»tuning«) über die Richtung einer Entwicklung entscheidet. Aber er erwähnte nicht, auf welche Weise diese Kanalisierung und Einstimmung bewirkt wurde, sieht man einmal von seiner vagen Andeutung ab, sie hingen irgendwie von der Selektion von Genen ab[15].

Die Hypothese der formbildenden Verursachung ergänzt Waddingtons Deutung: Die Chreoden und die Zielformen, auf die sie gerichtet sind, hängen mit der morphischen Resonanz vorausgegangener ähnlicher Organismen zusammen. Die »Ererbung erworbener Eigenschaften«, wie sie Waddington betrachtete, hängt ab von genetischer Selektion *und* von einem direkten Einfluß durch morphische Resonanz von jenen Organismen, deren Entwicklung in Reaktion auf abnorme Umweltsituationen modifiziert wurde.

Im allgemeinen neigen morphogenetische Entwicklungswege, die entweder von umweltabhängigen oder genetischen Faktoren modifiziert werden, dazu, ähnliche morphogenetische Prozesse in späteren ähnlichen Organismen durch morphische Resonanz zu kanalisieren und zu stabilisieren. Dabei hängt die Stärke diese Einflusses von der Spezifizierung der Resonanz und der Anzahl früherer ähnlicher Organismen ab, deren Morphogenese modifiziert worden ist. Diese Zahl wird dann groß sein, wenn diese Änderungen durch natürliche oder künstliche Selektion begünstigt werden. Verhält es sich anders, wird sie entsprechend kleiner sein.

Verstümmelungen von vollausgebildeten Strukturen würden den morphogenetischen Weg der Strukturen nicht verändern, es sei denn, sie regenerierten. Bei Verstümmelungen nichtregenerierender Strukturen ist daher ein Einfluß auf die Entwicklung nachfolgender Organismen nicht zu erwarten. Diese Schlußfolgerung stimmt auch mit dem Befund überein, daß die Amputation von Mäuseschwänzen und die Beschneidung von Juden keine erkennbare Auswirkung auf die Vererbung haben.

8 Die Evolution biologischer Formen

8.1 Die neodarwinistische Evolutionstheorie

Wir wissen im Grunde sehr wenig darüber, wie die Evolution in der Vergangenheit im einzelnen aussah, und vielleicht sind uns hier auch für immer Grenzen gesetzt. Dazu kommt, daß wir Evolution nicht direkt beobachten können. Selbst vor dem Hintergrund einer in Jahrmillionen messenden Skala ist die Entstehung einer neuen Art eine Seltenheit. Noch seltener ist das Auftreten von Gattungen, Familien und Ordnungen. Die evolutionären Veränderungen, die man tatsächlich im Lauf der vergangenen hundert Jahre beobachten konnte, betreffen größtenteils die Entwicklung neuer Varietäten in bereits bestehenden Ordnungen. Das bestdokumentierte Beispiel ist das Auftreten von dunkelgefärbten Rassen mehrerer europäischer Motten in Gebieten, in denen industrielle Umweltverschmutzung eine Verdunklung der Flächen bewirkte, auf denen sich die Motten niederließen. Die natürliche Selektion begünstigte hier dunkelgefärbte Mutanten, weil sie besser getarnt und deshalb eine weniger leichte Beute für die Vögel waren.

Bei so magerem Beweismaterial und einem so begrenzten Spielraum für experimentelle Untersuchungen muß jede Deutung der Evolutionsmechanismen spekulativ bleiben. Weil sie von detaillierten Fakten unbelastet ist, wird sie sich insbesondere der Ausarbeitung ihrer anfänglichen Vermutungen über die Natur der Vererbung und die Wurzeln erblicher Variation zuwenden.

Die orthodoxe mechanistische Deutung finden wir in der neodarwinistischen Theorie. Sie unterscheidet sich von der ursprünglichen darwinistischen Theorie in doppelter Hinsicht: Sie nimmt erstens an, daß sich Vererbung durch Gene und Chromosomen erklären läßt; zweitens geht sie davon aus, daß die letztliche Quelle erblicher Variabilität in der Zufallsmutation des genetischen Materials liegt. Die Hauptmerkmale dieser Theorie lassen sich wie folgt zusammenfassen:

1. Mutationen erfolgen zufällig.

2. Gene werden durch geschlechtliche Fortpflanzung, Crossing-over-Effekte bei Chromosomen und durch Veränderungen in der Struktur von Chromosomen rekombiniert. Diese Prozesse bringen neue Veränderungen des Genbestandes mit sich, welche neuartige Folgewirkungen haben können.
3. Die Durchsetzung einer begünstigten Mutation verläuft in kleinen, sich kreuzenden Populationen schneller als in großen. In kleinen oder mittelgroßen Populationen, die großen Schwankungen ausgesetzt sind, können mutierte Gene eher zufällig durch Gendrift als durch das Ergebnis natürlicher Selektion erhalten bleiben.
4. Natürliche Selektion neigt dazu, mutierte Gene mit schädlicher Wirkung auszusondern. Die Selektionsfaktoren schließen Raubtiere, Parasiten und Infektionskrankheiten, Revier- und Nahrungskonkurrenz usw., klimatische und mikroklimatische Bedingungen und geschlechtliche Selektion ein.
5. Als Folge von Veränderungen der Umweltbedingungen und von Veränderungen der Verhaltensmuster der Organismen selbst kommt ein neuer Selektionsdruck ins Spiel.
6. Wenn Populationen aus geographischen oder ökologischen oder sonstigen Gründen getrennt werden, ist es wahrscheinlich, daß sie eine voneinander abweichende Evolution durchlaufen.
7. Insbesondere im Pflanzenreich gilt, daß neue Arten aus interspezifischen Hybriden entstehen können, die, obgleich gewöhnlich steril, mitunter infolge von Polyploidie fertil werden.

Einige der Hauptcharakteristika dieses Neodarwinismus hat man im Bereich der theoretischen Populationsgenetik in mathematischer Form ausgearbeitet. Bei der Erstellung mathematischer Modelle geht man der Einfachheit halber davon aus, daß die Gene unabhängig voneinander der Selektion ausgesetzt sind (obwohl sie in den Chromosomen tatsächlich miteinander verbunden sind und bei ihren Wirkungen mit anderen Genen in Wechselbeziehung stehen). Indem man dem Selektionsdruck, der Mutationsrate und den Populationsgrößen numerische Werte gibt, kann man die Veränderungen in der Genfrequenz über eine bestimmte Anzahl von Generationen ermitteln. Die Annahme, daß morphologische Merkmale und Instinkte durch individuelle Gene oder Genkombinationen bestimmt werden, führte dazu, daß diese Methoden auf alle Aspekte der Evolution ausgedehnt wurden[1].

Die meisten neodarwinistischen Theoretiker sind der Ansicht, daß die sich verzweigende Evolution unter dem Einfluß natürlicher Selektion über einen langen Zeitraum nicht nur zur Entwicklung neuer Rassen, Varietäten und Unterarten führt, sondern auch zu neuen Arten,

Gattungen, Familien, Ordnungen und Stämmen[2]. Man ging dabei von der Tatsache aus, daß die Unterschiede zwischen diesen höheren taxonomischen Gliederungen zu groß sind, als daß sie ihr Entstehen einer allmählichen Transformation verdanken könnten; außerdem unterscheiden sich die Organismen häufig in der Zahl und Struktur ihrer Chromosomen. Man hat verschiedentlich die Ansicht geäußert, daß sich diese weitgreifenden Veränderungen in der Evolution plötzlich als Ergebnis von Makromutationen einstellen. Gegenwärtige Beispiele plötzlicher Veränderungen finden wir bei mißgestalteten Tieren und Pflanzen, bei denen Strukturen transformiert, redupliziert oder unterdrückt wurden. Im Lauf der Evolution könnten »Monster«, die eine »Zukunftserwartung« hatten, gelegentlich überlebt und sich fortgepflanzt haben[3]. Ein in diesem Zusammenhang vorgebrachtes Argument besagt, daß, während allmähliche Veränderungen unter Selektionsdruck Formen mit bestimmten Adaptionswert nach sich ziehen (vielleicht mit Ausnahme kleiner Populationen, die einer Gendrift unterliegen), Makromutationen alle Formen von scheinbar unbegründeten weitreichenden Variationen hervorbringen, die durch natürliche Selektion nur dann ausgeräumt würden, wenn sie eindeutig schädlich wären. Auf diese Weise sei die verschwenderische Vielfalt lebender Organismen zu erklären[4].

Obwohl diese Autoren die Bedeutung plötzlicher starker Veränderungen hervorheben, widersprechen sie nicht der orthodoxen Annahme, daß die Evolution als Ganzes nur auf Zufallsmutationen und genetischer Vererbung beruht, in Verbindung mit der natürlichen Selektion.

Radikalere Kritiker stellen selbst diese fundamentalen Grundsätze in Frage und sind der Meinung, es sei kaum vorstellbar, daß alle adaptiven Strukturen und Instinkte lebender Organismen allein dem Zufall ihre Existenz verdanken, selbst wenn man zugesteht, daß die natürliche Selektion den Organismen nur dann Überleben und Fortpflanzung erlaubt, wenn sie dafür genügend angepaßt sind. Sie gehen noch weiter und behaupten, bestimmte Fälle paralleler oder konvergenter Evolution, bei denen sehr ähnliche morphologische Merkmale unabhängig voneinander in verschiedenen taxonomischen Gruppen auftreten, ließen die Wirksamkeit unbekannter Faktoren in der Evolution erkennen und dies selbst bei parallelem Selektionsdruck. Schließlich wenden sich einige gegen die im- oder explizite mechanistische Annahme, die Evolution verliefe in ihrer Gesamtheit ohne jede Zielgerichtetheit[5]. Die Leugnung einer kreativen Instanz oder einer Zielgerichtetheit im evolutionären Prozeß leitet sich aus der Philosophie des Materialismus ab, mit dem die mechanistische Theorie so eng verbunden ist[6]. Wenn aber wissenschaftliche und metaphysische Fragestellungen nicht hoffnungslos durcheinander geraten sollen, muß die neodarwinistische Theorie in dem begrenzten Feld empirischer Wissenschaften nicht als metaphysisches Dogma, sondern als wissenschaftliche Hypothese gesehen werden; sie kann aber kaum als bewiesen gelten: Im besten Fall finden wir eine plausible Deutung des Evolutionsprozesses auf der Basis ihrer Annahmen über genetische Vererbung und Zufälligkeit von Mutationen.

Die Hypothese der formbildenden Verursachung erlaubt es, die Vererbung in einem neuen Licht zu sehen und führt daher auch zu einer deutlich verschiedenen Interpretation der Evolution. Doch während sie mit der neodarwinistischen Annahme der Zufälligkeit von Mutationen übereinstimmt, wird die Metaphysik des Materialismus von ihr weder bestätigt noch geleugnet (8.7.).

8.2 Mutationen

Wenn sich Organismen Generation auf Generation in denselben Umgebungen entwickelten und auf ihre Nachkommenschaft identische Gene und Chromosomen vererbten, führte die genetische Vererbung in Kombination mit der morphischen Resonanz zu einer unbegrenzten Wiederholung der gleichen alten Formen. Doch Organismen sind Veränderungen ausgesetzt, sowohl von innen durch genetische Mutation als auch von außen durch Umweltmodifizierung.

Mutationen sind zufällige Veränderungen der Struktur von Genen oder Chromosomen. Sie sind im Einzelfall nicht nur nicht in der Praxis, sondern auch prinzipiell nicht vorhersagbar, weil sie auf wahrscheinlichkeitsbedingten Ereignissen beruhen. Es scheint kein Grund vorzuliegen, an dieser Zufälligkeit im Sinne der neodarwinistischen Theorie zu zweifeln.

Viele Mutationen haben so schädliche Folgen, daß sie tödlich sein können. Von den weniger schädlichen Folgen beeinflussen einige die Morphogenese durch qualitative Einflüsse auf morphogenetische Entwicklungswege und verursachen Varianten normaler Formen (7.3.). Andere wiederum beeinflussen morphogenetische Keime, so daß ganze morphogenetische Entwicklungswege blockiert werden oder durch andere Wege ersetzt werden (7.2.).

In den seltenen Fällen, wo Mutationen zu Veränderungen führen, die von der natürlichen Selektion begünstigt werden, wird sich zum einen der Anteil der mutierten Gene in der Population, in Übereinstimmung mit der neodarwinistischen Theorie, verstärken; zum anderen wird die

Wiederholung der neuen morphogenetischen Entwicklungswege bei immer mehr Organismen die neuen Chreoden verstärken: Nicht nur der »Genpool«, sondern auch die morphogenetischen Felder einer Spezies werden sich ändern und sich als Folge der natürlichen Selektion entwickeln.

8.3 Die Verzweigung der Chreoden

Wenn eine Mutation oder eine Veränderung der Umgebung einen normalen morphogenetischen Entwicklungsweg in einem relativ frühen Stadium stört, kann sich das System unter Umständen regulieren und trotz dieser Störung eine normale Zielform hervorbringen. Setzt sich dieser Vorgang von Generation zu Generation fort, wird die chreodische Abweichung durch morphische Resonanz verstärkt. Folglich wird eine ganze Rasse oder Varietät einer Spezies einem abnormen morphogenetischen Weg folgen und dabei letztlich doch die gewohnte vollausgebildete Form zeigen. Man hat viele solcher vorübergehenden Abweichungen beschrieben. Ein Beispiel ist der Strudelwurm *Prorhynchnus stagnitilis:* Die Eizellen teilen sich entweder spiralig oder radial auf. Und die entstehenden Embryos wachsen entweder innerhalb des Dotters oder auf seiner Oberfläche. Aufgrund dieser Unterschiede in der frühen Embryonalentwicklung werden einige der Organe in unterschiedlicher Reihenfolge gebildet. Dennoch sind die ausgewachsenen Tiere identisch. Bei einer bestimmten Art des Ringelwurmes *Nereis* wachsen zwei sehr unterschiedliche Larven heran, doch beide entwikkeln sich zur gleichen ausgewachsenen Form[7]. In manchen Fällen können diese zeitweiligen Abweichungen eine Anpassung an die Umweltbedingungen sein, z. B. an die Lebensbedingungen der Larven, in der Mehrzahl der Fälle aber läßt sich ein eigentlicher Grund nicht erkennen.

Von viel größerer evolutionärer Bedeutung sind jene Chreodenabweichungen, die nicht vollständig durch Regulation korrigiert werden und daher unterschiedliche Endformen ermöglichen. Solche Veränderungen des Entwicklungsweges könnten entweder als Folge von Mutationen (vgl. Kapitel 7.3) oder von ungewöhnlichen Umweltbedingungen (vgl. Kapitel 7.6) auftreten. Wenn in dem Fall der Mutation in einer unveränderten Umgebung die Endform durch Selektion gefördert wird, vergrößert sich die Häufigkeit der mutierten Gene in der Population; desgleichen wird die neue Chreode durch morphische Resonanz zunehmend verstärkt. In dem komplizierteren Fall der selektiven Begünstigung einer abweichenden Form, die als Reaktion auf ungewöhnliche

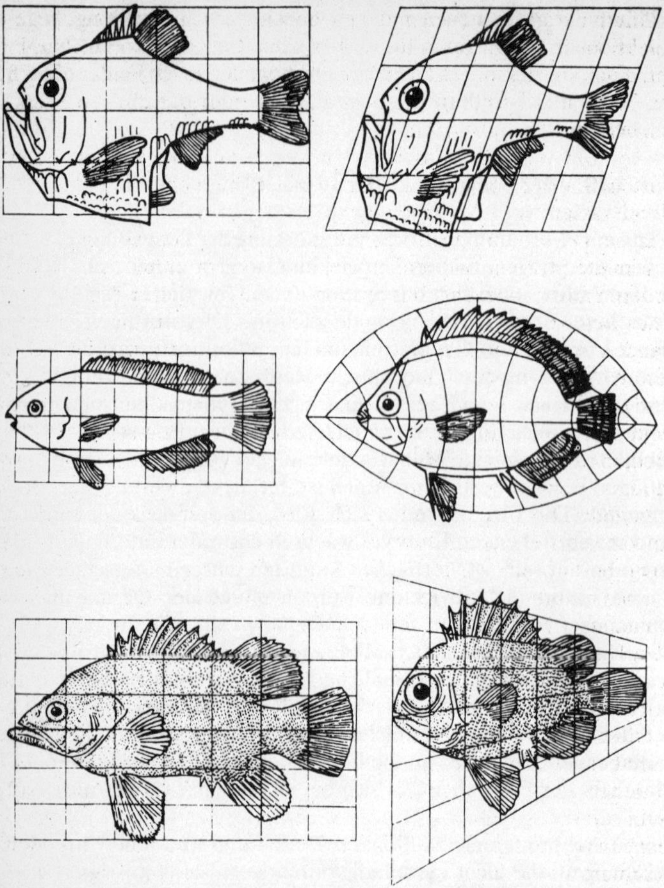

Abb. 20 Vergleich der Formen verschiedener Fischarten (aus Thompson 1942. Wiedergabe mit freundlicher Genehmigung der Cambridge University Press).

Umweltbedingungen entsteht, wird die neue Chreode wie zuvor verstärkt werden. Gleichzeitig kommt die Selektion jenen Organismen zugute, die über das genetische Potential verfügen, in dieser Weise zu reagieren (vgl. Waddingtons Experimente an Fruchtfliegen, Kapitel 7.7). Die erworbenen Charakteristika werden also erblich durch eine Kombination von genetischer Selektion und morphischer Resonanz.

Unter natürlichen Bedingungen bewirkt ein jeweils verschiedener Selektionsdruck auf geographisch oder ökologisch isolierte Populationen einer Spezies eine Abweichung sowohl ihres Genpools als auch ihrer Chreoden. Unzählige Tier- und Pflanzenarten haben sich tatsächlich in genetisch und morphologisch klar definierte Rassen und Varietäten verzweigt. Bekannte Beispiele finden wir bei Haustieren und kultivierten Pflanzen[8]. Man denke nur an die erstaunliche Vielfalt unter den Hunderassen, vom Afghanen bis zum Pekinesen.

In einigen Fällen betrifft die morphologische Verzweigung nur eine bestimmte Struktur oder eine kleine Gruppe von Strukturen, während andere relativ unberührt blieben. So ähneln die Kiefer des kleinen Fisches *Belone acus* in der frühen Phase seiner Entwicklung denen verwandter Arten; doch später entwickeln sie sich zu einem enorm verlängerten Maul[9]. Viele exzessive Merkmale haben sich unter dem Einfluß geschlechtlicher Selektion ausgebildet; ein Beispiel ist das Hirschgeweih. Bei Blumen finden wir Tausende von Beispielen verzweigter Entwicklung verschiedener Einzelteile: Erinnert sei beispielsweise an die Modifikationen der Blütenblätter verschiedener Orchideenarten.

In anderen Fällen hat sich die Form vieler verschiedener Strukturen auf einander entsprechende Weise verlängert. Wenn die Formen in einer bestimmten gleichartigen und harmonischen Weise variieren, können sie mit Hilfe einer systematischen Verzerrung durch ein Koordinatennetz verglichen werden *(Abb. 20)*, wie Sir d' Arcy Thompson in dem Kapitel »Die Theorie der Transformationen, oder der Vergleich verwandter Formen« in seinem Essay »Über Wachstum und Form« gezeigt hat.

Diese Spielarten evolutionärer Veränderung vollziehen sich im Bereich bereits existierender morphogenetischer Felder. Sie ergeben Variationen zu bestimmten Themen. Sie können diese Themen jedoch nicht selbst bestimmen. Um es mit Thompson zu sagen: »Wir können nicht wirbellose Tiere in Wirbeltiere verwandeln oder Hohltiere in Würmer, weder durch eine einfache und legitime Umgestaltung, noch durch irgend etwas, das einer Reduktion auf elementare Grundbestandteile gleich käme. Die formale Ähnlichkeit, die uns als zuverlässiger Führer zu den Beziehungen von Tieren innerhalb bestimmter Nachbarschaftsbereiche oder Verwandtschaftsgrade dient, hilft uns in manchen Fällen nicht mehr weiter, denn unter bestimmten Bedingungen gibt es sie nicht mehr. Unsere geometrischen Analogien fallen gegenüber Darwins Vorstellungen von endlos kleinen kontinuierlichen Variationen schwer ins Gewicht. Sie zeigen, daß nichtkontinuierliche Variationen eine natürliche Sache sind, daß ... plötzliche Veränderungen, größere oder kleinere, bestimmt stattgefunden haben und daß dann und wann neue ›Typen‹ entstanden sein müssen.«[10]

8.4 Die Unterdrückung von Chreoden

Während die Verzweigung von Chreoden in morphogenetischen Feldern eine kontinuierliche oder quantitative Formenvariation erlaubt, kommt es bei Entwicklungsveränderungen, bei denen Chreoden unterdrückt werden oder eine Chreode durch eine andere ersetzt wird, zu qualitativen Kontinuitätsbrüchen. Nach der Hypothese der formbildenden Verursachung gehen diese Folgen auf Mutationen oder Umwelteinflüsse zurück, die morphogenetische Keime verändern (Kapitel 7.2). *Abb. 18* zeigt Beispiele von mutierten Erbsenblättern, bei denen Blättchen durch Ranken ersetzt wurden; *Abb. 17* zeigt einen »Bithorax«-Mutanten der Fruchtfliege *Drosophila*.

Veränderungen dieser Art haben sich vermutlich im Laufe der Evolution häufig ergeben. Bei bestimmten Akazienarten wurde die Blattausbildung unterdrückt und die Funktion des Blattes übernahmen geflachte Blattstiele. Dieser Vorgang läßt sich in der Tat bei Sämlingen beobachten, bei denen die Erstblätter auf typische Weise gefiedert sind *(Abb. 21)*. Bei Angehörigen der Kaktusfamilie wiederum wurden Blätter durch Stacheln ersetzt. Bei den Insekten finden wir in beinahe jeder Ordnung Arten, bei denen die Flügel entweder bei beiden Geschlechtern unterdrückt wurden (wie bei gewissen parasitären Fliegen) oder bei nur einem Geschlecht (wie beim weiblichen Glühwürmchen). Im Falle der Ameise entwickeln sich weibliche Larven entweder zu geflügelten Königinnen oder zu flügellosen Arbeiterinnen, je nach der chemischen Zusammensetzung ihrer Nahrung.

Bei einigen Arten werden bereits die Jugendformen geschlechtsreif und pflanzen sich fort, ohne jemals die charakteristischen Strukturen des ausgewachsenen Organismus ausgebildet zu haben. Das klassische Beispiel ist hier der Axolotl, eine Kaulquappe des Tigersalamanders, der die volle Größe erreicht und geschlechtsreif wird, ohne seinen Larvencharakter zu verlieren. Führt man dem Axolotl Thyroidhormone zu, verwandelt er sich in die mit Lungen atmende erwachsene Form und übersiedelt vom Wasser aufs Land. Das extremste Beispiel einer Chreodenunterdrückung finden wir bei Parasiten, wo mitunter fast alle Strukturen, die für verwandte freilebende Formen charakteristisch sind, verlorengehen.

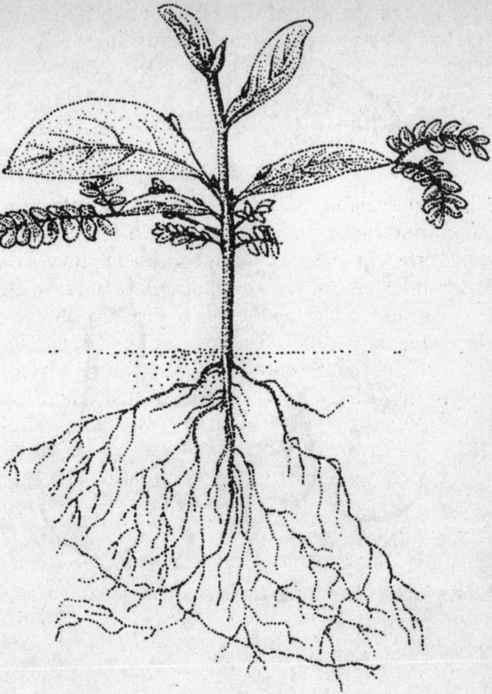

Abb. 21 Sämling einer Akazienart (nach Goebel, 1898)

8.5 Die Wiederholung von Chreoden

In sämtlichen multizellularen Organismen werden einige Strukturen mehrfach oder häufig wiederholt: die Fangarme der *Hydra*, die Arme des Seesterns, die Beine des Tausendfüßlers, die Federn eines Vogels, die Blätter eines Baumes und so fort. Viele Organe werden aus wiederholten Struktureinheiten aufgebaut: die Nierentubuli, die Fruchtsegmente usw. Und auf der mikroskopischen Ebene enthalten die Gewebe die tausend- oder millionenfachen Nachbildungen von einigen wenigen grundlegenden Zelltypen.

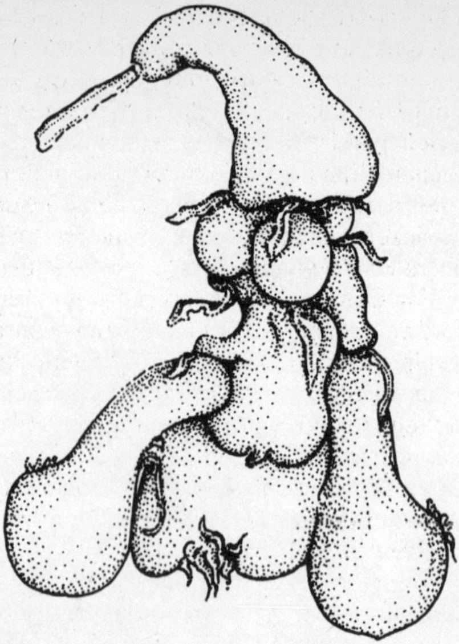

Abb. 22 Eine mißgestaltete Birne (nach Masters, 1869)

Wenn sich infolge von Mutationen oder Umweltveränderungen zusätzliche morphogenetische Keime im sich entwickelnden Organismus bilden, können bestimmte Strukturen häufiger als gewöhnlich wiederholt werden. Ein aus dem Gartenbau bekanntes Beispiel sind die »Doppelblumen« mit ihren zusätzlichen Blütenblättern. Manche Menschen werden mit zusätzlichen Fingern oder Zehen geboren. Und die Standardwerke der Teratologie (die Lehre von den Mißbildungen) führen viele weitere Beispiele abnorm reduplizierter Strukturen an, angefangen von doppelköpfigen Kälbern bis zu monströsen multiplen Birnen *(Abb. 22)*.

Wenn sich diese zusätzlichen Strukturen entwickeln, vollzieht sich die Regulation in Form einer mehr oder weniger vollständigen Integrierung in den übrigen Organismus: Zusätzliche Blütenblätter bei Doppelblumen haben beispielsweise normale Gefäßverbindungen, und zusätzliche Finger und Zehen haben eine normale Blutversorgung und Innervation.

Die strukturellen Wiederholungen bei Organismen lassen klar erkennen, daß die Reduplikation von strukturellen Einheiten bei der Evolution neuer Tier- und Pflanzentypen eine wesentliche Rolle gespielt haben muß. Zudem ist denkbar, daß viele der tierischen und pflanzlichen Strukturen, die sich heute voneinander deutlich unterscheiden, von ursprünglich ähnlichen Einheiten abstammen. So glaubt man zum Beispiel, daß sich die Insekten aus primitiven, den Tausendfüßlern ähnlichen Tieren entwickelt haben, die eine Reihe relativ identischer Segmente mit je einem Paar beinähnlicher Fortsätze aufwiesen. Man stellt sich vor, daß die Fortsätze an den vorderen und hinteren Segmenten zur Bildung der Mundwerkzeuge und Fühler führten, während sich die Segmente selbst vereinigten und einen Kopf bildeten. Am Schwanzende könnten einige der Fortsätze so modifiziert worden sein, daß sie die für Paarung und Eibildung zuständigen Strukturen ergaben. Bei den abdominalen Segmenten wurden die Fortsätze unterdrückt, während sie bei den drei thorakalen Segmenten erhalten blieben und sich später zu den uns bekannten Insektenbeinen weiterentwickelten[11].

Eine solche Verzweigung ursprünglich ähnlicher Chreoden wäre nur dann möglich gewesen, wenn sich die segmentären morphogenetischen Keime hinsichtlich ihrer Struktur unterschiedlich entwickelten. Andernfalls wären sie alle weiterhin durch morphische Resonanz mit dem morphogenetischen Feld verbunden geblieben. Selbst bei heutigen Insekten gilt, daß die normalen Differenzierungen zwischen den Segmenten verlorengingen, sobald diese Modifizierung der ersten Segmente in den Frühphasen der Embryonalentwicklung ausfiele. Ebendies scheint im Falle der Fruchtfliege *Drosophila* in Folge von Mutationen im »Bithorax«-Genkomplex zu passieren: Einige formen die Strukturen des dritten thorakalen Segmentes zu denen des zweiten Segmentes um, so daß die Fliege statt einem zwei Flügelpaare hat *(Abb. 17)*. Andere formen die abdominalen Segmente zu thorakalen Segmenten mit Beinen um; wieder andere erzielen den umgekehrten Effekt und transformieren thorakale Segmente zu solchen des abdominalen Typs[12]

8.6 Der Einfluß anderer Arten

Schon vor längerer Zeit fiel Tier- und Pflanzenzüchtern auf, daß kultivierte Varietäten von Zeit zu Zeit Nachkommen hervorbrachten, die dem ursprünglichen Wildtyp nahekamen. Außerdem zeigte sich, daß nach der Kreuzung von zwei verschiedenen Varietäten die Eigenschaften der Nachkommen manchmal keinem der Elterntypen glichen, sondern eher jenen des Wildtyps. Diesem Phänomen gab man die Bezeichnung »Rückartung« oder »Atavismus«[13].

Ähnlich können wir mit Blick auf das evolutionäre Geschehen bestimmte Erscheinungen morphologischer Abnormität als Rückartung zu Entwicklungsmustern mehr oder weniger zurückliegender Ursprungsarten ansehen. So hat man beispielsweise die abnorme Bildung zweier Flügelpaare bei »Bithorax«-Mutanten der *Drosophila (Abb. 17)* als einen »Rückfall« in einen Entwicklungstypus gedeutet, der bei vierflügeligen Urformen der Fliege charakteristisch ist[14]. Die teratologische Literatur nennt viele weitere Beispiele vermuteter Atavismen[15]. Natürlich sind Interpretationen dieser Art spekulativ, was aber nicht gleich heißen muß, daß sie abwegig sind. Es könnte sich so verhalten, daß Mutationen oder abnorme Umweltfaktoren in den embryonalen Geweben Bedingungen schaffen, die denen der Ursprungsformen gleichen, was vergleichbare morphogenetische Folgen mit sich brächte.

Bei den meisten Pflanzen und Tieren enthält nur ein kleiner Anteil der chromosonalen DNS, vielleicht weniger als 5%, Gene, die die Proteine der Organismen kodieren. Dagegen ist die Funktion des Großteils der DNS unbekannt. Ein Teil mag bei der Kontrolle der Proteinsynthese bedeutsam sein; ein anderer Teil mag eine strukturelle Funktion in den Chromosomen übernehmen; wieder ein anderer Teil besteht möglicherweise aus »redundanten« ererbten Genen, die nicht mehr zum Ausdruck kamen. Man hat die Vermutung geäußert, daß im Fall einer Mutation – zum Beispiel aufgrund einer Änderung der Chromosomenstruktur –, die zur Realisation von solchen »latenten« Genen führen würde, plötzlich wieder Proteine hergestellt werden könnten, die für lang zurückliegende Urformen charakteristisch sind. Dies würde in einigen Fällen das Wiederauftauchen lang vergessener Strukturen bewirken[16].

Wenn hier beschriebene Veränderungen einen morphogenetischen Keim veranlassen, eine Struktur und ein Schwingungsmuster aufzugreifen, das dem einer Ursprungsform entspricht, würde sie nach der Theorie der formbildenden Verursachung unter den Einfluß eines morphogenetischen Feldes dieser Spezies gelangen, selbst dann, wenn diese seit Jahrmillionen ausgestorben ist. Dieser Effekt muß nicht auf Urformen beschränkt sein. Wenn infolge einer Mutation (oder aufgrund anderer Ursachen) eine Keimstruktur in einem sich entwickelnden Organismus einem anderen morphogenetischen Keim einer beliebigen anderen bestehenden oder ausgestorbenen Spezies ausreichend ähnlich wird, würde sie sich auf eine Chreode »einstimmen«, die für diese andere Spezies charakteristisch ist. Und wenn die Zellen zur Synthese entsprechender

Proteine fähig wären, würde sich das System unter ihrem Einfluß entwickeln.

Es hat den Anschein, daß im Verlauf der Evolution einander ähnliche Strukturen gelegentlich ganz unabhängig in mehr oder weniger entfernt verwandten Linien aufgetreten sind. So haben zum Beispiel unter den mittelmeerländischen Landschnecken Arten, die aufgrund ihrer unterschiedlichen Genitalien zu klar definierten Gattungen gehören, Gehäuse von nahezu identischer Form und Struktur. Gattungen fossiler Ammoniten weisen die wiederholte parallele Entwicklung kielförmiger und gerillter Gehäuse auf. Ähnliche oder identische Flügelmuster treten in gänzlich verschiedenen Schmetterlingsfamilien auf[17]

Eine Mutation, die zu einer Einstimmung eines Organismus auf die Chreoden einer anderen Art führt und die Formung der für andere Arten charakteristischen Strukturen auslöst, würde sehr bald durch natürliche Selektion eliminiert, wenn diese Strukturen ihre Überlebenschancen verringerten. Würde die Mutation andererseits durch natürliche Selektion gefördert, so hieße dies, daß sich der Anteil solcher Organismen an der Population verstärkte. Tatsächlich könnte der Selektionsdruck, auf den diese Verstärkung zurückgeht, demjenigen sehr nahe kommen, der die ursprüngliche Evolution dieses besonderen Merkmals bei den Arten förderte. Die strukturelle Verwandtschaft könnte sogar nur um ihrer selbst willen bevorzugt werden, eben weil sie dem Organismus die Nachahmung von Mitgliedern anderer Arten ermöglichte. Evolutionäre Parallelerscheinungen hängen also häufig sowohl davon ab, daß eine Spezies die morphogenetischen Felder einer anderen aufgreift als auch von einem parallelen Selektionsdruck.

Andererseits könnten ähnliche Selektionsdruckbedingungen auch zu einer konvergierten Evolution von oberflächlich ähnlichen Strukturen bei verschiedenen Arten führen, wenn sich die verschiedenen morphogenetischen Felder veränderten. Doch ist es unwahrscheinlich, daß diese Strukturen dann ein wechselseitiges Resonanzverhältnis eingingen, abgesehen von Strukturen, die sich in den Einzelheiten des inneren Aufbaus und der äußeren Form weitgehend entsprechen.

8.7 Der Ursprung neuer Formen

Nach der Hypothese der formbildenden Verursachung bedingen morphische Resonanz und genetische Vererbung gemeinsam die Wiederholung charakteristischer Muster in aufeinanderfolgenden Tier- und Pflanzengenerationen. Dazu kommt, daß Merkmale, die als Entsprechung zur Umwelt erworben wurden, durch eine Kombination von morphischer Resonanz und genetischer Selektion erblich werden können. Die Unterdrückung oder Wiederholung von Chreoden kann die Morphologie eines Systems verändern; und einige bemerkenswerte Beispiele paralleler Evolution lassen sich dem »Transfer« von Chreoden von einer Art zu einer anderen zuschreiben.

Doch den Ursprung dieser Felder selbst kann weder Wiederholung noch Modifikation, Addition, Subtraktion noch Verwandlung erklären. Aber wie dem auch sei: Im Lauf der Evolution müssen völlig neue morphische Einheiten zusammen mit ihren morphogenetischen Feldern in Erscheinung getreten sein: die der Organellen, der grundlegenden Zell-, Gewebe-, Organtypen, die der grundlegenden verschiedenen Formen niederer und höherer Pflanzen und Tiere.

Genetische Mutationen und abnorme Umweltbedingungen können zwar das erstmalige Auftreten neuer biologischer morphischer Einheiten ermöglicht haben. Doch die Formen ihrer morphogenetischen Felder könnten weder durch energetische Verursachung noch durch präexistente formbildende Ursachen vollständig determiniert sein (Kapitel 5.1). Es bleibt letztlich Theorie, ob ein morphogenetisches Feld plötzlich mit einem großen »Sprung« seinen Anfang nimmt oder dies allmählicher über eine Folge kleinerer »Sprünge« erreicht. In beiden Fällen aber können die mit diesen Sprüngen angenommenen Formen nicht im Rahmen der Wissenschaft durch Verweis auf vorausgehende Ursachen erklärt werden.

Wir könnten den Ursprung neuer Formen entweder dem kreativen Handeln einer die Natur durchdringenden und sie transzendierenden Instanz zusprechen, ihn auf einen der Natur immanenten kreativen Impuls zurückführen oder ihn einem blinden und sinnlosen Zufall überlassen. Eine Entscheidung über diese metaphysischen Möglichkeiten könnte jedoch niemals auf der Basis einer empirisch überprüfbaren wissenschaftlichen Hypothese erfolgen. Aus der Sicht der Naturwissenschaft muß die Frage nach der evolutionären Kreativität unbeantwortet bleiben.

9 Bewegung und motorische Felder

9.1 Einführung

Die Diskussion in den vorangegangenen Kapiteln betraf die Rolle der formbildenden Verursachung in der Morphogenese. Das Thema dieses und der beiden folgenden Kapitel ist nun die Rolle der formbildenden Verursachung bei der Bewegungskontrolle.

Einige Bewegungen von Pflanzen und Tieren sind spontan; d.h. sie finden ohne besonderen Reiz aus der Umgebung statt. Andere sind dagegen Antworten auf äußere Reize. Natürlich reagieren Organismen passiv auf starke physische Kräfte – ein Baum kann vom Wind umgeweht, ein Tier von einer starken Wasserströmung fortgerissen werden –, viele Reaktionen sind aber auch aktiv und können nicht als grobe physikalische oder chemische Wirkungen auf bestimmte Anregungen erklärt werden, die auf den Organismus als Ganzes einwirken: Sie offenbaren die *Sensibilität* des Organismus gegenüber seiner Umwelt. Diese Sensibilität hängt ganz allgemein von spezialisierten Rezeptoren oder Sinnesorganen ab.

Die physikochemische Basis für die Erregung dieser spezialisierten Rezeptoren durch äußere Reize wurde bereits detailliert ausgearbeitet, ebenso die Physiologie nervöser Impulse und das Funktionieren von Muskeln und anderen motorischen Strukturen. Es ist jedoch nur sehr wenig über die Kontrolle und Koordination des Verhaltens bekannt.

In diesem Kapitel wird die Vermutung geäußert, daß eine formbildende Verursachung Bewegungen und auch Verhalten organisiert in analoger Weise, wie sie die Morphogenese über wahrscheinliche Feldstrukturen organisiert, die Muster und Ordnungen in energetisch unbestimmte Prozesse einbringen. Die Parallelen zwischen der Morphogenese und dem Verhalten sind nicht direkt zu erkennen, am leichtesten noch bei Pflanzen und Einzellern wie der Amöbe, deren Bewegungen im Grunde morphogenetisch sind. Diese sollen deshalb zuerst behandelt werden.

9.2 Bewegungen von Pflanzen

Pflanzen machen im allgemeinen Wachstumsbewegungen[1]. Dies wird leichter verständlich, wenn man sie in zeitgerafften Filmen beobachtet: Triebe sprießen hervor und drehen sich zum Licht; Pfahlwurzeln stoßen in die Erde hinab, und die Spitzen von rankenden Kletterpflanzen ziehen weite Spiralen durch die Luft, bis sie Kontakt mit einer festen Stütze bekommen und sich daran hochwinden können[2]. Das Wachstum und die Entwicklung von Pflanzen findet unter Kontrolle ihrer morphogenetischen Felder statt, die ihnen ihre charakteristische Form geben. Die Orientierung dieses Wachstums wird jedoch in großem Maße von den richtungsweisenden Kräften der Schwerkraft und des Lichtes bestimmt. Äußere Faktoren beeinflussen ebenfalls den Entwicklungstypus: z.B. werden Pflanzen bei schwachem Licht etioliert, d.h. ihre Sprosse wachsen relativ schnell und bleiben dünn, bis sie in helleres Licht gelangen.

Die Schwerkraft wird durch ihre Wirkung auf Stärkekörner »wahrgenommen«, die nach unten rollen und sich in den untersten Zellbereichen anreichern[3]. Die Richtung, aus der das Licht kommt, wird durch die unterschiedliche Absorption von Strahlungsenergie auf der beleuchteten und der beschatteten Seite von Pflanzenorganen wahrgenommen, und zwar durch ein gelbes Karotinoid-Pigment[4]. Die Tastwahrnehmung, mit der die kletternden Ranken und Schößlinge eine feste Stützmöglichkeit ausfindig machen, läuft vielleicht über die Freisetzung der einfachen Chemikalie Äthylen aus den mechanisch erregten Oberflächenzellen ab[5]. Der Wechsel vom etiolierten zum normalen Wachstum hängt von der Lichtabsorption eines blauen Proteinpigments, dem sogenannten Phytochrom ab[6].

Die Reaktionen auf diese Reize schließen komplizierte physikochemische Veränderungen innerhalb von Zellen und Geweben ein und beruhen in manchen Fällen auf der unterschiedlichen Verteilung von Pflanzenhormonen wie z.B. Auxin. Sie können jedoch nicht allein als ausschließlich physikochemische Veränderungen erklärt werden, sondern nur im Zusammenhang mit den gesamten morphogenetischen Feldern der Pflanzen verstanden werden. Z.B. produzieren Pflanzen aufgrund einer ihnen eigenen Polarität an einem Ende Sprossen und am anderen Ende Wurzeln. Die Richtungswirkung der Schwerkraft bestimmt die Richtung dieser polarisierten Entwicklung, so daß Sprosse nach oben und Wurzeln nach unten wachsen. Die Wirkung des Gravitationsfeldes auf Stärkekörner in Zellen und die darauf folgenden Veränderungen der hormonalen Verteilung sind zwar tatsächlich Ursachen für gerichtete Wachstumsbewegungen, können aber nicht für die von vornherein bestehende Polarität verantwortlich gemacht werden. Genauso wenig verantwortlich sind sie dafür, daß Hauptsproß und Wurzeln in genau gegensätzlicher Weise reagieren, oder für das unterschiedliche Wachstumsverhalten von Bäumen, Kräutern, Kletter- und Kriechgewächsen oder für das besondere Verzweigungsmuster im Sproß- und Wurzelbereich verschiedener Arten. Alle diese Charakteristika hängen von den morphogenetischen Feldern ab.

Wenn auch die meisten Pflanzenbewegungen nur in jungen, noch wachsenden Organen vorkommen, so gibt es doch einige Strukturen, die auch in ausgewachsenem Zustand eine Bewegungsfähigkeit behalten, wie z.B. Blüten, die sich im Tagesrhythmus öffnen und schließen, und Blätter, die sich nachts auffalten. Diese Bewegungen werden durch Lichtintensität und andere Umweltfaktoren beeinflußt, sie werden außerdem von einer »physiologischen Uhr« kontrolliert und setzen sich sogar bei konstant gehaltenen Bedingungen in einem ungefähren Tagesrhythmus fort[7]. Die Blätter oder Blütenblätter öffnen sich, wenn spezialisierte Zellen in der Scharnierregion an ihrer Basis mit steigendem Turgordruck anschwellen, sie schließen sich, wenn diese Zellen durch Veränderungen der Membranpermeabilität für anorganische Ionen wieder Wasser verlieren[8]. Die Wiedergewinnung des Turgors ist ein aktiver, energieverbrauchender Prozeß, der dem Wachstum vergleichbar ist.

Zusätzlich zu den »Schlaf«-bewegungen reagieren die Blätter einiger Pflanzenarten über den ganzen Tag hinweg auf die wechselnde Position der Sonne. Bei der Taubenerbse *Cajanus cajan* orientieren sich die dem Sonnenlicht ausgesetzten Blättchen annähernd parallel zu den Sonnenstrahlen, so daß nur eine minimale Fläche der intensiven tropischen Strahlung ausgesetzt ist. Dagegen richten sich Schattenblätter im rechten Winkel zur Einstrahlungsrichtung aus, so daß sie die maximale Lichtmenge erhalten. Diese Reaktionen sind abhängig von der Richtung und Intensität des Lichtes, das auf die spezialisierten Blattscharniere, die Pulvini, fällt. Den ganzen Tag über richten Blätter und Fiederblättchen ihre Position kontinuierlich nach dem jeweiligen Sonnenstand aus. In der Nacht nehmen sie eine vertikale Schlafstellung ein: die Pulvini reagieren ebenso empfindlich auf Schwerkraft wie auf Licht.

Bei der sensitiven Pflanze *Mimosa pudica* klappen die Fiederblättchen nachts zusammen, und die Blätter sind nach unten gerichtet. Dieses Phänomen kommt auch bei vielen anderen Leguminosen vor. Hier jedoch geschehen diese Bewegungen auch tagsüber plötzlich als Reaktion auf mechanische Reize *(Abb. 23)*. Der Reiz bewirkt eine Welle elektrischer Depolarisation, ähnlich einem Nervenimpuls, die am Blatt

Abb. 23 Blätter von *Mimosa pudica*. Links ungereizt und rechts im gereizten Zustand.

entlangläuft. Wenn der Reiz stark genug ist, erfaßt der Impuls andere Blätter, die sich dann auch zusammenfalten[9]. In ähnlicher Weise bewirken bei der Venusfliegenfalle *Dionaea muscipula* die mechanische Reizung von empfindlichen Haaren auf der Blattoberfläche einen elektrischen Impuls, der sich auf turgorgesteuerte Gelenkzellen zubewegt, die plötzlich Wasser abgeben können. Das Blatt schließt sich daraufhin wie eine Falle um eingefangene Insekten, die anschließend verdaut werden[10].

Diese Bewegungen von Blättern und Fiederblättchen als Reaktionen auf Licht- und Schwerkraftreize sowie mechanische Reize werden dadurch ermöglicht, daß spezialisierte Zellen in der Lage sind, Wasser abzugeben und auch wieder aufzunehmen. Sie halten ein einfaches morphogenetisches Potential konsequent aufrecht, während die meisten anderen Gewebe diese Fähigkeiten verlieren, wenn sie ausgewachsen sind. Die reversiblen Bewegungen dieser spezialisierten Strukturen kann man als seltene Fälle ansehen, in denen ein Formwechsel stereotyp und wiederholbar geworden ist. Ihre quasi-mechanistische Einfachheit ist jedoch vom Gesichtspunkt der Evolution her betrachtet sekundär; sie hat sich von einem Zustand aus entwickelt, in dem Empfindungsfähigkeit für äußere Reize mit dem Wachstum und der Morphogenese der ganzen Pflanze verbunden war.

9.3 Amöboide Bewegung

Amöben bewegen sich fort, indem sie Zellfortsätze, sogenannte Pseudopodien ausbilden, in die sich ihre Cytoplasmamasse ergießt. In der Regel gleiten sie so auf der Oberfläche fester Objekte dahin, wobei sie sich kontinuierlich zum Vorderende hin ausdehnen. Wenn man ihre Pseudopodien berührt, stark erwärmt, oder sie konzentrierten Lösungen verschiedener Chemikalien aussetzt, so dehnen sie sich nicht weiter aus, sondern bilden sich an anderer Stelle neu, wodurch sich die Fortbewegungsrichtung der Tierchen ändert. Treffen die neu gebildeten Pseudopodien erneut auf existenzbedrohende Reize, so halten auch sie in ihrer Fließbewegung inne, und die Tierchen bewegen sich wieder in eine andere Richtung. Dieses »Austesten« wird fortgesetzt, bis sich ein Weg ohne Hindernisse oder »unangenehme« Reize findet[11].

Bei freischwimmenden Amöben, die keinem bestimmten gerichteten Reiz ausgesetzt sind, besteht keine vorherrschende Bewegungsrichtung; Pseudopodien bilden sich in verschiedene Richtungen aus, bis irgendeines Kontakt mit einer Oberfläche bekommt, auf der die Tierchen entlang kriechen können *(Abb. 24)*.

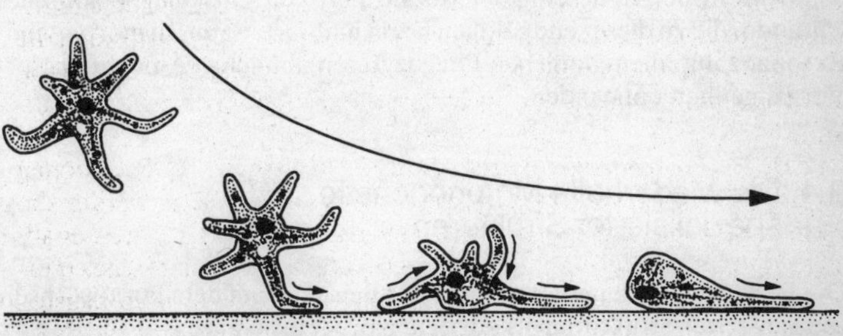

Abb. 24 Bewegungsweise freischwimmender Amöben beim Auftreffen auf eine feste Oberfläche (nach Jennings, 1906).

Die Ausdehnung der Pseudopodien geschieht vermutlich unter dem Einfluß eines besonderen polarisierten morphogenetischen Feldes. Die Richtung, in die sich neu entstehende Pseudopodien zu bewegen beginnen, kann in großem Umfang von Zufallsbewegungen im Zellinneren abhängen. Die eigentlichen Pseudopodien, die vom Zellkörper aus nach außen gestülpt werden, werden demnach aus der Organisation kontraktiler Filamente und anderer zytoplasmatischer Strukturen heraus verwirklicht. Dieser Prozess setzt sich fort, bis die Entwicklung von Pseudopodien durch Umgebungsreize oder durch die Konkurrenz von Pseudopodien, die sich in andere Richtungen ausbilden, gehemmt wird.

Daß amöboide Bewegungen auf fortgesetzten morphogenetischen Prozessen beruhen, wird durch den spezifischen Namen *Amoeba proteus* treffend bezeichnet, der auf die mythische Seegottheit anspielt, die ihre Gestalt ununterbrochen veränderte.

Amöben fressen, indem sie ähnlich wie Bakterien Nahrungspartikel durch Phagozytose einschließen. Pseudopodien umfließen das Partikel, das in Kontakt mit der Zelloberfläche geraten ist, dann gehen die Membranen der Pseudopodien ineinander über, und das Partikel ist von der Zelle eingeschlossen und selbst noch von einem Stück Zellmembran umgeben. Membrangebundene Vesikel, die Verdauungsenzyme enthalten, fließen mit dem Nahrungsbläschen zusammen, und die Nahrung wird verdaut. Dieser Typ der Morphogenese unterscheidet sich von dem der zellulären Fortbewegung und findet vermutlich unter dem Einfluß eines anderen morphogenetischen Feldes statt, das wieder bei Kontakt mit möglichen Nahrungspartikeln wirksam wird. Wenn das Nahrungspartikel mit der Membran Kontakt bekommt, kann es als morphogenetischer Keim betrachtet werden; die endgültige Form ist dann das in der Zelle eingeschlossene Partikel. Die phagozytotische Chreode, die zu dieser endgültigen Form hinführt, ist durch morphische Resonanz mit allen ähnlichen Phagozytosen ähnlicher Amöben in der Vergangenheit entstanden.

9.4 Die wiederholte Morphogenese spezialisierter Strukturen

Die Bewegungen der meisten Tiere beruhen eher auf dem Formwechsel spezialisierter Strukturen als auf dem Körper als Ganzes.

Viele Einzeller werden durch Schlagbewegungen peitschenähnlicher Auswüchse, die Flagellen oder Cilien, vorwärtsgetrieben, während die

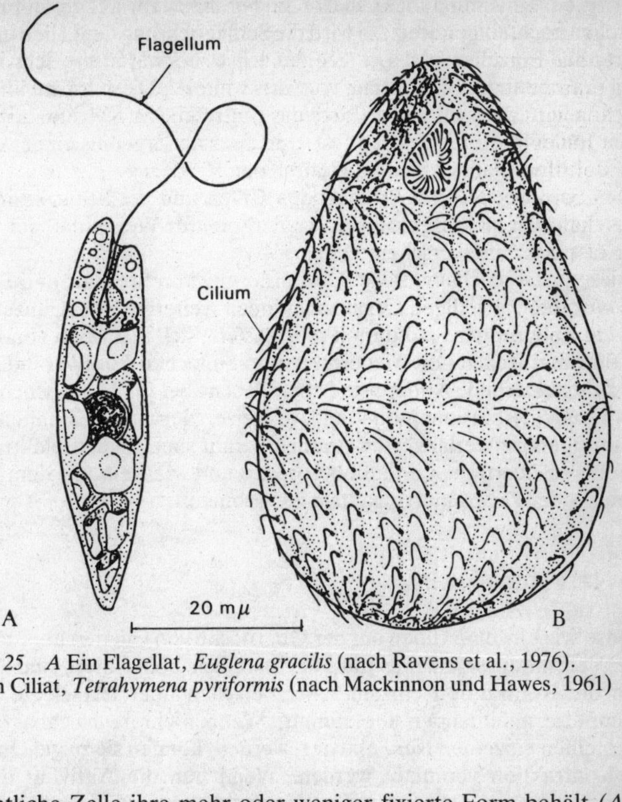

Abb. 25 *A* Ein Flagellat, *Euglena gracilis* (nach Ravens et al., 1976). *B* Ein Ciliat, *Tetrahymena pyriformis* (nach Mackinnon und Hawes, 1961)

eigentliche Zelle ihre mehr oder weniger fixierte Form behält *(Abb. 25)*. Diese Bewegungsorganellen enthalten lange tubuläre Elemente, die den zytoplasmatischen Mikrotubuli sehr ähneln. Die Formveränderung von Proteinen, die mit diesen Tubuli in Verbindung stehen, bewirkt die Entstehung einer gleitenden Scherkraft, die eine Krümmung der Flagellen oder Cilien hervorruft[12].

Bei Ciliaten werden die Bewegungen vieler einzelner Cilien so koordiniert, daß sich die Schlagbewegungen wellenförmig über die Zelloberfläche ausbreiten. Bei einigen Arten scheint diese Koordination von dem mechanischen Einfluß der Cilien auf ihre Nachbarn abzuhängen, bei anderen von einem Reizleitungssystem in der Zelle, das vermutlich durch feine Fibrillen die Cilienbasen miteinander verbindet[13].

Trifft ein schwimmender Ciliat, z.B. *Paramecium,* auf einen für das Tierchen nachteiligen Reiz, so wird die Schlagrichtung der Cilien umgekehrt; der Einzeller entfernt sich zunächst rückwärts und schwimmt dann in einer anderen Richtung vorwärts weiter[14]. Diese Vermeidungsreaktion wird wahrscheinlich durch das Eintreten von Kalzium oder anderen Ionen in die Zelle ausgelöst, und zwar als Ergebnis einer Änderung der Membranpermeabilität durch den Reiz[15].

Der Formwechsel von schlagenden Cilien und die Schlagkontrolle vollziehen sich in so stereotyper, wiederholbarer Weise, daß der Vorgang fast maschinell erscheint.

Diese quasi-mechanistische Spezialisierung von Struktur und Funktion wird bei vielzelligen Organismen noch weitergeführt. Ganze Zellen und Zellgruppen sind darauf spezialisiert, sich in Zyklen von Kontraktion und Relaxation wiederholbaren, einfachen Formveränderungen zu unterziehen. Andere sind speziell sensibel für Licht, Chemikalien, Druck, Vibrationen oder andere Reize. Nervenzellen haben sich mit ihren enorm verlängerten Axonen darauf spezialisiert, elektrische Impulse zu übertragen und Sinnesorgane und Muskeln mit dem Nervennetz oder Zentralnervensystem zu verbinden.

9.5 Nervensysteme

Ebenso wie einzelne Cilien auf der Oberfläche von Ciliaten über physische Verbindungselemente mit Nachbarcilien koordiniert sind, wird auch die Kontraktion einzelner Muskelzellen über festgelegte Nervenimpulse aufeinander abgestimmt. Wenn mehrere Nachbarzellen durch einen einzelnen Nerv aktiviert werden, können sie zu gleichzeitiger Kontraktion veranlaßt werden. Wenn nun die Aktivität dieses Nervs Teil eines übergeordneten Kontrollsystems ist, kann die Kontraktion verschiedener Zellgruppen rhythmisch koordiniert werden. Dies ist bei Muskeln der Fall, die ihre Spannung über längere Zeit aufrechterhalten. Übergeordnete Kontrollsysteme kontrollieren wiederholbare Kontraktionszyklen verschiedener Muskeln, z.B. in den Beinen eines laufenden Tieres. So erlaubt die hierarchisch organisierte Funktionsweise des Nervensystem Abstufungen in der Koordination, die unmöglich wären, wenn die Felder zur Bewegungskoordination direkt auf die Muskelzellen wirkten.

Obwohl aber einerseits gerichtete Erregungsimpulse von den Nerven nach dem Alles-oder-Nichts-Gesetz von einem Ort zum anderen geleitet werden, wäre die formbildende Verursachung andererseits nicht in

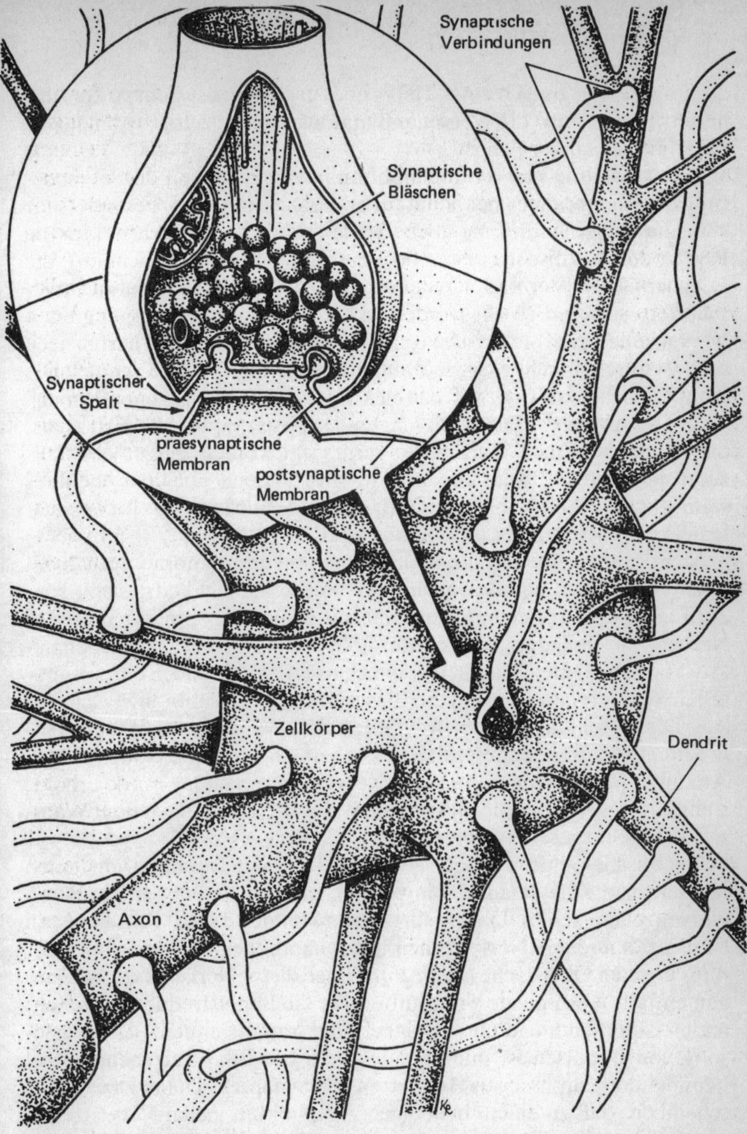

Abb. 26 Teil einer Nervenzelle mit zahlreichen Synapsen auf ihrer Oberfläche. Das Ausschnittsbild zeigt eine einzelne Synapse stärker im Detail (nach Krstić, 1979).

der Lage, Bewegungen eines Tieres über das Nervensystem zu kontrollieren, es sei denn, die Nervenaktivität wäre gleichzeitig bedingt, was auch tatsächlich der Fall ist.

Die Auslösung von Nervenimpulsen ist abhängig von der Veränderung der Membranpermeabilität für anorganische Ionen, besonders für Natrium und Kalium. Eine solche Veränderung kann durch elektrische Reize oder spezifische chemische Transmitter (z.B. Acetylcholin), die an synaptischen Verbindungsstellen aus den Axonendstrukturen ausgeschüttet werden, bewirkt werden *(Abb. 26)*. Daß die Erregung einer Nervenzelle durch elektrische Reize um den Schwellenwert herum nach dem Wahrscheinlichkeitsgesetz abläuft, ist bereits lange bekannt[16]. Die Hauptursache dafür ist, daß das elektrische Membranpotential zufallsbedingt schwankt[17]. Die Änderungen des postsynaptischen Potentials, die durch chemische Transmitter verursacht werden, zeigen ebenfalls zufallsbedingte Schwankungen[18], die anscheinend über ein ebenfalls wahrscheinlichkeitsabhängiges Öffnen und Schließen von »Ionenkanälen« in der Membran hervorgerufen werden[19].

Nicht nur die Reaktion der postsynaptischen Membran auf chemische Transmitter verläuft nach dem Wahrscheinlichkeitsgesetz, sondern auch die Freisetzung des Transmitters aus der praesynaptischen Nervenfaserendigung. Transmittermoleküle werden in zahlreichen mikroskopisch kleinen Bläschen gespeichert *(Abb. 26)* und in den synaptischen Spalt entlassen, wenn die Bläschen mit der Membran verschmelzen. Dies geschieht spontan in zufälligen Intervallen und läßt sogenannte Miniaturendplattenpotentiale entstehen. Die Sekretionsrate wird bei Ankunft einer Erregung an der Nervenfaserendigung stark erhöht, wenn auch weiterhin die Bläschen mit der Membran nach dem Wahrscheinlichkeitsgesetz verschmelzen[20].

Die für das Gehirn typische Nervenzelle besitzt Tausende von feinen fadenartigen Fortsätzen, die in synaptischer Verbindung mit anderen Nervenzellen stehen. Umgekehrt enden Hunderte oder Tausende von Fortsätzen anderer Nervenzellen mit synaptischen Endstrukturen auf ihrer eigenen Oberfläche *(Abb. 26)*. Einige dieser Nervenfaserendigungen entlassen erregende Transmitter, die die Impulsfrequenz erhöhen, andere sind hemmend und verringern die Impulsfrequenz. Die Auslösung von Impulsen ist nun abhängig von der Bilanz erregender und hemmender Einflüsse aus Hunderten von Synapsen. Damit ist es wahrscheinlich, daß zu einem beliebigen Zeitpunkt in vielen Nervenzellen des Gehirns diese Balance gerade ausgewogen ist, daß die Frage, ob eine Auslösung von Impulsen geschieht oder nicht, abhängig ist von Zufallsschwankungen innerhalb der Zellmembran oder der Synapsen.

So ist die gerichtete Ausbreitung der Nervenimpulse im Zentralnervensystem mit sehr viel Unbestimmtheit verbunden, das nach der vorliegenden Hypothese durch formbildende Verursachung geordnet und strukturiert wird.

9.6 Morphogenetische und motorische Felder

Wenn die Felder, die die Formveränderungen spezialisierter motorischer Strukturen von Lebewesen kontrollieren, auch morphogenetische Felder sind, so bewirken sie doch eher Bewegungen als Formveränderungen. Aus diesem Grunde erscheint es angebrachter, von ihnen als motorische Felder zu sprechen*. Motorische Felder entstehen ebenso wie morphogenetische Felder über morphische Resonanz aus ähnlichen vorangegangenen Systemen und haben die Aufgabe, virtuelle Formen in reale umzuwandeln. Kanalisierte Wege, die zu einer endgültigen *Form* führen, können im Zusammenhang mit motorischen ebenso wie mit morphogenetischen Feldern als Chreoden aufgefaßt werden.

Motorische Felder sind ebenso wie morphogenetische hierarchisch organisiert und im allgemeinen auf Entwicklung, Überleben oder Vermehrung hin ausgerichtet. Während diese Prozesse bei Pflanzen fast vollständig morphogenetisch sind, hängen sie bei Tieren auch von Bewegung ab. Sogar die Aufrechterhaltung normaler Körperfunktionen ist bei den meisten Tieren mit kontinuierlichen Bewegungen innerer Organe wie Darm,Herz und Atmungssystem verbunden.

Im Gegensatz zu Pflanzen brauchen Tiere zur Ernährung andere lebende Organismen, um sich zu entwickeln und ihre Gestalt zu erhalten. Daher ist das allgemeine motorische Feld für Ernährung bei allen tierischen Organismen von großer Bedeutung. Es kontrolliert untergeordnete Felder, die für das Auffinden, Bewahren und Fressen der Pflanzen oder Tiere, die als Nahrung dienen, verantwortlich sind. Einige Tiere, die im Wasser leben, sind seßhaft und strudeln sich ihre Nahrung zu, andere bewegen sich auf Pflanzen zu, die sie fressen können, einige schleichen sich an und jagen andere Tiere oder bauen Fallen, um ihre Beute zu fangen; wieder andere sind parasitisch oder betätigen sich als »Müllschlucker« usw.. Alle diese Ernährungsmethoden beruhen auf den Hierarchien spezifischer Chreoden.

---

* Der Autor verwendet das englische Wort »motor« hier bewußt als Adjektiv des Substantivs »motion«, d.h.: Bewegung. *(Anm.d.Ü.)*

Ein anderer fundamentaler Typ eines motorischen Feldes betrifft die Vermeidung ungünstiger Bedingungen. Amöben und Paramecien zeigen den einfachsten Reaktionstyp: rückwärts schwimmen, oder sich von der als »unangenehm« empfundenen Reizquelle abwenden und in einer anderen Richtung weiterbewegen. Seßhafte Tiere wie *Stentor* und *Hydra* reagieren auf Reize, die sie als leicht »unangenehm« empfinden, durch Zusammenziehen ihres Körpers, und auf stärkere Reize durch abwenden; sie setzen sich an anderer Stelle fest. Zusätzlich zu allgemeinen Vermeidungsreaktionen weisen manche Tiere noch spezielle Verhaltensweisen auf, die ihnen helfen, Räubern zu entkommen, z. B. indem sie schnell fliehen oder stehen bleiben und den Verfolger auf irgendeine Art und Weise erschrecken, oder indem sie derartig erstarrt verharren, daß sie nur noch schwer erkennbar sind.

Die Endform der den Entwicklungs- und Überlebensprogrammen zugrundeliegenden Felder ist das vollentwickelte Tier unter optimalen Bedingungen. Wenn dieses Stadium erreicht ist, muß das Tier nicht in irgendeiner besonderen Weise aktiv werden; Abweichungen von diesem Stadium aber bringen das Tier unter den Einfluß verschiedener motorischer Felder, die auf die Wiederherstellung dieses Stadiums gerichtet sind. Solche Abweichungen sind in der Tat häufig: Der ständige Stoffwechsel des Tieres vermindert seine Nahrungsreserven; Veränderungen in der Umwelt setzen es ungünstigen Bedingungen aus; und Feinde nähern sich ihm unerwartet. Diese und andere Veränderungen werden durch sensorische Strukturen wahrgenommen und bewirken charakteristische Veränderungen im Nervensystem, die zu Keimstrukturen für bestimmte motorische Felder werden.

Die Endform für das der Fortpflanzung zugrundeliegende Feld ist die lebensfähige Nachkommenschaft. Bei einzelligen Organismen und einfachen vielzelligen Tieren wie *Hydra* wird dies durch einen morphogenetischen Prozess erreicht: Der Organismus teilt sich in zwei Hälften, oder neue Individuen entstehen durch Knospung. In ähnlicher Weise sind die einfachen Formen sexueller Fortpflanzung im wesentlichen morphogenetisch: Viele niedere Tiere (wie z. B. Seeigel) sowie niedere Pflanzen (z. B. der Seetang *Fucus*) geben Millionen von Ei- und Spermazellen einfach an das umgebende Wasser ab.

Bei höher entwickelten Tieren werden die Spermien nicht zufällig, sondern nach einem besonderen Paarungsverhalten in der Nähe der Eier abgegeben. So umfaßt das der Fortpflanzung zugrundeliegende Feld die motorischen Felder der Partnersuche, der Werbung und der Kopulation. Unter den Einfluß des ersten motorischen Feldes dieser Folge können Organismen durch interne physiologische Veränderungen geraten, die durch Hormone ebenso wie durch olfaktorische (Geruchs-), visuelle oder andere Reize von möglichen Partnern vermittelt werden. Der Endzustand des ersten Feldes liefert den Keim für das zweite und so weiter: Auf die Partnersuche folgt das Werbungsverhalten, das bei Erfolg die Kopulationschreode einleitet. In den einfachsten Fällen stellt für das Männchen die Ejakulation und für das Weibchen das Ablegen der Eier die Endform der gesamten Abfolge dar. Bei vielen im Wasser lebenden Organismen werden diese einfach ins Wasser abgelassen, bei Landtieren ist die Eiablage jedoch häufig mit komplexen und hochspezialisierten Verhaltensmustern verbunden. Schlupfwespen legen z. B. ihre Eier in Raupen bestimmter Arten ab, in denen sich die Larven dann parasitisch entwickeln; die Sandwespen bauen kleine »Tönnchen«, in die sie gelähmte Beutetiere hineinbringen, ihre Eier darauf ablegen, und die Tönnchen dann verschließen.

Bei einigen lebend gebärenden Arten werden die Jungen nach der Geburt einfach sich selbst überlassen. Wenn aber die Jungen, nachdem sie geboren sind, umsorgt werden, bzw. wenn Junge ausgebrütet werden, kommt ein neuer Bereich motorischer Felder ins Spiel, der dem der Fortpflanzung zugrundeliegenden Feld der Eltern noch untergeordnet ist, aber gleichzeitig auch dem Feld der Entwicklung und Überlebensfähigkeit der Jungen dient. Folglich nimmt auch das Verhalten der Tiere eine soziale Dimension an. In den einfachsten Fällen bestehen solche Gesellschaften nur vorübergehend und lösen sich auf, wenn die Nachkommenschaft unabhängig wird. In anderen Fällen dauern solche Gesellschaften mit einer steten Zunahme an Verhaltenskomplexität weiter an. Spezielle motorische Felder kontrollieren die verschiedenen Arten von Kommunikation zwischen Individuen und auch die differenzierten Aufgaben, die verschiedene Individuen vollbringen.

In den außergewöhnlich komplexen Gesellschaften von Termiten, Ameisen, sozialen Bienen und Wespen können einzelne Tiere ähnlicher oder auch gleicher genetischer Ausstattung ganz verschiedene Aufgaben ausführen, wobei dieselben Tiere sogar zu verschiedenen Zeiten verschiedene Rollen übernehmen können. Bei den Bienen beispielsweise übernehmen die jungen Arbeiterinnen zuerst die Stockreinigung; bevor sie sich wenige Tage später als »Brutpflegerin« betätigen, sind sie als »Baubienen« mit dem Bau der Honigwaben beschäftigt. Es folgt die Entgegennahme und Lagerung der Pollen; darauf fungieren sie als »Wächterinnen« des Stocks, und schließlich fliegen sie aus zur Futtersuche[21]. Jede dieser Rollen muß durch ein übergeordnetes motorisches Feld abgedeckt sein, das die in bestimmten Spezialaufgaben enthaltenen untergeordneten Chreoden kontrolliert. Änderungen im Nervensystem der Insekten müssen jede dieser Rollen unter den Einfluß des einen oder anderen dieser übergeordneten Felder bringen, indem sie sie in morphische Resonanz treten lassen mit dem Tier, das diese Rolle früher ausführte. Änderungen hängen zwar in bestimmtem Ausmaß von Änderungen in der Physiologie des jeweiligen Insekts ab, wenn es älter wird, jedoch werden solche Änderungen auch durch von außen einwirkende Reize stark beeinflußt: Die Rollen, die einzelne Tiere übernehmen, wechseln in Abhängigkeit von Störungen innerhalb des Stocks oder der Gesellschaft; so reguliert sich das ganze System selbst.

Die übergeordneten motorischen Felder der Fütterung, der Konkurrenzvermeidung, der Fortpflanzung, usw., kontrollieren im allgemeinen eine Reihe untergeordneter Felder, die in einer Reihenfolge in Aktion treten, so daß die Endform, die sich aus dem einen Feld ergibt, die Keimstruktur für das folgende Feld liefert. Motorische Felder, die in der Hierarchie noch auf niedrigster Stufe liegen, werden oft in Zyklen tätig, die wiederkehrende Bewegungen auslösen, wie z. B. die Bewegungen der Biene beim Gehen, der Flügel beim Fliegen und der Kiefer beim Kauen. Auf der niedrigsten Stufe befinden sich die Felder, die mit der detaillierten Kontrolle der Kontraktion der Muskelzellen zu tun haben.

Die übergeordneten motorischen Felder schließen nicht nur Sinnesorgane, Nervensysteme und Muskeln ein, sondern auch Dinge, die *außerhalb* des Tieres liegen. Man denke beispielsweise an das motorische Feld der Ernährung. Der zugrundeliegende Vorgang – das Ergreifen und die Aufnahme der Nahrung – ist in der Tat ein Spezialfall aggregativer Morphogenese (vgl. Kap. 4.1). Das hungrige Tier stellt die Keimstruktur dar. Es tritt in morphische Resonanz mit vorausgegangenen Endformen dieses motorischen Feldes, nämlich mit ähnlichen vergangenen Tieren in wohlgenährtem Zustand, versteht sich. Im Falle eines Räubers hängt das Erreichen dieser Zielform vom Fang und der Aufnahme der Beute ab. Das motorische Feld des Ergreifens inklusive der virtuellen Form der Beute projiziert sich auf den Raum um das Tier herum (vgl. *Abb. 11*). Diese virtuelle Form wird realisiert, wenn sich ein ihr hinreichend entsprechendes Wesen dem Räuber nähert: Die Beute wird wahrgenommen und die Fang-Chreode eingeleitet. Theoretisch gesehen könnte das motorische Feld Einfluß nehmen auf Wahrscheinlichkeitsereignisse in einem oder auch in allen Systemen, die es in sich schließt, inklusive Sinnesorgane, Muskeln und die Beute selber. In den meisten Fällen scheint sein Einfluß jedoch auf die Veränderung der Wahrscheinlichkeitsereignisse im Zentralnervensystem beschränkt zu sein, von wo die Bewegungen des Tieres auf das Erreichen der Endform ausgerichtet werden, in diesem Falle, das Ergreifen der Beute.

9.7 Motorische Felder und Sinneswahrnehmung

Durch morphische Resonanz gerät ein Tier unter den Einfluß spezifischer motorischer Felder und zwar aufgrund seiner charakteristischen Baustruktur und der Schwingungsmuster in seinem Körper. Diese Muster lassen sich durch Änderungen innerhalb seines Körpers und durch Umwelteinflüsse modifizieren.

Wenn verschiedene Reize die gleichen Änderungen im Tier hervorrufen würden, dann hieße das, daß dieselben motorischen Felder angesprochen würden. Das scheint bei einzelligen Organismen tatsächlich der Fall zu sein. Sie zeigen nämlich dieselbe Vermeidungsreaktion auf eine Vielzahl physikalischer wie chemischer Reize, die wahrscheinlich alle ähnliche Wirkungen auf den physikochemischen Zustand der Zelle haben, beispielsweise eine Permeabilitätsänderung der Zellenmembran für Ca^{++} oder andere Ionen.

Bei einfach gebauten Vielzellern mit relativ geringer sensorischer Spezialisierung ist die Reaktionsbreite auf Reize nicht viel größer als bei Einzellern. *Hydra* beispielsweise zeigt die gleichen Vermeidungsreaktionen auf viele verschiedene physikalische wie chemische Reize. Sie reagiert auf Objekte wie Nahrungspartikel aber nur über mechanischen Kontakt. Wie bei bestimmten Einzellern läßt sich ihre Reaktion auf feste Objekte jedoch auch durch chemische Reize verändern. Das beweist ein einfaches Experiment. Wenn den Tentakeln einer hungrigen Hydra kleine Stückchen Filterpapier geboten werden, entsteht keine Reaktion; jedoch in Fleischsaft getränkt, werden sie von den Tentakeln zur Mundöffnung geführt und verschlungen[22].

Im Gegensatz dazu können Tiere, deren Augen objektgetreu abbilden, Objekte wahrnehmen, die noch weit entfernt sind. Folglich projizieren sich die motorischen Felder viel weiter nach außen in die Umgebung, wodurch die Reichweite bzw. der Wirkungsbereich des Verhaltens der Tiere enorm zunimmt. In ähnlicher Weise macht es der Hörsinn möglich, entfernt gelegene Objekte wahrzunehmen, und erlaubt so eine Ausdehnung des räumlichen Wirkungskreises der motorischen Felder selbst in Bereiche, wo die optische Wahrnehmung versagt. Bei einigen Tieren, am bemerkenswertesten bei Fledermäusen, hat dieser Sinn als Basis der ausgedehnten motorischen Felder den Gesichtssinn ersetzt. Und bei ein paar im Wasser lebenden Arten, wie dem elektrischen Zitterrochen und dem elektrischen Wels, nehmen spezialisierte Sinneszellen Änderungen im elektrischen Feld wahr, das durch Strompulse aus ihren elektrischen Organen um sie herum aufgebaut ist. Dieser Sinn befähigt sie, Beute und andere Objekte in den schlammigen Tropengewässern, in denen sie leben, zu lokalisieren.

Wenn Tiere sich bewegen, ändern sich auch die Sinnesreize, sowohl aus dem Körper wie aus der Umgebung, als Folge ihrer eigenen Bewegungen. Die sich daraus ergebende fortwährende Rückmeldung spielt eine entscheidende Rolle bei der Bewegungskoordination durch ihre motorischen Felder.

Motorische Felder sind wie morphogenetische Felder Wahrscheinlichkeitsstrukturen, die durch morphische Resonanz aufgrund ihrer dreidimensionalen Schwingungsmuster mit physikalischen Systemen in Verbindung treten. Daher ist es von fundamentaler Bedeutung, daß alle Sinneseindrücke im Nervensystem in raum-zeitliche Aktivitätsmuster übersetzt werden. Berührungsreize wirken auf bestimmte Teile des Körpers, über spezifische Nervenbahnen werden die in ihnen enthaltenen Informationen zum Gehirn geleitet und dort den Reizorten analog »abgebildet«. Optische Eindrücke auf der Retina führen zu räumlichen Aktivitätsmustern im Sehzentrum der Großhirnrinde, die den Mustern der Bildeindrücke entsprechen. Und obwohl Geruchs-, Geschmacks- und Hörreize nicht unmittelbar räumlich wirken, so sind doch die Nerven, die durch sie über die entsprechenden Sinnesorgane erregt werden, in spezifischer Weise angeordnet; Impulse laufen über diese Nerven ins Zentralnervensystem, wo sie charakteristische Erregungsmuster aufbauen.

So ungefähr darf man sich die charakteristische raum-zeitliche Wirkung auf bestimmte Reize und Reizkombinationen vorstellen. Die dynamischen Aktivitätsmuster bringen das Nervensystem in morphische Resonanz mit ähnlichen Nervensystemen vorangegangener Tiere in änhlichem Zustand und somit unter den Einfluß bestimmter motorischer Felder.

9.8 Regulation und Regeneration

Unter dem Einfluß motorischer wie auch morphogenetischer Felder streben Systeme ihren charakteristischen Endformen zu, indem diese Felder gewöhnlich eine Serie von Bewegungen in einer bestimmten Abfolge auslösen. Die Zwischenstadien werden durch morphische Resonanz stabilisiert, d. h. sie sind Chreoden. Chreoden stellen ja einfach die wahrscheinlichsten Wege zur Erreichung der Endformen dar. Wenn aber der normale Weg blockiert ist, oder wenn das System aus irgendeinem Grunde von ihm abgewichen ist, kann die gleiche Endform auf andere Weise erreicht werden (Kap. 4.1), und zwar, indem sich das System reguliert. Wenn auch nicht alle, so sind doch viele morphogenetische und motorische Systeme zur Regulation befähigt.

Regulation geschieht unter dem Einfluß motorischer Felder auf allen Hierarchieebenen. Wenn beispielsweise ein paar Muskeln oder Nerven im Bein eines Hundes verletzt sind, dann wird ihr Ausfall durch die Tätigkeit der anderen Muskeln so ausgeglichen, daß das Bein wieder normal funktioniert. Selbst wenn ein Bein amputiert ist, ändern sich die Bewegungsmuster der verbleibenden Beine so, daß der Hund, zwar humpelnd, aber dennoch laufen kann. Wenn Teile seiner Großhirnrinde verletzt sind, können selbst diese Störungen nach einiger Zeit mehr oder weniger vollständig wieder ausgeglichen werden. Und wenn er erblindet ist, nimmt seine Fähigkeit umherzulaufen, in dem Maße allmählich wieder zu, wie er es lernt, sich auf seine verbleibenden Sinne zu verlassen. Wenn schließlich sein gewohnter Weg nach Hause, zu seinem Futter oder seinen Jungen versperrt ist, ändert sich die gewohnheitsmäßige Abfolge seiner Bewegungen so, bis er einen neuen Weg zu seinem Ziel gefunden hat.

Eine der Regeneration entsprechende Verhaltensweise tritt dann auf, wenn eine Chreode nach Verwirklichung ihrer Endform zerstört wird. Man denke hier beispielsweise an eine Katze, die eine Maus gefangen und damit den Endpunkt der Fang-Chreode erreicht hat. Wenn die Maus ihren Krallen entkommen ist, dann sind die Bewegungen der Katze darauf gerichtet, sie wieder zu fangen.

Aus all den Beispielen von »Verhaltensregeneration« wird die Homologie mit morphogenetischer Regeneration am deutlichsten im »morphogenetischen Verhalten« sichtbar, das charakteristische Strukturen eigentlich erst hervorbringt. Einige Fälle sind bekannt, in denen Tiere diese Strukturen reparieren, nachdem sie zerstört worden sind. Bei Sandwespen ist beispielsweise beobachtet worden, daß sie Löcher, die experimentell in die Wände ihrer »Tönnchen« gemacht wurden, wieder zustopfen; dies geschieht manchmal durch Handlungsweisen, die normalerweise, wenn die »Tönnchen« einmal fertiggestellt sind, nicht mehr beobachtet werden[23]. Bei Termiten werden Schäden an den Nestern und Gängen durch kooperative und koordinierte Handlungsweisen vieler einzelner Insekten repariert[24].

Handlungen solcherart sind gelegentlich auch als Beweis für Intelligenzleistungen angesehen worden, denn normalerweise verhalten sich

Tiere nach einem starr festgelegten Instinktmuster und sind nicht in der Lage, sich flexibel auf ungewöhnliche Situationen einzustellen[25]. In gleicher Weise ließe sich dann jedoch auch die Regulation bei Seeigel-Embryonen und die Regeneration bei Strudelwürmern als Intelligenzleistung bezeichnen. Doch diese Ausweitung psychologischer Terminologie würde im Endeffekt mehr verwirren als nützen. Vom Standpunkt der Hypothese formbildender Verursachung lassen sich solche Ähnlichkeiten zwar auch erkennen, werden aber genau andersherum interpretiert. Vor dem Hintergrund morphogenetischer Regulation und Regeneration macht die Fähigkeit von Tieren, Verhaltensendziele auf ungewöhnliche Art und Weise zu erreichen, nicht die Annahme grundsätzlich neuer Erklärungsansätze nötig. Wenn bei höheren Tieren bestimmte Verhaltenstypen nicht mehr Standardchreoden folgen – man bedenke, daß Verhaltensregulation eigentlich mehr die Regel als die Ausnahme ist –, dann läßt sich diese Flexibilität als eine Ausdehnung der Möglichkeiten betrachten, die naturgemäß morphogenetischen und motorischen Feldern innewohnen.

10 Instinkt und Lernen

10.1 Der Einfluß vergangenen Verhaltens

Motorische Felder werden wie die morphogenetischen Felder durch morphische Resonanz von früheren ähnlichen Systemen bestimmt. Die Feinstruktur eines Tieres und die Muster der Schwingungsaktivitäten in seinem Nervensystem werden *sich selbst* gewöhnlich mehr ähneln als jedem anderen Tier. Die spezifischste morphische Resonanz, der das Tier ausgesetzt ist, wird also diejenige aus seiner eigenen Vergangenheit sein (vgl. 6.5). Die nächstspezifische Resonanz geht von genetisch ähnlichen Tieren aus, die in derselben Umgebung lebten, und die am wenigsten spezifische Resonanz von Tieren anderer Rassen, die in unterschiedlichen Umgebungen lebten. Bezogen auf unser chreodisches Talmodell (vgl. *Abb. 5*) bedeutet dies, daß die letztgenannte Resonanz den ungefähren Umriß des Tals stabilisiert, während die spezifischere Resonanz die Topologie des Talgrundes in ihren Einzelheiten bestimmt.

Die »Konturen« des chreodischen Tales hängen davon ab, bis zu welchem Grad sich ähnliche Tiere derselben Rasse oder Art ähnlich verhalten. Lassen ihre Bewegungsmuster wenige Variationen erkennen, wird die morphische Resonanz zu tiefeingeschnittenen engen Chreoden führen, die als steilwandige Täler dargestellt sind *(Abb. 27A)*. Diese üben einen stark kanalisierenden Effekt auf das Verhalten nachfolgender Individuen aus, die somit dazu neigen, sich in sehr ähnlicher Weise zu verhalten. Unveränderliche Bewegungsmuster, die von solchen Chreoden auf niederer Ebene zustande gebracht wurden, erscheinen als Reflexe und auf höheren Ebenen als Instinkte.

Erreichen dagegen ähnliche Tiere die Zielformen ihrer motorischen Felder durch unterschiedliche Bewegungsmuster, sind die Chreoden weniger klar bestimmt *(Abb. 27B);* hier wird es deshalb für individuelle Verhaltensunterschiede mehr Spielraum geben. Hat aber ein bestimmtes Tier einmal das Verhaltensziel auf seinem eigenen Weg gefunden, wird sein künftiges Verhalten in gleicher Weise durch morphische Resonanz von seinen eigenen vergangenen Zuständen kanalisiert werden; und je häufiger diese Aktionen wiederholt werden, um so stärker wird die Kanalisierung sein. Dies bedeutet, daß solche charakteristischen individuellen Chreoden Gewohnheiten sind.

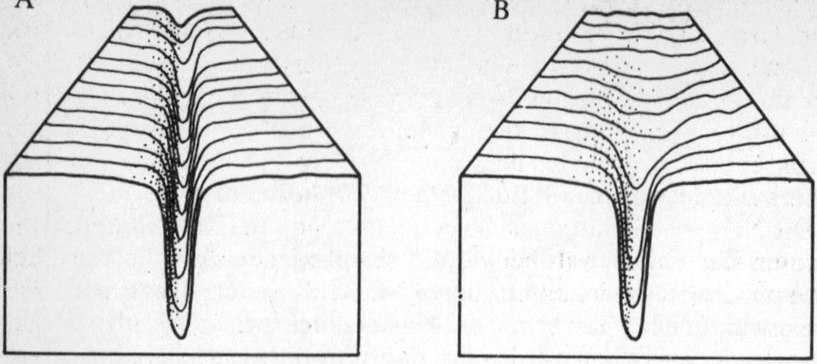

Abb. 27 Darstellung einer tiefkanalisierten Chreode (A) und einer im Anfangsstadium schwach kanalisierten Chreode (B).

Aus der Sicht der Hypothese der formbildenden Verursachung ist der Unterschied zwischen Instinkt und Gewohnheit somit nur ein gradueller: Beide beruhen auf morphischer Resonanz; die Instinkte auf der Resonanz zahlloser früherer Individuen derselben Art, die Gewohnheiten vornehmlich auf der Resonanz vergangener Zustände desselben Individuums.

Damit ist nicht gesagt, daß Reflexe und Instinkte nicht von einem stark spezifizierten morphologischen Muster des Nervensystems abhängen. Dies ist ganz offensichtlich der Fall. Und es soll auch nicht behauptet werden, daß im Verlaufe von Lernprozessen im Nervensystem keine physikalischen oder chemischen Veränderungen auftreten, welche die Wiederholung von Bewegungsmustern erleichtern. Vielleicht ist bei einfachen, stereotype Funktionen ausführenden Nervensystemen das Potential für solche Veränderungen bereits in das »Leitungsnetz« so »eingebaut«, daß ein Lernprozeß quasi-mechanisch stattfindet. So weiß man beispielsweise von der Struktur des Nervensystems der Schnecke *Aplysia*, daß sie bei verschiedenen Individuen bis in die Einzelheiten der Anordnung erregender und hemmender Synapsen auf bestimmten Zellen annähernd identisch sind. Sehr einfache Lernvorgänge laufen in Verbindung mit dem reflexartigen Rückzug der Kiemen in die Mantelhöhle ab, nämlich Gewöhnung an unschädliche Reize und Sensibilisierung für schädliche Reize. Dabei ändern sich die Aktivitäten von bestimmten hemmenden und erregenden Synapsen, die auf die individuellen Nervenzellen einwirken, in klar bestimmbarer Weise[1]. Natürlich stellt die bloße Beschreibung dieser Prozesse noch keine hinreichende Begründung der Veränderungen dar; darüber lassen sich heute nur Vermutungen aufstellen. Eine läuft darauf hinaus, daß die Modifikationen chemischer Natur sind und möglicherweise Veränderungen in der Phosphorylierung von Proteinen beinhalten[2]. Doch die Frage lautet, wie es überhaupt zu dieser weitreichenden Spezialisierung von Struktur und Funktion bei den Nerven und Synapsen kommt. Das Problem verlagert sich in den Bereich der Morphogenese.

Die Nervensysteme von höheren Tieren sind von Individuum zu Individuum viel variabler als bei wirbellosen Tieren, wie zum Beispiel bei *Aplysia*, und sehr viel komplexer. Man weiß nur sehr wenig darüber, wie erworbene Verhaltensmuster erhalten bleiben[3], aber immerhin genug, um mit Sicherheit die simple Erklärung, die auf bestimmte im Nervengewebe speziell angelegte physikalische oder chemische »Spuren« ausweicht, ausscheiden zu können.

Aus zahlreichen Untersuchungen geht hervor, daß erlernte Gewohnheiten bei Säugetieren nach weitgehender Schädigung der Großhirnrinde oder der subkortikalen Gehirnbereiche oft erhalten bleiben. Kommt es dennoch zum Gedächtnisausfall, so hängt dies weniger von der Stelle der Gehirnverletzung ab als vielmehr von der Gesamtmenge des zerstörten Gewebes. Die Ergebnisse von Hunderten von Experimenten faßte K.S. Lashley wie folgt zusammen:

> »Es ist unmöglich, irgendwo im Nervensystem eine isolierte Gedächtnisspur ausfindig zu machen. Bestimmte Bereiche mögen für das Erlernen oder Merken einer bestimmten Aktivität wichtig sein, aber innerhalb dieser Bereiche sind die Teile funktionell gleichwertig.«[4]

Ein vergleichbares Phänomen konnte bei einem wirbellosen Tier, dem Octopus, nachgewiesen werden: Die Beobachtung, daß erlernte Gewohnheiten nach der Zerstörung verschiedener Teile des vertikalen Gehirnlappens weiterbestanden, führte zu dem scheinbar paradoxen Schluß, daß »Gedächtnis überall und eigentlich nirgends ist.«[5]

Aus mechanistischer Sicht müssen diese Feststellungen äußerst verwirrend erscheinen. Man versuchte sie zu erklären, indem man sich vorstellte, »Gedächtnisspuren« seien irgendwie im Gehirn so verteilt, wie man sie in Analogie hierzu von der Informationsspeicherung in Form von Interferenzmustern im Hologramm kennt[6]. Doch bleibt dies nicht mehr als eine vage Spekulation.

Die Hypothese der formbildenden Verursachung erlaubt eine alternative Deutung. In ihrem Licht erscheint die Erhaltung von erlernten Gewohnheiten trotz eines Gehirnschadens weitaus weniger rätselhaft: Die Gewohnheiten beruhen auf motorischen Feldern, die keineswegs im Gehirn gespeichert werden, sondern durch morphische Resonanz direkt von dessen vergangenen Zuständen bestimmt sind.

Die folgenden Abschnitte erörtern einige der Folgerungen der Hypothese der formbildenden Verursachung im Hinblick auf Instinkt und Lernen; Kapitel 11 zeigt dann Möglichkeiten auf, wie Aussagen, die von dieser Hypothese abgeleitet sind, von denen der mechanistischen Theorie auf experimentellem Wege unterschieden werden könnten.

10.2 Instinkt

Bei allen Tieren sind bestimmte Muster motorischer Aktivität eher angeboren als erlernt. Die grundlegendsten sind die der inneren Organe, wie zum Beispiel die des Herzens oder des Darms. Aber auch viele Bewegungsmuster von Gliedern, Flügeln und anderen motorischen Strukturen sind angeboren. Am deutlichsten tritt dies in Erscheinung, wenn sich Tiere gleich nach der Geburt oder nachdem sie geschlüpft sind, sicher bewegen können.

Die Unterscheidung von angeborenem und erlerntem Verhalten fällt nicht immer leicht. Im allgemeinen kann das charakteristische Verhalten, das sich bei jungen, in Isolation aufgewachsenen Tieren zeigt, als angeboren gelten. Andererseits kann das Verhalten, das nur dann auftritt, wenn sie mit anderen Mitgliedern ihrer Art in Verbindung stehen, ebenfalls angeboren sein, doch ist es dann, um zum Ausdruck zu gelangen, auf von anderen Individuen ausgehende Reize angewiesen.

Die Untersuchungen des Instinktverhaltens zahlreicher Tiere hat zu mehreren allgemeinen Schlußfolgerungen geführt, die die klassischen Begriffe der Verhaltensforschung begründeten[7]. Sie lassen sich wie folgt zusammenfassen:

1. Instinkte sind in einer Hierarchie von übereinander geschichteten »Systemen« oder »Zentren« organisiert. Jede einzelne Ebene wird vornehmlich durch ein System der übergeordneten Ebene aktiviert. Das höchste Zentrum jedes Hauptinstinktes kann durch eine Anzahl von Faktoren, darunter Hormone und Sinnesreize aus den Eingeweiden von Tieren, sowie durch Umweltreize beeinflußt werden.

2. Das Verhalten, das sich unter dem Einfluß der Hauptinstinkte einstellt, besteht häufig aus Ketten mehr oder weniger stereotyper Verhaltensmuster, die als *fixierte Verhaltensmuster* bezeichnet werden. Wenn ein solches fixiertes Muster den Endpunkt einer primären oder sekundären Kette von instinktivem Verhalten darstellt, wird es *Endhandlung* genannt. Das Verhalten während einer früheren Phase einer

instinktiven Verhaltenskette, beispielsweise die Nahrungssuche, kann flexiblerer Art sein und wird gewöhnlich *Appetenzverhalten* genannt.

3. Die Aktivierung oder Auslösung jedes Systems setzt einen spezifischen Stimulus voraus. Dieser Reiz oder Auslöser kommt aus dem Tierkörper oder aus der Umgebung. Beim letztgenannten Fall spricht man auch häufig von einem *Signalreiz*. Man nimmt an, daß ein bestimmter Auslöser oder Signalreiz auf einen spezifischen neurosensorischen Mechanismus, den *angeborenen Auslösemechanismus* wirkt, der die Reaktion freisetzt.

Diese Auffassungen stimmen bemerkenswert mit den im vorigen Kapitel entwickelten Vorstellungen der motorischen Felder überein. Die fixierten Handlungsmuster lassen sich als Chreoden verstehen, die angeborenen Auslösemechanismen als die Keimstrukturen der entsprechenden motorischen Felder.

10.3 Signalreize

Die instinktive Reaktion von Tieren auf Signalreize beweist, daß sie bestimmte und wiederholbare Besonderheiten von ihrer Umgebung trennen:

> »Ein Tier reagiert ›blind‹ auf nur einen Teil der gesamten Umweltsituation und läßt dabei andere Teile außer acht, obgleich sie durch seine Sinnesorgane vollkommen aufgenommen werden können... Diese wirksamen Reize lassen sich leicht feststellen, indem man die Reaktion des Tieres auf verschiedene Situationen untersucht, die sich in dem einen oder anderen der möglichen Reize unterscheiden. Es ist weiter zu beobachten, daß selbst wenn ein Sinnesorgan an der Reaktionsauslösung beteiligt ist, nur ein Teil der aufgenommenen Reize tatsächlich wirksam wird. In der Regel stellt eine Instinktreaktion eine Antwort auf nur wenige Reize dar und der größere Teil der Umgebung hat nur wenig oder keinen Einfluß darauf, selbst wenn das Tier einen Sinnesapparat zur Verfügung hat, mit dem es zahlreiche Einzelheiten aufnehmen kann.« (N. Tinbergen)[8].

Die folgenden Beispiele veranschaulichen diese Prinzipien[9]: Die aggressive Reaktion des Stichlingmännchens gegenüber gleichgeschlechtlichen Mitgliedern seiner Art wird während der Fortpflanzungszeit hauptsächlich durch den Signalreiz des roten Bauches ausgelöst; grobe Nachbildungen des Fisches mit roten Bäuchen werden weitaus häufiger angegriffen als korrekte Nachbildungen, die diese Farbgebung nicht aufweisen. Ähnliche Ergebnisse brachten Experimente mit Rotkehlchen: Ein reviersicherndes Männchen bedroht sehr ungenaue Nachbildungen mit roter Brustfärbung oder sogar nur ein Bündel aus roten Federn, spricht aber wesentlich schwächer auf naturgetreue Modelle ohne rote Brustfärbung an.

Junge Enten und Gänse reagieren auf einen sich nähernden Raubvogel entsprechend der Flugsilhouette des Vogels. Untersuchungen mit Pappmodellen haben gezeigt, daß hier das wichtigste Merkmal der kurze Hals ist, wie er für Falken und andere Raubvögel charakteristisch ist. Die Größe und Form von Flügeln und Schwanz sind vergleichsweise unbedeutend.

Bei bestimmten Motten können die Männchen durch Sexualduftstoffe oder Pheromene, die die Weibchen normalerweise produzieren, dazu verleitet werden, daß sie versuchen, sich mit allem, was diese Duftstoffe trägt, zu paaren.

Heuschreckenmännchen der Art *Ephippiger ephippiger* ziehen paarungswillige Weibchen durch Zirpgeräusche an. Die Weibchen werden von den singenden Männchen über eine beträchtliche Distanz angelockt, ignorieren jedoch stumme Männchen in ihrer unmittelbaren Umgebung. Bringt man Männchen auf künstliche Weise durch Verkleben ihrer Flügel zum Verstummen, sind sie unfähig, Weibchen anzulocken.

Hennen eilen auf den Hilferuf ihrer Küken sofort herbei, reagieren aber nicht, wenn sie die Notlage ihrer Jungen nur optisch wahrnehmen, zum Beispiel durch eine schalldichte Glasscheibe.

Nach der Hypothese der formbildenden Verursachung muß ein Identifizierungsakt dieser Signale auf eine morphische Resonanz von früheren ähnlichen Tieren, die vergleichbaren Reizen ausgesetzt wurden, zurückzuführen sein. Aufgrund des Prozesses der automatischen Mittellung wird diese Resonanz nur die gemeinsamen Merkmale der raumzeitlichen Aktivitätsmuster betonen, die von diesen Reizen im Nervensystem ausgelöst werden. Die Folge ist, daß nur bestimmte spezifische Reize von der Umgebung aufgegriffen werden, während andere unbeachtet bleiben. Man denke an die Reize, denen die Henne ausgesetzt ist, deren Küken in Not sind. Nun stelle man sich eine ganze Sammlung von Kükenfotos vor, die Küken in allen möglichen Notsituationen zeigen. Auf den bei Nacht aufgenommenen Fotos wird nichts zu erkennen sein; auf den bei Tageslicht aufgenommenen Bildern werden Küken unterschiedlicher Größe und Form von vorne, von hinten, von der Seite oder von oben zu sehen sein. Die Küken können sich außerdem in der Nähe von anderen Gegenständen aller möglichen Formen und Größen befinden, von diesen vielleicht sogar verdeckt sein. Legt man die Negative all dieser Fotos übereinander, um ein Kompositbild zu erhalten, so wird kein einziges Merkmal eine Verstärkung erfahren. Das Ergebnis wird nur ein verschwommenes Bild sein. Nun stelle man sich eine Reihe von Tonbandaufnahmen vor, die gleichzeitig mit den Fotos gemacht wurden. Sie alle haben Notrufe aufgezeichnet. Bringt man diese Tonaufnahmen zur Deckung, verstärken sie sich gegenseitig und ergeben einen automatisch gemittelten Notruf. Dieses Übereinanderlegen von Fotos und Tonaufzeichnungen steht in Analogie zu der Wirkung der morphischen Resonanz von den Nervensystemen früherer Hennen auf ein späteres Mitglied der Spezies, das die Signalreize eines in Not geratenen Kükens aufnimmt: Die visuellen Reize bewirken keinerlei spezifische Resonanz und rufen, anders als die akustischen Reize, keine instinktive Reaktion hervor, so dramatisch sich die Situation des Kükens für einen menschlichen Beobachter auch darstellen mag.

Diese Beispiele illustrieren ein offenbar allgemeines Prinzip: Die *Gestalt* ist als Signalreiz oft wirkungslos. Vermutlich liegt der Grund darin, daß sie äußerst variabel ist, weil sie von jedem aus anders gesehen wird. Farben dagegen hängen längst nicht so sehr vom Standpunkt des Betrachters ab, Geräusche und Düfte so gut wie gar nicht. Bezeichnenderweise spielen Farben, Geräusche und Duftstoffe als Auslöser von instinktiven Reaktionen eine wichtige Rolle; und in den Fällen, wo die äußere Gestalt zum Instinktauslöser wird, liegt eine gewisse Konstanz des Blickpunkts vor. Junge Vögel zum Beispiel sehen Raubvögel über sich als Silhouette, und sie reagieren tatsächlich auf solche Formen. Und dort, wo Formen oder Muster als Sexualsignalreize dienen, handelt es sich um Werbeverhalten oder »Zurschaustellung«, wobei das Tier eine unveränderte Haltung oder Stellung zu seinem möglichen Partner einnimmt. Das gleiche gilt auch für die Zurschaustellung von Unterwerfungs- und Aggressionsverhalten.

10.4 Lernen

Von Lernen kann man dann sprechen, wenn eine relativ dauerhafte adaptive Verhaltensänderung als Ergebnis früherer Erfahrungen vorliegt. Wir können dabei vier allgemeine Kategorien unterscheiden[10]:

1. Die universellste Kategorie, die sogar bei einzelligen Organismen zu finden ist, ist die Gewöhnung[11]. Sie läßt sich definieren als Reaktionsminderung aufgrund wiederholter Reizung, auf die keinerlei Verstärkung erfolgt. Ein bekanntes Beispiel ist die ausbleibende Alarm- oder Ausweichreaktion auf neue Reize, die als harmlos erkannt werden: Die Tiere gewöhnen sich daran.

Dieses Phänomen ist nicht ohne das Vorhandensein irgendeiner Form von Gedächtnis möglich, die das Wiedererkennen der Reize bei ihrem erneuten Auftreten ermöglicht. Auf der Basis der Hypothese der formbildenden Verursachung läßt sich dieser Identifizierungsvorgang hauptsächlich auf die morphische Resonanz des Organismus mit seinen eigenen vergangenen Zuständen zurückführen, einschließlich jener, die durch neue Sinnesreize hervorgerufen werden. Diese Resonanz ermöglicht die Aufrechterhaltung, ja, die Definition der Identität des Organismus mit sich selbst in der Vergangenheit (Kapitel 6.5). Wiederholte Reize aus der Umgebung, die ohne Verstärkung bleiben, werden Teil des »Hintergrundes« des Organismus. Umgekehrt tritt jedes neue Merkmal der Umgebung deutlich hervor, weil es nicht mit vertrauten Mustern vereinbar ist. Das Tier reagiert gewöhnlich durch Ausweichen oder Alarmreaktion, eben weil die Reize nicht bekannt sind.

Im Falle gewisser stereotyper Reaktionen, so beim reflexartigen Rückzug der Kiemen bei der Schnecke *Aplysia,* kann sich die Gewöhnung auf quasi-mechanische Weise auf der Grundlage bereits bestehender struktureller und biochemischer Spezialisierungen im Nervensystem einstellen (Kapitel 10.1). Diese Spezialisierung ist dann aber von untergeordneter Bedeutung und hat sich wahrscheinlich aus einer Situation entwickelt, bei der die Gewöhnung unmittelbar auf morphischer Resonanz beruhte.

2. Bei allen Tieren treten im Laufe des Wachstums angeborene Muster von motorischer Aktivität in Erscheinung. Während einige gleich mit der erstmaligen Verwirklichung perfekt ausgeführt werden, verbessern sich andere im Lauf der Zeit. Die ersten Flugversuche eines jungen Vogels oder die ersten Gehversuche eines jungen Säugetieres sind anfangs vielleicht nur teilweise erfolgreich, doch nach wiederholten Versuchen werden sie besser. Nicht immer ist eine solche Verbesserung eine Folge fortwährender Übung. In einigen Fällen handelt es sich dabei nur um eine Sache der Reifung, eine Entwicklung, die sich auch bei gelähmten Tieren über einen gewissen Zeitraum verfolgen läßt[12]. Dennoch vervollkommnen sich viele motorische Fähigkeiten in einer Weise, die einem Reifungsprozeß nicht zugeschrieben werden kann.

Aus der Sicht der Hypothese der formbildenden Verursachung läßt sich diese Form des Lernens als Verhaltensregulation deuten. Die morphische Resonanz zahlloser früherer Individuen der Spezies schafft eine automatisch gemittelte Chreode, die die ersten Versuche des Tieres, ein bestimmtes angeborenes Bewegungsmuster auszuführen, lenkt. Diese Normchreode ergibt möglicherweise nur annähernd befriedigende Ergebnisse, was zum Beispiel an den Normabweichungen bei den

Sinnesorganen, dem Nervensystem oder den motorischen Strukturen der Tiere liegen kann. Sobald die Bewegungen ausgeführt werden, bringt die Regulation spontan »Feinabstimmungen« auf die übergreifende Chreode zustande sowie auf die Sekundärchreoden, die ihr unterstellt sind. Mit der wiederholten Ausführung des Verhaltensmusters stabilisieren sich diese »angepaßten« Chreoden durch morphische Resonanz mit den eigenen früheren Zuständen des Tieres.

3. Bei Tieren kann es vorkommen, daß sie auf einen bestimmten Reiz eine Reaktion zeigen, die normalerweise durch einen andersartigen Reiz ausgelöst wird. Dieser Lerntypus tritt auf, wenn der neue Reiz gleichzeitig mit dem ursprünglichen oder unmittelbar davor gegeben wird. Das klassische Beispiel ist der Pawlowsche »Konditionierte Reflex«. Um ein Beispiel zu geben: Hunde sabberten, wenn ihnen Futter vorgesetzt wurde. Dann läutete man mehrere Male gleichzeitig mit der Fütterung eine Glocke. Nach einiger Zeit sonderten die Hunde beim Klang der Glocke Speichel ab, auch wenn kein Futter gereicht wurde.

Ein extremes Beispiel dieses Lerntyps erfolgt beim »Prägen« junger Vögel, insbesondere bei kleinen Enten und Gänsen. Schon kurz nach dem Ausschlüpfen reagieren sie instinktiv auf jeden größeren, sich bewegenden Gegenstand, indem sie ihm folgen. Dieser ist in der Regel die eigene Mutter, aber sie folgen ebenso Pflegemüttern, Menschen und selbst leblosen Objekten, die vor ihnen hergezogen werden. Nach relativ kurzer Zeit erkennen sie die Hauptmerkmale des sich bewegenden Objektes, später die mehr spezifischen. Danach können nur noch die Vögel, Personen oder Objekte dieses Verhalten auslösen, die die Erstprägung vorgenommen haben.

Auf ähnliche Weise lernen Tiere oft die individuellen Merkmale ihrer Partner oder Jungen durch Hören, Riechen oder Berühren zu identifizieren. Die Ausbildung dieser Fähigkeit braucht ihre Zeit: Ein Bläßhuhnpärchen mit soeben geschlüpften Küken füttert auch fremde, die ihren eigenen Jungen gleichen, und nimmt sie sogar dauernd an. Sind ihre Jungen aber schon ungefähr zwei Wochen alt, erkennen sie diese individuell und akzeptieren von nun an keine fremden Individuen, auch wenn sie noch so ähnlich aussehen[13].

Ein vergleichbarer Vorgang dürfte bei der Erkennung bestimmter Plätze vorliegen, beispielsweise von Nistplätzen, mit Hilfe von Orientierungspunkten und anderen, mit diesen verbundenen Merkmalen. Es scheint sogar, daß dieser Lerntypus für die Entfaltung des visuellen Erkennungsvermögens generell eine wichtige Rolle spielt. Da die von einem Objekt ausgehenden Signale sich je nach dem Blickwinkel des Betrachters unterscheiden, muß das Tier lernen, daß sie alle auf dasselbe Objekt zu beziehen sind. Ebenso wird das Tier gewöhnlich den Zusammenhang verschiedener Arten von Sinnesreizen lernen müssen, die von demselben Objekt ausgehen: optische, akustische und taktile Reize, sowie Geruchs- und Geschmacksreize.

Wenn der neue und der ursprüngliche Reiz gleichzeitig aufgenommen wird, scheint die Erklärung naheliegend, daß die verschiedenen Muster der physikochemischen Veränderungen, die sie im Gehirn auslösen, aufgrund ständiger Wiederholung nach und nach eine ständige Verbindung eingehen. Zwei Schwierigkeiten aber stehen dieser scheinbar einleuchtenden Erklärung im Wege: Erstens ist es möglich, daß sich der neue Reiz nicht gleichzeitig mit dem gewohnten ereignet, sondern diesem vorausgeht. In diesem Fall scheint die Vermutung zwingend, daß die Reizwirkung eine Weile anhält, so daß sie noch vorhanden ist, wenn der gewohnte Reiz erfolgt. Diese Art von Gedächtnis können wir uns wie ein allmählich ersterbendes Echo vorstellen. Die Existenz eines solchen kurzfristigen Gedächtnisses wurde auch empirisch nachgewiesen[14]; man könnte es als elektrischen Rückkoppelungseffekt im Gehirn beschreiben[15].

Zweitens braucht das assoziative Lernen anscheinend bestimmte Unterbrechungen: es geschieht stunden- oder phasenweise. Der Grund mag darin zu finden sein, daß die Verknüpfung des neuen mit dem ursprünglichen Reiz die Einrichtung eines neuen motorischen Feldes mit sich bringt: Das für die ursprüngliche Reaktion zuständige Feld muß irgendwie erweitert werden, um den neuen Reiz aufnehmen zu können. Was hier geschieht, ist die Bildung einer *Synthese,* mit der eine neue motorische Einheit entsteht. Und eine neue Einheit kann nicht allmählich, sondern nur durch einen plötzlichen »Quantensprung« (oder über eine Folge von Sprüngen) in Erscheinung treten.

4. Ebenso wie Tiere lernen, auf einen bestimmten Reiz zu reagieren, *nachdem* sie ihn empfangen haben, können sie lernen, sich so zu verhalten, daß sie ein Ziel als ein *Ergebnis* ihres Verhaltens erreichen. In der Sprache der behavioristischen Schule geht bei dieser »operativen Konditionierung« dem verstärkenden Reiz die vom Tier »freigesetzte« Reaktion voraus. Die klassischen Beispiele sind die Ratten in den »Skinnerboxen«. Diese Boxen enthalten einen Hebel, welcher bei Betätigung Futter in Form eines Kügelchens freigibt. Nach wiederholten Versuchen lernen Ratten, die Hebelfunktion mit der Belohnung ursächlich zu verknüpfen. Auf ähnliche Weise können sie lernen, einen Hebel zu betätigen, um einem durch Elektroschock bewirkten Schmerzreiz zu entgehen.

Gewöhnlich erscheint die Assoziation eines bestimmten Verhaltensmusters mit einer Belohnung oder Vermeidung von Bestrafung als ein Ergebnis von »Versuch und Irrtum«. Doch hat man bei Primaten, insbesondere bei Schimpansen, eine qualitativ höhere Intelligenzform nachgewiesen. W. Köhler führte vor über 50 Jahren seine weithin bekannten Versuche durch und stellte fest, daß diese Affen Probleme auf »einsichtsvolle« Weise lösen konnten[16]. Beispielsweise setzte er Schimpansen in einen hohen glattwandigen Raum, von dessen Decke ein Bund reifer Bananen in einer für die Schimpansen unerreichbaren Höhe herabhing. Nach etlichen vergeblichen Versuchen, an die Früchte zu gelangen – wobei sie sich aufrichteten und hochsprangen – gaben die Affen diese Möglichkeit auf. Nach einer Weile blickte der eine oder andere Affe zunächst auf die paar Holzkisten, die zu Beginn des Experimentes in den Raum gestellt worden waren, dann auf die Bananen. Dann schob ein Affe eine der Kisten darunter und stellte sich darauf. Dies brachte ihn noch nicht auf die erforderliche Höhe, also holte er eine zweite Kiste, die er auf die erste stellte. Da auch dies noch nicht reichte, fügte er eine dritte hinzu, stellte sich darauf und ergriff die Früchte.

In der Folge wiesen andere Forscher zahlreiche weitere Beispiele für einsichtiges Lernen nach: So lernten Schimpansen, Futter, das, für sie unerreichbar, außerhalb ihres Käfigs ausgelegt wurde, mit Hilfe von Stöcken heranzuziehen. Dies gelang ihnen rascher, wenn man ihnen Tage zuvor die Gelegenheit gab, mit den Stöcken zu spielen. In dieser Zeit lernten sie, die Stöcke als funktionelle Verlängerungen ihrer Arme zu gebrauchen. Der Gebrauch der Stöcke in der Absicht, sich das Futter zu verschaffen, war also Ausdruck der »Integration motorischer Komponenten, die während früherer Erfahrungen erworben wurden, zu neuen und zweckmäßigen Verhaltensmustern.«[17]

In beiden Fällen, beim Lernen durch »Versuch und Irrtum« und durch »Einsicht«, werden bestehende Chreoden in neue motorische Felder einer höheren Ordnung integriert. Diese Synthese ist nur durch plötzliche »Sprünge« möglich. Erweisen sich die neuen Verhaltensmuster als erfolgreich, werden sie wiederholt. Die neuen motorischen Felder erfahren ihre Stabilisierung durch morphische Resonanz in dem Maße, wie das erlernte Verhalten zur Gewohnheit wird.

10.5 Angeborene Lerntendenzen

Der Ursprung des Lernens kann etwas Absolutes sein: Ein neues motorisches Feld kann nicht nur in der Lebensgeschichte eines Individuums ein Novum sein, es kann auch zum ersten Mal überhaupt auftreten. Andererseits kann ein Tier auch etwas lernen, das andere Artgenossen bereits in der Vergangenheit erlernt haben. In diesem Falle ist es gut möglich, daß das Auftreten des entsprechenden motorischen Feldes durch morphische Resonanz früherer ähnlicher Systeme gefördert wird. Wenn ein motorisches Feld durch Wiederholung in vielen Individuen nach und nach etabliert wird, wird der Lernprozeß vermutlich zunehmend leichter: Es liegt dann eine starke innere Disposition zum Erwerb dieses bestimmten Verhaltensmusters vor.

Erlerntes Verhalten, das sehr oft wiederholt wird, hat die Tendenz, halb-instinktiv zu werden. Ein umgekehrter Prozeß kann instinktives Verhalten zu einem halb-erlernten umformen. Besonders deutlich wird der letztgenannte Fall eines schrittweisen Überganges von instinktivem zu erlerntem Verhalten am Beispiel des Vogelgesanges[18]. Bei einigen Arten, zum Beispiel bei der Ringeltaube und beim Kuckuck, ist das Gesangsmuster beinahe vollständig angeboren und variiert von Vogel zu Vogel nur geringfügig. Bei anderen Arten aber, etwa beim Buchfink, hat der Gesang seine für die Art typischen Charakteristika, unterscheidet sich jedoch von Individuum zu Individuum in seinen Einzelheiten. Diese Unterschiede sind für andere Individuen erkennbar und für das Familien- und Sozialleben des Vogels von großer Bedeutung. Vögel, die in Isolation aufgezogen werden, entwickeln vereinfachte Versionen, ohne individuelle Merkmale erkennen zu lassen, was beweist, daß der Gesang in seinem eigentlichen Muster angeboren ist. Unter Normalbedingungen jedoch entwickeln und vervollkommnen sie ihren Gesang, indem sie andere Vögel ihrer Art nachahmen. Sehr viel weiter geht hier zum Beispiel die Spottdrossel, die Gesangselemente von anderen Vogelarten übernimmt. Und von anderen Vögeln, insbesondere vom Papagei, ist uns bekannt, daß sie unter den künstlichen Bedingungen der Gefangenschaft oft sogar ihre menschlichen Pflegeeltern imitieren.

Bei Arten, deren Gesang nahezu vollständig angeboren ist, ist das Fehlen individueller Ausprägung sowohl Folge als auch Ursache der klar bestimmten und hochgradig stabilisierten motorischen Chreoden *(Abb. 27A)*: Je häufiger das gleiche Bewegungsmuster wiederholt wird, desto größer wird seine Tendenz zur künftigen Wiederholung sein. Bei anderen Arten mit individueller Ausprägung des Gesangs haben wir es mit einer morphischen Resonanz zu tun, die weniger klar definierte Chreoden ergibt *(Abb. 27B)*: Die allgemeine Struktur der Chreoden wird durch den Prozeß des automatischen Mittelns aufgebaut, die detaillierte Struktur hängt jedoch vom Individuum ab. Die Bewegungsmuster, die es ausführt, wenn es zu singen beginnt, haben Einfluß auf seinen späteren Gesang. Der Grund dafür liegt in der Spezifizierung der morphischen Resonanz seiner eigenen früheren Zustände. Mit der Wiederholung wird sein charakteristisches Gesangsmuster zur Gewohnheit, während sich seine individuellen Chreoden vertiefen und stabilisieren.

11 Vererbung und Evolution des Verhaltens

11.1 Die Vererbung des Verhaltens

Nach der Hypothese der formbildenden Verursachung beruht die Vererbung des Verhaltens *sowohl* auf genetischer Vererbung *als auch* auf den morphogenetischen Feldern, die die Entwicklung des Nervensystems und des ganzen Lebewesens kontrollieren, *als auch* auf den motorischen Feldern, die aufgrund von morphischer Resonanz von Vorfahren aufgebaut wurden. Im Gegensatz dazu besagt die konventionelle Theorie, daß angeborenes Verhalten in der DNS programmiert ist.

Es wurden relativ wenige Versuche über die Vererbung von Verhaltensformen angestellt, wahrscheinlich wegen der Schwierigkeit, diese in quantitativer Weise auszudrücken. Immerhin gibt es verschiedene Ansätze: Bei Experimenten mit Ratten und Mäusen wurde anhand ihrer Laufgeschwindigkeit in »Tretmühlen« Verhalten »gemessen«; in weiteren Versuchen maß man Häufigkeit und Dauer von sexueller Aktivität, die Menge der Kotabgabe (soundso viele Kotballen, abgelegt in einem bestimmten Areal innerhalb eines bestimmten Zeitraums); außerdem Lernfähigkeit in Labyrinthversuchen und Empfindlichkeit gegenüber starken akustischen Streßreizen. Eine erbliche Komponente bei diesen Verhaltensformen wurde durch die Zucht von Tieren größerer oder geringerer Lernfähigkeit aufgezeigt: Die Nachkommenschaft zeigt die Tendenz, ähnliche Ergebnisse wie ihre Eltern zu erzielen[1]. Das Problem bei Untersuchungen dieser Art ist, daß sie sehr wenig Aussagekraft über die Vererbung von Verhaltens*mustern* haben, und daß die Ergebnisse wegen der Vielzahl der hineinspielenden Faktoren schwer zu interpretieren sind. Beispielsweise kann eine niedrigere Geschwindigkeit in dem Tretrad oder eine verringerte Paarungsfrequenz einfach auf eine allgemeine Vitalitätsverringerung zurückzuführen sein z.B. als Folge einer erbbedingten Stoffwechselschwäche.

In einigen Fällen sind die Ursachen für genetische Verhaltensänderungen sehr ausführlich untersucht worden. Bei den Nematoden *Caenorhabditis* zeigen bestimmte Mutanten, die sich abnorm bewegen, strukturelle Veränderungen im Nervensystem[2]. Bei *Drosophila* gibt es einige Verhaltensmutanten, die keine normalen Reaktionen auf Lichtreize zeigen. Es wurde festgestellt, daß bei diesen Mutanten die Photorezeptoren oder die peripheren Photoneuronen in Mitleidenschaft gezogen sind[3]. Eine Reihe von Mäusemutanten, bei denen die Morphogenese des Nervensystems gestört ist, weist Schädigungen ganzer Gehirnregionen auf. Beim Menschen sind einige genetische Veränderungen des Nervensystems mit abnormem Verhalten verknüpft, z.B. beim Down-Syndrom, einer Mongolismusvariante. Verhalten kann auch durch erbbedingte physiologische und biochemische Defekte beeinträchtigt werden. Beispielsweise entsteht beim Menschen Phenylketonurie mit dem Symptom geistiger Retardierung, wenn das Enzym Phenylalaninhydroxylase fehlt.

Die Tatsache, daß angeborenes Verhalten durch genetisch bedingte Veränderungen in der Struktur und Funktion von Sinnesorganen, Nervensystem usw. beeinflußbar ist, beweist natürlich nicht, daß sich seine Vererbung allein aus genetischen Faktoren erklären läßt. Sie zeigt zunächst nur, daß ein normal funktionierender Körper für normales Verhalten notwendig ist. Denken wir noch einmal an die Radioanalogie: Veränderungen innerhalb des Apparates beeinträchtigen wohl seine Funktionsfähigkeit; das beweist jedoch nicht, daß der Ursprung der Musik, die aus den Lautsprechern ertönt, im Innern des Apparates selbst liegt.

Im Bereich des Verhaltens mögen biochemische, physiologische und anatomische Veränderungen das Sichtbarwerden von zugrundeliegenden »Keim«-strukturen verhindern und somit das Ausfallen ganzer motorischer Felder bewirken; oder diese Veränderungen könnten zumindest verschiedene quantitativ faßbare Effekte auf Bewegungen haben, die durch solche motorischen Felder gesteuert werden. In der Tat zeigen solche Untersuchungen, die sich mit der Vererbung fester Verhaltensmuster befassen, daß »sich ohne Schwierigkeiten Veränderungen finden lassen, die einen Handlungsablauf in abgeschwächter Ausprägung bewirken, bei denen aber die Aktionseinheit des Verhaltensablaufes entweder klar erkennbar bleibt oder überhaupt keine Reaktion mehr auftritt«[4].

Die Vererbung motorischer Felder ist vermutlich auf all die Faktoren angewiesen, die bereits in Verbindung mit der Vererbung morphogenetischer Felder diskutiert wurden (Kap. 7). So hängt bei Hybriden zweier Rassen oder Arten die Dominanz des einen motorischen Feldes über das andere wahrscheinlich von der relativen Stärke der morphischen Resonanz beider Parentaltypen ab (siehe *Abb. 19*). Wenn eine der beiden zu einer stabilen etablierten Rasse oder Art gehört, die andere aber relativ neu und mit einer kleinen Population vertreten ist, könnte man erwarten, daß das motorische Feld der älteren Form dominiert. Wenn dagegen beide Parentalrassen oder -arten ungefähr gleich gut etabliert sind, könnte man Hybride mit Merkmalen beider Elternteile in ungefähr gleich starker Ausprägung erwarten.

Tatsächlich scheint es so zu sein, daß in manchen Fällen die Ergebnisse recht eigenartiger Natur sind, weil die Verhaltensmuster der Parentaltypen miteinander nicht vereinbar sind. Ein Beispiel dafür sind Hybriden aus der Kreuzung zweier Sperlingspapageien. Beide Elternarten bauen ihre Nester aus Blattstreifen, die sie in ähnlicher Weise von Blättern abreißen. Während jedoch die eine Art (Fischers Sperlingspapagei) diese Streifen dann im Schnabel zum Nest transportiert, trägt die andere Art (der Sperlingspapagei mit dem rosafarbenen Kopf) diese Streifen unter den Federn. Die Hybriden reißen ganz normal Streifen von den Blättern ab, verhalten sich dann aber höchst seltsam: Sie stekken die Streifen teilweise unter ihre Federn, teilweise transportieren sie sie im Schnabel, und selbst in diesem Fall stellen sie die unteren Rükkenfedern auf und versuchen, dort etwas hineinzustecken[5].

11.2 Morphische Resonanz und Verhalten: Ein Experiment

In der mechanistischen Biologie wird zwischen angeborenem und erlerntem Verhalten streng getrennt: Ersteres wird verstanden als »genetisch programmiert« oder in der DNS »kodiert«, während das letztere seinen Ursprung in den physikochemischen Veränderungen im Nervensystem hat. Dabei ist kein Weg sichtbar, auf dem solche Veränderungen die DNS spezifisch modifizieren könnten (wie es Lamarcks Theorie erfordern würde). Man hält es deshalb für unmöglich, daß das erlernte Verhalten eines Lebewesens auf seine Nachkommen vererbbar ist (ausgenommen ist dabei natürlich die »kulturelle Vererbung«, bei der die Nachkommen Verhaltensmuster von ihren Eltern erlernen).

Im Gegensatz dazu gibt es bei der Hypothese der formbildenden Verursachung keinen grundsätzlichen Unterschied zwischen angeborenem und erlerntem Verhalten, da beide von motorischen Feldern abhängen, die über morphische Resonanz entstanden sind (Kap. 10.1). Diese Hypothese erlaubt deshalb die Möglichkeit einer Übertragung des erlernten Verhaltens von einem Lebewesen auf ein anderes. Sie führt weiterhin zu nachprüfbaren Vorhersagen, die sich sowohl von denen der orthodoxen Vererbungstheorie als auch vom Lamarckschen Konzept unterscheiden.

Betrachten wir folgendes Experiment: Tiere eines reinrassigen Stammes werden Bedingungen ausgesetzt, unter denen sie lernen, auf einen gegebenen Reiz in charakteristischer Weise zu reagieren. Man läßt sie dieses Verhaltensmuster viele Male wiederholen. Nach unserer Hypothese wird dieses neue motorische Feld durch eine morphische Resonanz verstärkt, die bewirkt, daß das neu erlernte Verhalten des trainierten Tieres in zunehmendem Maße zur Gewohnheit wird. Das neue motorische Feld wird aber auch, wenn auch weniger spezifisch, jedes ähnliche, einem vergleichbaren Stimulus ausgesetzte Tier beeinflussen: Je größer die Zahl der Tiere, die in der Vergangenheit die spezifische Aufgabe erlernt haben, um so leichter ist es für spätere Generationen, diese ebenfalls zu erlernen. Deshalb sollte in einem Experiment dieser Art die Beobachtung möglich sein, daß nicht nur bei direkten Nachkommen von trainierten Tieren die Lerngeschwindigkeit größer ist, sondern auch bei den nachfolgenden Generationen von genetisch ähnlichen Tieren, die auch von untrainierten Tieren abstammen. Diese Voraussage unterscheidet sich von der der Lamarckschen Theorie, nach der nur die Nachkommen trainierter Tiere schneller lernen dürfen. Nach der konventionellen Theorie dürften *weder* die Nachkommen trainierter *noch* untrainierter Tiere eine Erhöhung ihrer Lerngeschwindigkeit aufweisen.

Zusammenfassend läßt sich sagen: Eine größere Lerngeschwindigkeit bei den Nachkommen von sowohl trainierten als auch untrainierten Stämmen würde die Hypothese der formbildenden Verursachung stützen, eine Zunahme nur bei den Nachkommen trainierter Stämme die Lamarcksche Theorie, und keinerlei Erhöhung der Lerngeschwindigkeit entspräche dem orthodoxen Ansatz.

Experimente dieser Art fanden statt. Ihre Ergebnisse stützten die Hypothese der formbildenden Verursachung.

Das erste derartige Experiment begann W. McDougall 1920 in Harvard. Er hoffte, eine gründliche Prüfung der Möglichkeit Lamarckistischer Vererbung vorlegen zu können. Die Versuchstiere waren weiße Ratten des Wistar-Stammes, die unter Laborbedingungen viele Generationen hindurch reinrassig gezüchtet wurden. Sie mußten lernen, aus einem speziell konstruierten Wasserbecken zu entkommen, indem sie zu einem der beiden Durchgänge schwammen, die aus dem Wasser herausführten. Der »falsche« Durchgang war hell erleuchtet, der »richtige« nicht. Wenn die Ratte versuchte, das Wasser über den falschen Durchgang zu verlassen, bekam sie einen elektrischen Schock. Beide

Durchgänge wurden gegenseitig abwechselnd beleuchtet. Die Anzahl der Fehlentscheidungen einer Ratte, bis sie gelernt hatte, das Wasser jeweils über den nicht beleuchteten Durchgang zu verlassen, galt als Maß für ihre Lerngeschwindigkeit:

»Einige Ratten brauchten bis zu 330 Versuche, die ihnen etwa halb soviele elektrische Schocks eintrugen, bis sie lernten, den hell erleuchteten Durchgang zu meiden. Der Lernprozeß lief in allen Fällen auf einen plötzlich erreichten kritischen Punkt zu. Über einen längeren Zeitraum zeigte das Tier eine klar erkennbare Abneigung gegenüber dem hellen Gang; es zögerte häufig davor, wandte sich dann davon ab, oder es nahm ihn mit verzweifelter Eile; weil es jedoch die konstante Beziehung zwischen hellem Licht und elektrischem Schock nicht erkannt hatte, wählte es den hellen Weg fast genauso oft wie den anderen. Danach kam schließlich ein Punkt im Trainigsprogramm, an dem das Tier sich beim Anblick des hellen Lichts entschieden und endgültig abwandte, den anderen Ausgang suchte und ruhig durch den dunklen Ausgang hinauslief. Nach diesem Punkt begingen die Tiere nur noch ganz selten den Fehler, den hellen Gang zu benutzen«[6].

In jeder Generation wurden die Ratten, die zur Weiterzucht genommen werden sollten, aufs Geratewohl ausgewählt, *bevor* ihre Lerngeschwindigkeit gemessen wurde. Die Paarung fand dann erst nach dem Test statt. Dieses Verfahren wurde gewählt, um die Möglichkeit bewußter oder unbewußter Wahl schneller lernender Ratten auszuschließen.

Dieses Experiment wurde über 32 Generationen fortgesetzt und dauerte bis zu seiner Beendigung 15 Jahre. In Übereinstimmung mit Lamarcks Theorie stellte sich die deutliche Tendenz heraus, daß Ratten aufeinanderfolgender Generationen zunehmend schneller lernten. Das läßt sich aus der durchschnittlichen Anzahl von Fehlversuchen ablesen, die die Ratten in den ersten 8 Generationen machten, nämlich über 56, während in der 2., 3. und 4. Gruppe von je 8 Generationen die Anzahl der Fehlversuche bei durchschnittlich 41, 29 und 20 lag[7]. Dieser Unterschied zeigte sich nicht nur in den quantitativen Ergebnissen, sondern auch im tatsächlichen Verhalten der Ratten, die in den späteren Generationen vorsichtiger wurden[8].

McDougall nahm die Kritik vorweg, daß sich trotz seiner Zufallsauswahl von Eltern aus jeder Generation irgendeine Selektion zugunsten der schneller lernenden Ratten eingeschlichen haben könnte. Um diese Möglichkeit zu untersuchen, begann er ein neues Experiment mit einer anderen Gruppe von Ratten, wobei jetzt die Eltern tatsächlich nach ihrer Lerngeschwindigkeit ausgewählt wurden. In einer Serie wurden nur die am schnellsten lernenden zur Weiterzucht benutzt, in einer anderen nur die langsamsten. Wie erwartet, lernte die Nachkommenschaft der schnell Lernenden auch relativ schnell, die Nachkommenschaft der langsam Lernenden relativ langsam. Aber sogar in dieser letzteren Serie verbesserte sich die Lerngeschwindigkeit deutlich in den späteren Generationen – trotz der wiederholten Auswahl der langsam Lernenden *(Abb. 28)*.

Diese Experimente wurden sorgfältig durchgeführt, und Kritiker konnten die Ergebnisse nicht etwa unter Hinweis auf technische Fehler zurückweisen. Sie lenkten jedoch die Aufmerksamkeit auf eine Schwäche des Experimentalentwurfes: McDougall hatte versäumt, die Veränderungen in der Lerngeschwindigkeit von Ratten, deren Eltern überhaupt nicht trainiert worden waren, systematisch zu messen.

Einer dieser Kritiker, F.A.E. Crew aus Edinburgh, wiederholte McDougalls Experiment mit Ratten desselben reinrassigen Stammes, wobei er ein Wasserbecken ähnlicher Konstruktion benutzte. Er schloß in sein Experiment eine parallele Reihe untrainierter Ratten mit ein, von denen in jeder Generation einige auf ihre Lerngeschwindigkeit untersucht wurden, während andere, die nicht getestet wurden, als Eltern der nächsten Generation dienten. Bei den 18 Generationen, die dieses Experiment umfaßte, fand Crew in keinem der beiden Stämme eine systematische Veränderung der Lerngeschwindigkeit[9]. Dies schien zunächst ernsthafte Zweifel an McDougalls Ergebnissen hervorzurufen. Crews Ergebnisse waren jedoch in 3 wichtigen Aspekten nicht direkt vergleichbar. Zunächst war es aus irgendeinem Grund für seine Ratten viel leichter, die Aufgabe seines Experimentes zu erlernen als für die ersten Generationen von McDougalls Ratten. Dieser Effekt war so ausgeprägt, daß eine beträchtliche Zahl von Ratten von trainierten und untrainierten Stämmen die Aufgabe sofort »lernte«, ohne einen einzigen elektrischen Schock zu erhalten! Die durchschnittliche Fehlerquote von Crews Ratten entsprach von Anfang an der von McDougalls Ratten nach 30 Trainingsgenerationen. Weder Crew noch McDougall waren in der Lage, hierfür eine befriedigende Erklärung zu geben. McDougall wies jedoch darauf hin, nachdem der Sinn dieser Untersuchung darin bestünde, irgendeinen Trainingseffekt auf eine Folge von Generationen an den Tag zu bringen, könne ein Experiment, in dem einige Individuen überhaupt kein Training und andere nur sehr wenig Training erhielten, nicht qualifiziert genug sein, um diesen Effekt zu beweisen[10]. Zweitens zeigten Crews Ergebnisse große, anscheinend zufällige Schwankungen von Generation zu Generation, die sehr viel größer

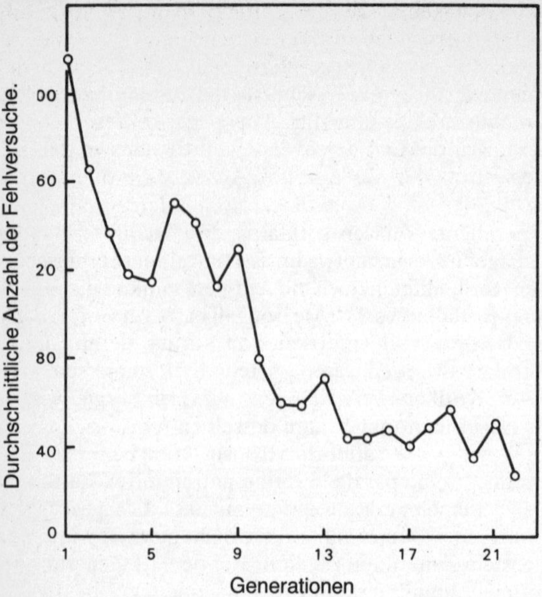

Abb. 28 Ungefähre Zahl von Fehlversuchen in aufeinanderfolgenden Generationen von Ratten, die in jeder Generation auf ihre langsame Lerngeschwindigkeit hin ausgewählt wurden (Daten nach McDougall, 1938)

als die in McDougalls Versuchsergebnissen waren und durchaus eine vielleicht vorhandene Tendenz zu besseren Ergebnissen bei späteren Generationen überdeckt haben könnten. Drittens benutzte Crew eine Methode sehr strenger Inzucht, indem er nur Brüder mit ihren Schwestern aus jeder Generation kreuzte. Er hatte nicht erwartet, daß dies eine entgegengesetzte Wirkung haben könnte, da die Ratten ja ohnehin aus einem Inzuchtstamm kamen:

»Aber die Geschichte meines Stammes liest sich wie ein Inzuchtexperiment. Es gibt eine breite Basis von Familienlinien und einen schmalen Gipfel mit nur zwei übriggebliebenen Linien. Die Fortpflanzungsrate sinkt, und eine Linie nach der anderen stirbt aus«[11].

Sogar in den überlebenden Reihen wurde eine bedeutende Anzahl von Tieren mit so extremen Abnormitäten geboren, daß sie ausscheiden mußten. Diese negativen Wirkungen von strenger Inzucht könnten sehr wohl jede Tendenz zur Verbesserung der Lernfähigkeit verborgen haben. Insgesamt können wegen dieser Mängel die Ergebnisse in Crews Experiment als nicht beweiskräftig genug angesehen werden. Auch Crew selbst war der Meinung, daß die Frage offen blieb[12].

Glücklicherweise ist dies noch nicht das Ende der Geschichte. Das Experiment wurde von W.E. Agar und seinen Mitarbeitern in Melbourne mit Methoden wiederholt, die nicht die Mängel von Crews Versuch aufwiesen. Über einen Zeitraum von 20 Jahren hin wurde die Lerngeschwindigkeit von trainierten und untrainierten Stämmen 50 Generationen hindurch gemessen. In Übereinstimmung mit McDougall stellte man eine deutliche Tendenz zu schnellerem Lernen bei den nachfolgenden Generationen trainierter Ratten fest. *Zu genau demselben Ergebnis kam man allerdings auch bei den untrainierten Reihen*[13].

Es mag verwundern, warum McDougall in seinen eigenen untrainierten Reihen nicht einen ähnlichen Effekt beobachtete. McDougall hatte in der Tat eine solche Beobachtung gemacht. Wenn er auch nur gelegentlich Ratten des untrainierten Stammes testete, so bemerkte er doch »die störende Tatsache, daß die Kontrollgruppen des Stammes aus den Jahren 1926, 1927, 1930 und 1932 eine Verminderung der durchschnittlichen Fehlversuche von 1927 bis 1932 zeigten«. Er hielt dieses Ergebnis für möglicherweise zufällig, fügte jedoch hinzu:

> »Es ist durchaus möglich, daß die sinkende Zahl der durchschnittlichen Fehlversuche im Laufe der Jahre von 1927 bis 1932 auf eine reale Veränderung in der Konstitution des gesamten Stammes zurückzuführen ist, und zwar auf eine positive (in Bezug auf diese spezielle Aufgabe). Ich bin jedoch nicht in der Lage, eine Vermutung über die Natur dieser Verbesserung anzustellen«[14].

Mit der Veröffentlichung des Schlußberichtes durch Agars Gruppe im Jahre 1954 wurde die lange Kontroverse über »McDougall's Lamarck-Experiment« beendet. Die ähnliche Verbesserung bei sowohl trainierten als auch untrainierten Stämmen schloß eine Lamarckistische Interpretation aus. McDougalls *Schlußfolgerung* wurde widerlegt, und damit schien das Thema ausgeschöpft zu sein. Andererseits, seine *Ergebnisse* wurden bestätigt.

Diese Ergebnisse schienen nun völlig unerklärbar. Sie ergaben im Rahmen bekannter Theorien überhaupt keinen Sinn und wurden nicht weiter verfolgt. Sie ergeben jedoch sehr wohl einen Sinn im Lichte der Hypothese der formbildenden Verursachung. Natürlich können sie selbst diese Hypothese nicht *beweisen.* Es ist immer möglich, andere Erklärungen anzugeben, z.B. daß aus nicht bekannten Gründen spätere Generationen von Ratten zunehmend intelligenter werden, unabhängig von einem Training[15].

In zukünftigen Experimenten wäre wohl der unzweideutigste Weg, um die Auswirkungen morphischer Resonanz zu prüfen, wenn man eine große Zahl von Ratten (oder anderen Tieren) eine neue Aufgabe an einem bestimmten Ort erlernen ließe und dann untersuchte, ob ähnliche Ratten dieselbe Aufgabe an einem Hunderte von Kilometern entfernten Ort schneller erlernten. Dabei müßte die Ausgangslerngeschwindigkeit an beiden Orten ungefähr gleich sein. Danach müßte nach der Hypothese der formbildenden Verursachung die Lerngeschwindigkeit zunehmend größer werden, wenn große Gruppen trainiert werden, und eine ähnliche Verbesserung sollte auch bei den Ratten des zweiten Ortes erkennbar sein, obwohl hier nur sehr wenige Ratten trainiert wurden. Es müßten natürlich Vorsichtsmaßregeln getroffen werden, um einen Einfluß bewußter oder unbewußter Befangenheit seitens der Experimentatoren zu vermeiden. Ein Möglichkeit hierfür wäre, daß die Experimentatoren am zweiten Ort die Lerngeschwindigkeit ihrer Ratten bei mehreren *verschiedenen* Aufgaben testen, und zwar in regelmäßigen Intervallen, beispielsweise monatlich. Dann wird am ersten Ort aus der Gruppe von Aufgaben eine willkürlich ausgewählt, in der nun Tausende von Ratten trainiert werden. Auch der Zeitpunkt des Trainingsbeginns könnte willkürlich gewählt werden, beispielsweise 4 Monate nach Beginn der regelmäßigen Tests am zweiten Ort. Den Experimentatoren am zweiten Ort würde weder gesagt, welche Aufgabe gewählt worden ist, noch wann das Training am ersten Ort begonnen hat. Wenn unter solchen Bedingungen bei den Ratten des zweiten Ortes eine deutliche Verbesserung der Lerngeschwindigkeit bezüglich der am ersten Ort gewählten Aufgabe und nach Beginn des dortigen Trainings auftritt, dann würde dieses Ergebnis die Hypothese der formbildenden Verursachung in deutlicher Weise bestätigen.

Ein solcher Effekt könnte eingetreten sein, als Crew und Agars Gruppe das Experiment von McDougall wiederholten. In beiden Fällen lernten ihre Ratten die Aufgabe von Anfang an beträchtlich schneller als die von McDougall zu Beginn seines Experimentes[16].

Wenn das oben vorgeschlagene Experiment durchgeführt würde und positive Ergebnisse ergäbe, würde es nie mehr ganz nachvollziehbar sein, denn im Wiederholungsfall wären die Ratten bereits durch morphische Resonanz von den Ratten des ursprünglichen Experimentes beeinflußt. Um den gleichen Effekt immer wieder demonstrieren zu können, wäre es notwendig, bei jedem Experiment die Trainingsaufgabe oder die Tierart zu wechseln.

11.3 Die Evolution des Verhaltens

Die Untersuchung von Fossilien enthüllt uns die Strukturen von ausgestorbenen Lebewesen, aber so gut wie nichts über ihr Verhalten. Folglich beruhen die meisten Annahmen über die Evolution des Verhaltens nicht auf der Kenntnis der Vergangenheit, sondern nur auf Vergleichen zwischen heute existierenden Arten. So können beispielsweise Theorien über die Evolution des sozialen Verhaltens der Biene aufgestellt werden, indem man bestehende soziale Arten mit allein lebenden und kolonialen Arten vergleicht. Wie überzeugend solche Theorien auch sein mögen, sie können nie mehr als Spekulationen sein[17]. Theorien über die Evolution des Verhaltens hängen außerdem noch von *Vermutungen* darüber ab, auf welche Weise Verhalten vererbt wird, da hierüber so wenig wirklich bekannt ist.

Die mechanistische oder neodarwinistische Theorie nimmt an, daß angeborenes Verhalten in der DNS programmiert oder kodiert ist, und daß neue Verhaltensformen durch zufälligen Mutationen verursacht werden. Dann fördert die natürliche Auslese günstige Mutanten, daraus entwickeln sich Instinkte. Zufällige Mutationen sollen auch die Basis dafür sein, daß Tiere die Fähigkeit zu bestimmten Lernprozessen entwickeln. Und die Tiere, denen diese Fähigkeiten zum Überleben und zur Fortpflanzung dienen, sind durch die natürliche Auslese begünstigt. So entwickelt sich die Lernfähigkeit. Sogar eine Tendenz, daß erlerntes Verhalten angeboren wird, könnte nach dem hypothetischen Baldwin-Effekt zufällige Mutationen zugeschrieben werden: Tiere können auf neue Situationen reagieren, indem sie lernen, sich in angemessener Weise zu verhalten; zufällige Mutationen, die bewirken, daß dieses Verhalten erscheint, ohne daß es erlernt werden muß, wären dann durch die natürliche Selektion begünstigt. So könnte ein Verhalten, das anfangs erlernt wurde, nicht wegen der Vererbung erworbener Charakteristika zu einem angeborenen Verhalten werden, sondern weil sich passende Mutationen einstellten. Es scheint praktisch keine Grenze dafür zu geben, was alles über die Zauberformel der günstigen Mutationen im genetischen Programm des Verhaltens mit eingeschlossen werden kann. Außerdem können diese neodarwinistischen Theorien in mathematischer Form entwickelt werden, und zwar über Berechnungen auf der Basis der theoretischen Populationsgenetik[18]. Weil diese Spekulationen jedoch bislang nicht nachprüfbar sind, haben sie keinen eigentlichen Wert; sie arbeiten lediglich die mechanistischen Annahmen stärker aus, von denen sie ihren Ausgang nehmen.

Die Hypothese der formbildenden Verursachung führt zu sehr verschiedenen Interpretationen der Verhaltensevolution. Wenn genetische Veränderungen das Verhalten beeinflussen, müßte eigentlich auch die natürliche Auslese zu Änderungen im Genpool der Populationen führen. Die spezifischen Verhaltensmuster selbst beruhen aber auf der Vererbung von motorischen Feldern über die morphische Resonanz. Je öfter ein bestimmtes Verhaltensmuster wiederholt wird, um so stärker wird diese Resonanz sein. Deshalb wird die Wiederholung instinktiven Verhaltens die Instinkte mehr und mehr festigen. Wenn andererseits Verhaltensmuster von Individuum zu Individuum variieren, wird die morphische Resonanz keine klar definierten Chreoden produzieren, das Verhalten wird also weniger stereotyp sein, und je größer die Vielfalt der Verhaltensmuster, um so größer wird auch der Spielraum für Veränderungen in zukünftigen Generationen sein. Dieser Evolutionstyp, der in die Richtung der Entstehung von Intelligenz weist, hat in gewissem Maße bei den Vögeln stattgefunden, mehr noch bei den Säugern und am stärksten beim Menschen. In einigen Fällen muß sich ein Verhalten, das halberlernt ist, aus einem Hintergrund entwickelt haben, in dem es vollkommen instinktiv gewesen ist. Das könnte durch Hybridisierung von Rassen mit verschiedenen Chreoden geschehen sein, wodurch zusammengesetzte motorische Felder mit einem größeren Freiraum für individuelle Variationen entstanden sein könnten.

In anderen Fällen könnte sich halb-instinktives Verhalten aus ursprünglich Erlerntem als Ergebnis häufiger Wiederholung entwickelt haben. Denken wir beispielsweise an das Verhalten verschiedener Hunderassen. Schäferhunde sind Generationen lang auf alle zum Schafehüten notwendigen Fähigkeiten hin erzogen und gezüchtet worden, Apportierhunde zum Apportieren, Jagdhunde zum Jagen, Dackel zur Fuchsjagd usw. Hunde zeigen oft eine angeborene Tendenz zu dem charakteristischen Verhalten ihrer Rasse, bevor sie überhaupt trainiert werden[19]. Vielleicht sind diese Tendenzen nicht stark genug, um als Instinkte bezeichnet zu werden; sie zeigen jedoch deutlich genug, daß nur ein gradmäßiger Unterschied besteht zwischen Instinkt und einer erblichen Veranlagung, um besondere Verhaltenstypen zu erlernen. Natürlich haben sich Hunderassen mehr unter künstlichen als unter natürlichen Selektionsbedingungen entwickelt; es scheinen jedoch in beiden Fällen die gleichen Prinzipien anwendbar zu sein.

Während man sich relativ einfach vorstellen kann, wie sich einige instinktive Verhaltensweisen durch Wiederholung von erlerntem Verhalten von Generation zu Generation entwickelt haben könnten, kann dies nicht ohne weiteres für die Entwicklung aller Instinkthandlungen angenommen werden, besonders nicht bei Tieren mit sehr begrenztem Lernvermögen. Möglicherweise entstanden einige neue Instinkthandlungen aus neuen Permutationen und Kombinationen von zuvor existierenden Instinkten; dies könnte durch Hybridisierung zwischen Rassen und Arten mit verschiedenen Verhaltensmustern geschehen sein. Eine andere Möglichkeit für die Entstehung neuer Kombinationen ist die Eingliederung von »Ersatzhandlungen«, das sind offensichtlich bedeutungslose Handlungen, die Tiere ausführen, wenn sie zwischen konträren Instinkten »hin und hergerissen« werden. Bestimmte Elemente der Werbungsrituale könnten gut auf diese Weise entstanden sein[20]. Es ist auch denkbar, daß Mutationen oder die Aussetzung in eine ungewohnte Umgebung ein Tier dazu befähigen, sich auf die motorischen Chreoden anderer Arten »einzustimmen« (vgl. Kap. 8.6.).

Ergänzend zur Rekombination von bereits existierenden Chreoden muß es aber noch eine Möglichkeit für die Entstehung völlig neuer motorischer Felder bei Tieren geben, deren Verhalten fast völlig instinktiv ist. Neue Verhaltensmuster können nur dann entstehen, wenn die normale Wiederholung von angestammtem Verhalten blockiert ist, entweder durch eine Veränderung in der Umgebung oder durch Mutationen, die die normale Physiologie oder Morphologie des Tieres verändern. In den meisten Fällen würde sich das Tier auf unkoordinierte und ineffektive Weise verhalten, gelegentlich könnte aber auch ein neues motorisches Feld entstehen. Immer wenn ein neues Feld das erste Mal in Erscheinung tritt, muß es einen »Sprung« geben, den man in Begriffen von vorherigen energetischen oder formbildenden Ursachen nicht voll erfassen kann (Kap. 5.1, 8.7).

Wenn das über ein neues motorisches Feld entstandene Verhaltensmuster die Fähigkeiten zum Überleben und zur Fortpflanzung schwächt, wird es nicht sehr oft wiederholt werden, denn Tiere, die an diesem Verhalten festhalten, werden durch natürliche Selektion ausgeschieden. Wenn aber Verhaltensmuster für das Überleben und die Fortpflanzung hilfreich sind, so wird eine Tendenz zur immer häufigeren Wiederholung bestehen, was durch morphische Resonanz verstärkt wird. So wird das motorische Feld durch natürliche Selektion begünstigt.

11.4 Menschliches Verhalten

Höher entwickelte Lebewesen verhalten sich oft flexibler als niederentwickelte Tiere. Diese Flexibilität beschränkt sich jedoch auf die ersten Studien eines Handlungsablaufes und ganz besonders auf die anfängliche Appetenzphase. Die späteren Stadien, insbesondere das Endstadium, werden in stereotyper Weise als festes Aktionsmuster ausgeführt (Kap. 10.1).

Benutzt man das Landschaftsmodell, so entspricht ein übergeordnetes motorisches Feld einem breiten Tal, das sich nach unten verengt und zunehmend steiler wird, bis es schließlich in einem tiefen Canyon endet *(Abb. 27 B)*. Das breite Tal bezieht sich auf die Appetenzphase, in der viele alternative »Pfade« benutzt werden können; diese laufen trichterförmig auf die stark kanalisierte Chreode der Schlußhandlung zu.

Im menschlichen Verhalten ist das Spektrum der Pfade, über die die Ziele eines Verhaltens erreicht werden können, sehr viel größer als bei anderen Arten; es scheinen jedoch dieselben Prinzipien zuzutreffen: Beeinflußt durch motorische Felder höherer Ebenen werden Aktionsmuster zu stereotypen Endhandlungen hin kanalisiert, die im allgemeinen angeboren sind. Zum Beispiel sorgen die Menschen auf verschiedene Weise für ihren Lebensunterhalt, entweder direkt durch Jagen, Sammeln, Fischen, Viehzucht oder dem Anbau von Nutzpflanzen oder indirekt über die Ausführung verschiedener Aufgaben und Berufe. Dann wird die Nahrung auf viele verschiedene Arten zubereitet, auf verschiedene Weise dem Mund zugeführt, beispielsweise mit der Hand, mit Stäbchen oder einem Löffel. Aber bei dem Vorgang des Kauens gibt es kaum Unterschiede, und die letzte Handlung zum gesamten motorischen Feld der Nahrungsaufnahme, nämlich das Schlucken, verläuft bei allen Menschen ähnlich. In ähnlicher Weise differieren die zum motorischen Feld der Fortpflanzung gehörenden Verhaltensweisen der Werbung, die Formen der Eheschließung usw., während die Endhandlung der geschlechtlichen Vereinigung mehr oder weniger ähnlich ist. Beim Mann geschieht das finale festgelegte Aktionsmuster der Ejakulation automatisch und ist faktisch angeboren.

So sind die sehr unterschiedlichen Verhaltensweisen des Menschen gewöhnlich auf eine begrenzte Zahl von Zielen gerichtet, vorgegeben durch motorische Felder, die von den Vorfahren durch morphische Resonanz ererbt wurden. Im allgemeinen gelten diese Ziele der Entwicklung, Erhaltung oder Fortpflanzung des Individiums oder der sozialen Gruppe. Sogar Aktivitäten wie Spiel und Forschung, die nicht direkt auf solche Ziele hin ausgerichtet sind, helfen oft, diese später zu erreichen, wie es bei anderen Arten auch geschieht. Denn weder Spiel noch ein »allgemeines Neugierverhalten« auch ohne sofortige Belohnung ist auf den Menschen beschränkt: Ratten beispielsweise erforschen ihre Umgebung und untersuchen Objekte sogar, wenn ihr eigentliches Bedürfnis gestillt ist[21].

Nicht jede menschliche Aktivität läßt sich jedoch den motorischen Feldern unterordnen, die diese auf biologische und soziale Ziele hinkanalisieren. Es gibt Aktivitäten, die auf ausgesprochen transzendente Ziele hin gerichtet sind. Das Leben von Heiligen zeigt diese Verhaltensweise in ihrer reinsten Form. Die häufigsten Verhaltensformen der meisten Menschen zeigen jedoch keine solche transzendente Zielrichtung.

Obwohl die Spannweite für Variationen im menschlichen Verhalten sehr groß ist, wenn man die gesamte Art *Homo sapiens* betrachtet, so münden die Aktivitäten der Individuen in einer beliebigen sozialen Gruppe doch in eine begrenzte Anzahl von Standardverhaltensmustern. Gewöhnlich wiederholen die Leute charakteristisch strukturierte Aktivitäten, die bereits über viele Generationen ihrer Vorfahren wieder und wieder ausgeführt worden sind. Dazu gehören das Sprechen einer bestimmten Sprache, die motorischen Fertigkeiten in Zusammenhang mit Jagd, Landwirtschaft, Weben, Werkzeugbau, Kochen usw., Lieder und Tänze sowie Verhaltensweisen, die für bestimmte soziale Rollen spezifisch sind.

Alle Aktivitätsmuster, die für eine bestimmte Kultur charakteristisch sind, können als Chreoden angesehen werden [22]. Je öfter sie wiederholt werden, um so stärker werden sie stabilisiert sein. Wegen der verwirrenden Vielzahl von kulturspezifischen Chreoden, von denen jede die Bewegungen eines Menschen kanalisieren könnte, kann jedoch die morphische Resonanz allein ein Individuum nicht bevorzugt in den einen statt in einen anderen Satz von Chreoden führen. Keines dieser Verhaltensmuster drückt sich also spontan aus: Alle müssen erlernt werden. Ein Individuum wird durch andere Mitglieder der Gesellschaft zu bestimmten Handlungsmustern »*initiiert*«. Dann bringt mit dem Beginn des Lernprozesses, der gewöhnlich durch Imitation gekennzeichnet ist, die Durchführung charakteristischer Bewegungsabläufe das Individuum in morphische Resonanz mit all denen, die eben diese Bewegung schon in der Vergangenheit ausgeführt haben. Folglich wird das Lernen leichter, wenn ein Individuum sich auf bestimmte Chreoden einstimmt. Initiationsvorgänge werden tatsächlich traditionsgemäß sehr ähnlich verstanden. Das Individuum soll in einen Stand oder eine kulturelle Umgangsform eintreten, die seiner Existenz vorausgeht und eine Art transpersonaler Realität besitzt.

Daß der Lernprozeß durch morphische Resonanz erleichtert wird, würde im Falle lange bestehender Verhaltensmuster empirisch schwer aufzuzeigen sein. Bei motorischen Mustern jüngeren Ursprungs sollte eine Veränderung der Lernfähigkeit leichter zu entdecken sein. So sollte es z.B. in unserem Jahrhundert zunehmend leichter geworden sein,

Fahrrad und Auto zu fahren, Klavier zu spielen und eine Schreibmaschine zu benutzen, bedingt durch die angesammelte morphische Resonanz einer großen Zahl von Menschen, die diese Fertigkeiten bereits erworben hatten. Aber sogar, wenn verläßliche quantitative Daten zeigen sollten, daß sich die Lerngeschwindigkeit tatsächlich erhöht hat, so wäre die Interpretation doch wegen des wahrscheinlichen Einflusses anderer Faktoren, wie verbesserte Maschinenkonstruktionen, bessere Lehrmethoden und höhere Lernmotivation, sehr schwierig. Aber mit speziell angelegten Experimenten, bei denen die Konstanthaltung aller anderen Faktoren gewährleistet wäre, könnte es möglich sein, überzeugende Beweise für die vorhergesagte Wirkung zu erreichen.

Die Hypothese der formbildenden Verursachung läßt sich auf alle Aspekte menschlichen Verhaltens anwenden, bei denen bestimmte Bewegungsmuster wiederholt werden. Sie kann jedoch nicht zur Klärung der Frage nach dem Ursprung dieser Muster herangezogen werden. Hier wie überall liegt das Problem der Kreativität außerhalb des naturwissenschaftlich faßbaren Bereichs, und eine Antwort kann nur auf metaphysischer Basis gegeben werden (vgl. Kap. 5.1, 8.7 und 11.3).

12 Vier mögliche Schlußfolgerungen

12.1 Die Hypothese formbildender Verursachung

Die Darstellung der Hypothese formbildender Verursachung in den vorausgegangenen Kapiteln dieses Buches kann nur als vorläufiger Entwurf angesehen werden: Die Hypothese läßt sich in weit größerer Ausführlichkeit im Rahmen der Biologie und auch der Physik ausarbeiten. Solange aber nicht einige ihrer Voraussagen geprüft sind, wird diese Aufgabe kaum reizvoll erscheinen. Nur wirklich überzeugende positive Ergebnisse könnten die Hypothese glaubhaft machen, jedenfalls in ihrer jetzigen Form. Beispiele für mögliche Testversuche wurden in Kapitel 5.6; 7.4; 7.6; 11.2 und 11.4 genannt, weitere könnten konzipiert werden.

Die Hypothese formbildender Verursachung ist eine nachprüfbare Hypothese über objektiv zu beobachtende Regelmechanismen der Natur. Sie kann keine Antwort auf Fragen geben, die auf den Ursprung neuer Formen und neuer Verhaltensmuster oder sogar subjektiver Erfahrungen hinzielen. Solche Fragen können nur durch weitreichendere Theorien als die der Naturwissenschaften beantwortet werden, also durch metaphysische Theorien.

Gegenwärtig werden wissenschaftliche und metaphysische Fragen häufig nicht deutlich genug voneinander geschieden, da die mechanistische Theorie vom Leben und die metaphysische Theorie des Materialismus so eng beieinander liegen. Letztere wäre auch dann noch zu verteidigen, wenn die mechanistische Theorie innerhalb der Biologie durch die Hypothese der fortbildenden Verursachung ersetzt würde – oder durch irgendeine andere Hypothese. Aber sie würde ihre vorrangige Position verlieren und in den freien Wettbewerb mit anderen metaphysischen Theorien eintreten.

Um den wichtigen Unterschied zwischen den Bereichen der Wissenschaft und der Metaphysik darzustellen, werden in den folgenden Abschnitten vier verschiedene metaphysische Theorien kurz dargestellt. Alle vier sind mit der Hypothese der formbildenden Verursachung gleich gut vereinbar, und die Wahl zwischen ihnen kann – vom Standpunkt der Naturwissenschaft aus betrachtet – nur vollständig offen bleiben.

12.2 Modifizierter Materialismus

Materialismus beginnt mit der Voraussetzung, daß nur Materie Realitätsgehalt hat, und daß deshalb alles was existiert, entweder Materie ist oder Materie als Lebensgrundlage benötigt. Dennoch hat das materielle Konzept keine feste Definition; in der modernen Physik ist es bereits auf physikalische Felder ausgedehnt worden, und Materieteilchen werden als Energieformen betrachtet. Deshalb mußte die materialistische Philosophie entsprechend modifiziert werden.

Morphogenetische und motorische Felder stehen in Beziehung zu materiellen Systemen. Auch sie können als Teilaspekte von Materie angesehen werden (Kapitel 3.4). Folglich könnte der Materialismus weiter modifiziert werden, so daß der Gedanke der formbildenden Verursachung darin Platz fände[1]. In der folgenden Diskussion wird diese neue Form materialistischer Philosophie als modifizierter Materialismus dargestellt.

Materialismus verneint *a priori* die Existenz jeder nichtmateriellen kausalen Basis; die physische Welt ist hiernach kausal in sich geschlossen. Daher kann es kein nichtmaterielles Selbst geben, welches auf den Körper wirkt, wie man dies bei subjektiver Betrachtung annehmen würde. Eher ist es so, daß die bewußte Erfahrung in gewisser Hinsicht entweder dasselbe ist wie der materielle Zustand des Gehirns, oder sie läuft parallel zu diesem Zustand, ohne ihn zu beeinflussen[2]. Aber während man im konventionellen Materialismus davon ausgeht, daß mentale Zustände durch das Zusammenwirken von energetischer Verursachung und zufallsbedingten Ereignissen bestimmt sind, würde der modifizierte Materialismus behaupten, daß er zusätzlich durch die formbildende Verursachung bestimmt wird. Man kommt der bewußten Erfahrung wohl am nächsten, wenn man sie sich als einen Aspekt oder ein Epiphänomen der motorischen Felder des Gehirns vorstellt. Die subjektive Erfahrung des freien Willens kann – *der Hypothese nach* – nicht mit dem kausalen Einfluß eines nichtmateriellen Selbst auf den Körper übereinstimmen. Wenn auch einige Zufallserscheinungen im Gehirn subjektiv als freie Entscheidungen empfunden werden, so wäre diese scheinbare Freiheit doch nichts anderes als ein Aspekt oder Epiphänomen der zufälligen Aktivierung des einen oder anderen motorischen Feldes.

Wenn alle bewußte Erfahrung lediglich eine Begleiterscheinung oder Parallele der motorischen Felder ist, die auf das Gehirn einwirken, dann muß das bewußte Gedächtnis ebenso wie das Gedächtnis motorischer Gewohnheiten (siehe Kapitel 10.1) auf der morphischen Resonanz vergangener Gehirnzustände beruhen. Weder bewußte noch unbewußte Gedächtnisinhalte dürften im Gehirn gespeichert sein.

Im konventionellen Materialismus können parapsychologische Phänomene nur entweder verneint, ignoriert oder wegdiskutiert werden, jedenfalls soweit sie sich offenbar nicht auf energetischer Basis erklären lassen. Der modifizierte Materialismus würde eine positivere Einstellung erlauben. Es ist nämlich nicht undenkbar, daß einige dieser vermeintlichen Phänomene sich als mit der Hypothese der formbildenden Verursachung vereinbar erweisen; insbesondere könnte es möglich sein, eine Erklärung der Telepathie mit Hilfe des Begriffes der morphischen Resonanz zu formulieren[3], ebenso eine Erklärung der Psychokinese über Begriffe der Modifikation wahrscheinlichkeitsbedingter Ereignisse in Objekten unter dem Einfluß motorischer Felder[4].

Der Ursprung neuer Formen, neuer Verhaltensmuster und neuer Vorstellungen kann nicht durch vorher existierende energetische und formgebende Ursachen erklärt werden (Kapitel 5.1; 8.7; 11.3; 11.4). Der Materialismus verneint zudem die Existenz irgendeiner nichtmateriellen schöpferischen Instanz, die solche Formen verursachen könnte. Da diese keine Ursache haben, muß ihr Ursprung dem Zufall überlassen werden, und Evolution kann nur als Zusammenspiel von Zufall und physikalischer Notwendigkeit gesehen werden.

Zusammenfassend können wir sagen, daß sich das Universum nach dieser modifizierten Form des Materialismus aus Materie und Energie zusammensetzt, die ewig oder jedenfalls unbekannten Ursprungs sind. Sie organisieren sich in einer enormen Vielfalt anorganischer und organischer Formen, zufällig entstanden, erhalten durch Gesetze, die ihrerseits nicht selbst erklärbar sind. Bewußte Erfahrung ist ein Aspekt der motorischen Felder des Gehirns oder sie läuft parallel dazu. Alle menschliche Kreativität muß, ebenso wie die der Evolutionsgeschichte, letztlich dem Zufall zugeschrieben werden. Der Mensch macht sich Glaubensinhalte (einschließlich derer des Materialismus) zu eigen, und seine Handlungen sind das Ergebnis von zufälligen Ereignissen und von den physikalischen Notwendigkeiten innerhalb seines Nervensystems. Menschliches Leben hat keinen über die Befriedigung biologischer und sozialer Bedürfnisse hinausgehenden Sinn; ebenso wenig hat die Evolution des Lebens und des Universums als Ganzes irgendeinen Zweck oder eine Richtung.

12.3 Das bewußte Selbst

Entgegen der Philosophie des Materialismus hat das bewußte Selbst eine Realität, die sich nicht nur aus der Materie ableitet. Es erscheint überzeugend, daß das eigene bewußte Selbst die Fähigkeit der freien Entscheidung hat. Analog dazu kann man schließen, daß auch andere Menschen bewußte Wesen mit ähnlicher Anlage sind.

Nach dem »gesunden Menschenverstand« *wirken* bewußtes Selbst und Körper *zusammen*. Aber wie spielt sich dieses Zusammenwirken dann ab?

Im Zusammenhang mit der mechanistischen Theorie des Lebens muß man das bewußte Selbst als eine Art »Gespenst in der Maschine« sehen[5]. Einem Materialisten würde so etwas absurd vorkommen. Aber auch die Verteidiger der Interaktionstheorie waren bisher nicht in der Lage, den Mechanismus des Zusammenwirkens von Körper und Geist zu spezifizieren – abgesehen von der vagen Vermutung, daß er auf einer Veränderung im Bereich der Quantenereignisse des zentralen Nervensystems beruht[6].

Die Hypothese formbildender Verursachung läßt dieses alte Problem in einem neuen Licht erscheinen. Man kann sich das bewußte Selbst nicht in Interaktion mit einer Maschine, sondern nur mit motorischen Feldern vorstellen. Diese wiederum sind verbunden mit dem Körper und abhängig von seinen physikochemischen Zuständen. Das Selbst jedoch ist weder mit den motorischen Feldern identisch, noch findet seine Erfahrung in den Veränderungen, die im Zentralnervensystem durch energetische und formbildende Ursachen ablaufen, eine Entsprechung. Es findet Zugang zu den motorischen Feldern, bleibt ihnen aber übergeordnet.

Über diese Felder ist das bewußte Selbst direkt mit der äußeren Umgebung und den Zuständen des Körpers verbunden, sowohl bei Wahrnehmungsprozessen als auch bei bewußt kontrollierter Aktivität. Subjektive Wahrnehmung aber, die nicht direkt die reale Umgebung oder eine sofortige Handlung betrifft – beispielsweise in Träumen, beim Tagträumen oder diskursivem Denken – muß nicht notwendigerweise in irgendeiner bestimmten Beziehung zu energetischen und formbildenden Kräften stehen, die auf das Zentralnervensystem einwirken.

Auf den ersten Blick scheint diese Schlußfolgerung unserem gesicherten Wissen zu widersprechen, nach dem Bewußtseinszustände häufig mit charakteristischen physiologischen Aktivitäten einhergehen. Träume sind beispielsweise gewöhnlich von schnellen Augenbewegungen und einem charakteristischen Frequenzmuster im EEG begleitet[7].

Dies beweist jedoch nicht, daß bestimmte Einzelereignisse im Traum bestimmten physiologischen Veränderungen parallel laufen; diese könnten ja auch die nichtspezifische Folge eines Zuganges des Bewußtseins zum Traumzustand sein.

Dieser Sachverhalt läßt sich einfacher mit Hilfe einer Analogie herausstellen. Wenn man die wechselseitige Abhängigkeit von Auto und Fahrer betrachtet, so sind gewöhnlich die Bewegungen des Autos eng verbunden mit dem Verhalten des Fahrers und hängen u. a. von seiner Wahrnehmung der Straße vor ihm, der Verkehrszeichen, der Meßinstrumente im Auto usw. ab. Unter anderen Bedingungen jedoch ist diese Verbindung sehr viel weniger eng: wenn z. B. der Fahrer eine Straßenkarte studiert, während das Auto mit laufendem Motor steht. Obwohl dann eine sehr allgemeine Beziehung zwischen dem Zustand des Autos und der Tätigkeit des Fahrers bestünde – während des Fahrens könnte er die Karte nicht studieren –, gäbe es keine spezifische Verbindung zwischen dem laufenden Motor und den Eintragungen auf der Landkarte. Genausowenig muß der EEG-Rhythmus im Traumzustand eine spezifische Beziehung zu den Traumbildern haben.

Wenn das bewußte Selbst über Materie, Energie, morphogenetische und motorische Felder hinausgehende Eigenschaften besitzt, müssen bewußte Erinnerungen – z. B. an bestimmte vergangene Ereignisse – nicht unbedingt materiell im Gehirn gespeichert *oder* von morphischer Resonanz abhängig sein. Eine Erinnerung könnte sich auch direkt von vergangenen Bewußtseinszuständen herleiten, unabhängig von Zeit und Raum, einfach durch die Ähnlichkeit mit einem momentanen Bewußtseinszustand. Dieser Prozeß würde wohl äußerlich an die morphische Resonanz erinnern, andererseits aber nicht von physikalischen, sondern nur von Bewußtseinszuständen abhängen. Es würde also *zwei* Typen von Langzeitgedächtnis geben: durch morphische Resonanz bewirktes motorisches oder Gewohnheitsgedächtnis und bewußtes Gedächtnis, das dem bewußten Selbst durch direkten Zugang zu seinen eigenen vergangenen Zuständen gewährt wird (8).

Wenn man dem bewußten Selbst Eigenschaften zugesteht, die man in keinem rein physikalischen System findet, so könnten einige dieser Eigenschaften für parapsychologische Phänomene verantwortlich sein, die durch die Theorie energetischer oder formbildender Verursachung unerklärbar bleiben[9].

Doch vorausgesetzt, das Selbst hat wirklich solche bestimmten Eigenschaften, wie wirkt es sich dann auf den Körper und die Welt der Objekte mittels motorischer Felder aus? Wir können uns zwei Möglichkeiten vorstellen: Erstens könnte es aus verschiedenen denkbaren motorischen Feldern wählen, wodurch einem Handlungsweg Vorrang vor anderen gegeben wird; und zweitens könnte das Selbst als kreatives Moment wirken, das neue motorische Felder, wie beim Lernen durch »Einsicht«, schafft (vgl. Kap. 10.4). In beiden Fällen würde es wie eine formbildende Ursache wirken, die aber innerhalb bestimmter Grenzen unabhängig und frei von physischen Einflüssen ist. So wäre es letztlich eine formbildende Ursache anderer formbildender Ursachen.

Bei dieser Art der Interpretation hängen bewußt kontrollierte Handlungen von *drei* Möglichkeiten der Verursachung ab: bewußte Verursachung, formbildende Verursachung und energetische Verursachung. Im Gegensatz dazu lassen traditionelle interaktionistische Theorien vom Typ des »Gespenstes in der Maschine« nur zwei Verursachungen zu, die Bewußtseins- und die energetische Verursachung, wobei eine formbildende Verursachung zwischen ihnen ausgeschlossen bleibt. Der modifizierte Materialismus erlaubt wieder eine andere Kombination, die der formbildenden und energetischen, und leugnet eine bewußte Verursachung. Der konventionelle Materialismus läßt jedoch nur eine, die energetische Verursachung, zu[10].

Die Beziehung zwischen Bewußtseins- und formbildender Verursachung wird wohl am besten durch eine Analogie zur Beziehung zwischen formbildender und energetischer Verursachung dargestellt. Die formgebende Verursachung hebt die energetische weder auf noch widerspricht sie ihr, sie schafft aber eine Struktur für Ereignisse, die von der Theorie energetischer Verursachung her gesehen noch unbestimmt geblieben sind; sie unterscheidet quasi noch innerhalb dessen, was energetisch möglich ist. In ähnlicher Weise schließt die bewußte Verursachung die formgebende nicht aus noch widerspricht sie ihr, sondern sie trifft ihre Entscheidung zwischen motorischen Feldern, die auf der Grundlage morphischer Resonanz in gleicher Weise möglich sind.

Situationen, in denen mehrere verschiedene Aktivitätsmuster möglich sind, können auftauchen, wenn ein Verhalten noch nicht über motorische Felder durch angeborene oder gewohnheitsbedingte Chreoden kanalisiert worden ist, oder wenn zwei oder mehrere motorische Felder bei der Kontrolle physischer Körper miteinander in Konkurrenz stehen.

Bei niederen Tieren läßt die weitgehende Kanalisierung des Instinktverhaltens wenig oder keinen Raum für bewußte Verursachung. Bei höheren Tieren jedoch kann die angeborene, doch relativ offene Kanalisierung des Appetenzverhaltens wohl einen gewissen Raum dafür freigeben. Beim Menschen ermöglicht die enorme Vielfalt denkbarer Verhaltensformen den Rahmen für bewußte Entscheidungen in vielen unentschiedenen Situationen, in denen eine bewußte Wahl getroffen werden kann. Auf niederer Ebene erfolgt diese Wahl zwischen möglichen Methoden der Zielfindung, die bereits durch die wichtigsten motorischen Felder gegeben sind; auf höherer Ebene durch Entscheidung zwischen konkurrierenden übergeordneten motorischen Feldern.

Bei dieser Betrachtungsweise ist Bewußtsein primär auf die Wahl zwischen mehreren Verhaltensmöglichkeiten gerichtet, und seine Entwicklung ist seit jeher eng verknüpft mit dem wachsenden Feld bewußter Verursachung.

In einem frühen Stadium der Entwicklung des Menschen muß sich dieses Feld sprunghaft ausgedehnt haben, nämlich bei der Entstehung der Sprache. Dies geschah einmal direkt durch die Fähigkeit, eine unbegrenzte Anzahl von Lautmustern in Artikulationen und Sätzen hervorzubringen, und einmal indirekt durch all die Handlungen, die dieses flexible und verfeinerte Kommunikationsmittel ermöglichten. Zudem muß im Verlauf der hiermit verbundenen Entwicklung begrifflichen Denkens das bewußte Selbst auf irgendeiner Stufe sich selbst in einem qualitativen Phasensprung als Mittler bewußter Verursachung erkannt haben.

Wenn auch die bewußte Kreativität ihre höchste Entfaltung im Menschen erreicht hat, so spielt sie doch auch eine bedeutende Rolle bei der Entwicklung neuer Verhaltensmuster höherer Tiere, und sie kann auch bei niederen Tieren einige Bedeutung haben. Sie benötigt jedoch einen bereits gestalteten Rahmen formbildender Verursachung, der durch morphische Resonanz von Tieren strukturiert würde, die früher gelebt haben; sie kann nicht für die Existenz der übergeordneten motorischen Felder, in deren Rahmen sie sich ausdrückt, verantwortlich gemacht werden, noch darf man sie als Ursache der charakteristischen Ausprägung der Art ansehen. Noch weniger kann die bewußte Kreativität den Ursprung neuer pflanzlicher Formen erklären. So bleibt das Problem der evolutionären Kreativität immer noch ungelöst.

Diese Kreativität kann man einer nichtphysikalischen kreativen Instanz, die über individuelle Organismen hinausgeht, zusprechen, oder eben dem Zufall.

Die zweite der metaphysischen Positionen, die mit der Hypothese formbildender Verursachung vereinbar sind, beinhaltet die Annahme der zuletzt genannten Alternative. In dieser wird die Realität eines bewußten Selbstes als ursächliche Instanz zugestanden; die Existenz einer nichtphysisch gebundenen Instanz, die individuelle Organismen transzendiert, wird dagegen geleugnet.

12.4 Das kreative Universum

Obwohl eine kreative Instanz, die fähig ist, neue Formen und Verhaltensmuster im Laufe der Evolution hervorzubringen, notwendigerweise individuelle Organismen transzendieren müßte, so muß sie aber nicht die gesamte Natur transzendieren. Sie könnte zum Beispiel dem Leben als Ganzem innewohnen. In diesem Fall entspräche sie dem Bergsonschen Prinzip des *élan vital* (11). Andererseits könnte sie dem Planeten als Ganzem, unserem Sonnensystem oder dem gesamten Universum immanent sein. Es könnte sogar eine Hierarchie der diesen Ebenen immanenten Schöpfungskräfte geben.

Solche kreativen Instanzen könnten neue morphogenetische und motorische Felder schaffen, und zwar in einer Weise, die stark an die oben angesprochene bewußte Verursachung erinnert. Akzeptiert man erst einmal derartige kreative Instanzen, so ist es in der Tat schwierig, die Schlußfolgerung zu vermeiden, daß sie selbst bewußte Seinsformen sind.

Falls eine solche Hierarchie bewußter Seinsebenen existiert, könnten die höheren Ebenen ihre Kreativität durchaus mittels der untergeordneten ausdrücken. Wenn sich eine solche kreative Instanz höherer Ebenen mittels des menschlichen Bewußtseins ausdrückte, könnten die Gedanken und Handlungen, die durch sie hervorgerufen werden, als von außen kommend erfahrbar sein. Diese Erfahrung von *Inspiration* ist in der Tat nichts Unbekanntes.

Weiter besteht die Möglichkeit, falls solche höheren Formen des Selbstes der Natur innewohnen, daß Menschen unter bestimmten Bedingungen die Erfahrung machen, daß sie von diesen umgeben oder in sie eingeschlossen sind. Die Erfahrung einer inneren Einheit mit allem Lebendigen, der Erde oder dem Universum ist häufig beschrieben worden, soweit eine solche Erfahrung überhaupt ausdrückbar ist.

Doch obwohl eine immanente Hierarchie bewußter Formen des Selbstes sehr wohl die evolutionäre Kreativität im Universum deuten könnte, kann sie nicht die primäre Ursache für die Existenz des Universums sein. Auch könnte diese immanente Kreativität kein Ziel haben, solange es im Universum nichts gibt, auf das sie sich zubewegen kann. Danach würde sich die gesamte Natur ständig weiterentwickeln, aber blind und richtungslos.

Diese metaphysische Position läßt die ursächliche Kraft des bewußten Selbstes zu *und* die Existenz kreativer Instanzen, die individuelle Organismen transzendieren, aber der Natur innewohnen. Andererseits verneint sie die Existenz einer letzten kreativen Instanz, die das Universum als ein Ganzes transzendiert.

12.5 Transzendente Wirklichkeit

Das Universum als Ganzes kann nur dann eine Ursache und einen Zweck haben, wenn es durch eine bewußte Kraft geschaffen wurde, die über es selbst hinausgeht. Dieses transzendentale Bewußtsein würde sich im Gegensatz zum Universum nicht auf ein Ziel hin entwickeln, vielmehr fände es sein Ziel in sich selbst. Es würde nicht auf eine endgültige Form zustreben, da es in sich selbst bereits vollständig ist.

Wenn dieses transzendente bewußte Sein die Ursache des Universums und alles darin Existierenden wäre, hätte alles Erschaffene in irgendeiner Weise teil an seiner Natur. Die mehr oder weniger begrenzte »Ganzheit« von Organismen auf allen Ebenen der Komplexität könnte demnach als Spiegelung der transzendenten Einheit betrachtet werden, von der sie abhängen und von der sie letztlich abstammen.

So bejaht diese vierte metaphysische Position die ursächliche Wirksamkeit des bewußten Selbstes *und* die Existenz einer Hierarchie kreativer Instanzen, die der Natur innewohnen, *und* die Realität eines transzendenten Ursprungs des Universums.

Anmerkungen

Einleitung

1 Eine besonders klare Darstellung findet sich bei Monod (1972).
2 Im Sinne von Kuhn (1962).
3 z.B. Russell (1945); Elsasser (1958); Polanyi (1958); Beloff (1962); Koestler (1967); Lenartowicz (1975); Popper und Eccles (1977); Thorpe (1978).
4 z.B. Driesch (1908); Bergson (1911 a,b). Eine Diskussion des vitalistischen Ansatzes findet sich bei Sheldrake (1980, b.)
5 Popper (1965), S. 37.
6 Whitehead (1928).
7 z.B. Woodger (1929); von Bertalanffy (1933); Whyte (1949); Elsasser (1966); Koestler (1967); Leclerc (1972).
8 In einer kürzlich abgehaltenen Konferenz über »Probleme der Reduktion in der Biologie« wurde die Unfähigkeit des organizismischen Modells, einen deutlichen Unterschied zur Entwicklung der biologischen Forschung aufzuzeigen, durch die weitgehende Übereinstimmung von Mechanisten und Anhängern des Organizismus hinsichtlich der *Praxis* deutlich. Dies veranlaßte einen Teilnehmer zu der Bemerkung, daß »der Streit zwischen Reduktionismus und Antireduktionismus in der Biologie für die Entwicklungsrichtung der Biologie eine möglicherweise ebenso geringe Bedeutung haben mag wie vergleichbare Diskussionen auf abstrakter Ebene unter Philosophen«. (Ayala und Dobzhansky, Hrsg., 1972, S. 85).
9 Einen klassischen Ansatz liefert Weiss (1939).
10 z.B. Elsasser (1966, 1975); von Bertalanffy (1971).
11 Vgl. z.B. die Diskussion zwischen C.H. Waddington und R. Thom in Waddington, Hrsg., 1969, S. 242.
12 Dieser Punkt wird im Schlußkapitel dieses Buches diskutiert.
13 Dieser Nachweis wird in Kapitel 11. 2. diskutiert.

Kapitel 1

1 Huxley (1867), S. 74.
2 Vgl. z. B. Crick (1967) und Monod (1972). Beide Autoren nehmen wohl zu Recht für sich in Anspruch, mit ihren Ansichten die der Mehrheit ihrer Fachkollegen zu vertreten. Vermutlich ist Cricks Darstellung dem Denken der meisten Molekularbiologen näher, wenn sie auch weniger scharfsinnig als die von Monod ist. Doch Monods Darstellung ist die klarste und deutlichste Darlegung des mechanistischen Standpunktes der letzten Jahre.
3 Needham (1942), S. 686.
4 Driesch (1921).

[5] Wolff (1902).

[6] Ein weiteres Konzept, das neben dem genetischen Programm ebenfalls als Erklärungsmodell dient, ist der *Genotyp.* Obwohl der Begriff offenbar weniger teleologisch bestimmt ist, wird er häufig im gleichen Sinne wie der des genetischen Programms gebraucht. In einer deaillierten Untersuchung hat Lenartowicz (1975) gezeigt, daß der scheinbare Aussagewert des Genotyps sich auflöst, sobald er mit der DNS gleichgesetzt wird.

[7] Eine ausführliche Erörterung findet sich bei Sheldrake (1980 a).

[8] Zahlreiche weitere Beispiele bei von Frisch (1975).

[9] Ricard (1969).

[10] z. B. Rensch (1959); Mayr (1963); Stebbins (1974).

[11] z. B. Goldschmidt (1940); Willis (1940).

[12] Crick und Orgel (1973).

[13] Hoyle und Wickramasinghe (1978).

[14] Eigen und Schuster (1979).

[15] Vgl. z. B. die Darstellung von Beloff (1962) sowie Popper und Eccles (1977).

[16] Auf dieses Problem hat insbesondere Schopenhauer hingewiesen (1883).

[17] D'Espagnat (1976), S. 286.

[18] Wigner (1961, 1969).

[19] z. B. Watson (1924); Skinner (1938); Broadbent (1961).

[20] Kritische Darstellungen finden sich bei Beloff (1962); Koestler (1967); Popper und Eccles (1977).

[21] Jung (1976), S. 56.

[22] ibid.

[23] Henri Bergson hat eine originelle und anregende Hypothese ähnlicher Art in seinem Buch *Materie und Gedächtnis* (1896) entwickelt. Doch auch andere Formen interaktionärer Hypothesen sind denkbar. So stellt zum Beispiel Beloff (1980) die These zur Diskussion, daß Geist und Gehirn bei der *Wiedererlangung* von Gedächtnisinhalten interagieren, die Gedächtnisinhalte selbst aber in Form von physischen Spuren gespeichert werden.

[24] Eine jüngere Untersuchung dieses Themas begann mit den folgenden Worten: »›Wo oder wie speichert das Gehirn seine Gedächtnisinhalte? Dies ist das große Geheimnis.‹ Diese Feststellung aus Borings klassischem Werk der Geschichte der experimentellen Psychologie (1950) hat ein gutes Vierteljahrhundert nach ihrem Erscheinen trotz intensiver Arbeit in der Zwischenzeit nichts von ihrer Gültigkeit verloren.« (Buchtel und Berlucchi, in: Duncan und Weston-Smith (Hrsg.), (1977).

Aber es fehlt nicht nur jeder Nachweis der Speicherung des Gedächtnisses im Gehirn, es besteht auch kein Grund, anzunehmen, daß ein schlüssiges mechanistisches Erklärungsmodell, das von physischen Spurenelementen ausgeht, auch nur im Ansatz möglich wäre (Bursen 1978).

[25] Ashby (1972) gibt eine kritische Bibliographie an die Hand, die die meisten Aspekte psychischer Forschung berücksichtigt. Umfassende Besprechungen der Fachliteratur finden sich bei Wolman (Hrsg.), (1977).

[26] Eine Hinführung zum Thema vermittelt Thouless (1972).

[27] Taylor und Balanovski (1979).

[28] Für eine Besprechung der theoretischen Literatur vgl. Rao (1977).

[29] z. B. Walker (1975); Whiteman (1977); Hasted (1978).

Kapitel 2

[1] Für ein Beispiel, auf welche Weise die Auswertung von Ergebnissen deskriptiver Forschung zur Formulierung von Hypothesen führen kann vgl. Crick und Lawrence (1975).
[2] Eine neuere Darstellung hierzu findet sich bei Wolpert (1978).
[3] King und Wilson (1975).
[4] ibid.
[5] Mac Williams and Bonner (1979).
[6] Sheldrake (1973).
[7] Eine neuere theoretische Diskussion dieses Problems findet sich bei Meinhardt (1978).
[8] Roberts und Hyams (Hrsg.), (1979).
[9] Nicolis und Prigogine (1977).
[10] bei Driesch (1922), S. 115.
[11] Driesch (1929), S. 290.
[12] Driesch (1908), Bd. 1, S. 203.
[13] Driesch (1929), S. 152-154, 293.
[14] ibid., S. 135, 291.
[15] ibid., S. 246.
[16] ibid., S. 103.
[17] ibid., S. 246.
[18] ibid., S. 266.
[19] ibid., S. 262.
[20] Eddington (1935), S. 302.
[21] Eccles (1953).
[22] z. B. Walker (1975); Whiteman (1977); Hasted (1978); Lawden (1980).
[23] Vgl. Bertrand Russels Begriff der »mnemischen Verursachung« (1921).
[24] Den Gedanken, daß Gedächtnis und Instinkt zwei Seiten desselben Phänomens sind, haben u. a. Butler (1878); Semon (1921) und Rignano (1926) entwickelt. Doch nehmen diese Autoren an, daß die Vererbung des Gedächtnisses auf physikalische Weise erfolgt, nämlich durch das Keimplasma, was eine Art Vererbung im Sinne Lamarcks beinhaltet.
[25] Carington (1945).
[26] Hardy (1965), S. 257.
[27] Eine Erörterung dieser Einflüsse und der späteren Entwicklung organizismischer Ideen findet sich bei Haraway (1976). Die beste ältere Zusammenfassung des Organizismus ist die von v. Bertalanffy (1933).
[28] Gurwitsch (1922).
[29] Für eine systematische Fassung der Ideen von Weiss vgl. seine *Principles of Development* (1939).
[30] Waddington (1957), Kapitel 2.
[31] Thom (1975 a).
[32] ibid., S. 6–7.
[33] Waddington sah aus dem folgenden Grund von der Erörterung des organizismischen Hintergrundes seiner Begriffe ab (geschrieben am Ende seiner Laufbahn):
»Da ich von Natur aus nicht aggressiv bin und in einer aggressiven antimetaphysischen Zeit lebte, zog ich es vor, diese philosophischen Ideen nicht in die

Öffentlichkeit zu tragen. Ein Essay mit dem Titel ›*Die vitalistisch-mechanistische Kontroverse und der Prozeß der Abstraktion*‹, den ich 1928 schrieb, wurde niemals veröffentlicht. Statt dessen versuchte ich, in bestimmten experimentellen Situationen die Weltanschauung Whiteheads anzuwenden. Biologen, die für Metaphysik kein Interesse aufbringen, bemerken also nicht, was ihrem Thema zugrunde liegt – wenngleich sie gewöhnlich so reagieren, als fühlten sie sich nicht ganz wohl in ihrer Haut.« (Waddington (Hrsg.), 1969, S. 72–81.

34 Waddington (Hrsg.), (1969), S. 238, 242.

35 z. B. Elsasser (1966, 1975); von Bertalanffy (1971). Eine Erörterung dieses »mechanistischen Organizismus« findet sich bei Sheldrake (1981).

36 Goodwin (1979), SS. 112–113.

Kapitel 3

1 Sinnott (1963) gibt eine hervorragende Einführung in das Problem der organischen Form.

2 Für eine Diskussion dieses Problems siehe *Thom* (1975 a).

3 ibid., S. 320.

4 Thom (1975 b).

5 Waddington (1975, S. 209–230) erläutert die Begrenztheit der Möglichkeiten der Informationstheorie für die Biologie.

6 Ruyer (1974) nennt zahlreiche Beispiele für die Kombination von Aspekten der organizismischen Philosophie mit ausschließlich neoplatonischen Denkansätzen. Thema des Buches ist eine kleine neognostische Gruppe in den USA, der auch eine Reihe prominenter Wissenschaftler angehört.

7 Vgl. Emmet (1966).

8 Pauling (1962), S. 209.

9 ibid., S. 502.

10 Anfinsen und Scheraga (1975).

11 Neuere Ausführungen hierzu bei Némethy und Scheraga (1977).

12 Anfinsen und Scheraga (1975).

13 Vgl. Elsassers »Prinzip finiter Kategorien« (1975).

14 Diese Unterscheidung von formbildender Verursachung und energetischer Verursachung kommt Aristoteles' Unterscheidung zwischen der »forma causalis« und der »forma efficiens« nahe. Die in den folgenden Kapiteln entwikkelte Hypothese der formbildenden Verursachung unterscheidet sich jedoch radikal von Aristoteles' Theorie, welche von ewigen Formen ausging.

15 Von einem theoretischen Standpunkt aus läßt sich die kausale Rolle der morphogenetischen Felder auf der Grundlage »kontrafaktischer Bedingungsformen« untersuchen. Vgl. z. B. Mackie (1974).

16 Arthur Koestler hat für solche »selbstregulativen offenen Systeme«, die sowohl die autonomen Merkmale von Ganzheiten als auch die untergeordneten Merkmale von Teilen aufweisen, den Begriff *Holon* vorgeschlagen (Koestler und Smythies (Hrsg.), (1969), S. 210–211).
Dieser Begriff umfaßt mehr als der Begriff der morphischen Einheit – z. B. Sprachwissenschaft und soziale Strukturen –, stellt aber eine sehr ähnliches Konzept dar.

Kapitel 4

[1] Die Identifikation morphogenetischer Felder mit elektromagnetischen Feldern ist in entscheidendem Maße für die Verwirrung verantwortlich, die in der von H. S. Burr aufgestellten Theorie elektrodynamischer »Lebensfelder« (Burr, 1972) enthalten ist. Burr hält es für unbestreitbar offenkundig, daß lebende Organismen mit elektromagnetischen Feldern verbunden sind, die sich mit den Organismen verändern; aber er argumentiert dann weiter, daß diese Felder die Morphogenese kontrollieren, indem sie als Plan (»blueprint«) der Entwicklung wirken, was aber eine ganz andere Sache ist.

[2] Für einen Überblick über die Lit. zu Konformationsänderungen von Proteinen in Lösungen siehe Williams (1979).

[3] Anfinsen (1973), S. 228.

[4] Für eine allgemeine Darstellung der Wahrscheinlichkeitsbegründung siehe Suppes (1970).

[5] vgl. Karl Poppers Konzept der Wahrscheinlichkeits- oder Neigungsfelder (Popper, 1967; Popper und Eccles, 1977).

[6] Diese Anregung könnte zu dem Ansatz der Quantenphysik passen, wie er von Bohm (1969, 1980) und Hiley (1980) vertreten wird.

[7] Dieses und andere Beispiele, die R. Thom »generalisierte Katastrophen« nennt, werden in Kapitel 6 seines Buches *»Strukturelle Stabilität und Morphogenese«* besprochen.

[8] Bentley und Humphreys (1962).

[9] s. Nicolis und Prigogine (1977). Ein anderer, jedoch verwandter Ansatz zu diesen Problemen ist bei Haken (1977) beschrieben.

[10] Stevens (1977).

[11] D'Arcy Thompson wies in seiner klassischen Abhandlung über *Wachstum und Form* (1942) darauf hin, daß viele Aspekte biologischer Morphogenese durch die Wirkung physikalischer Kräfte zu erklären sind: beispielsweise die Ebene der Zellteilung durch Oberflächenspannung, die die Oberfläche so klein wie möglich hält. Doch es gibt so viele Ausnahmen, daß diese einfachen Interpretationen dem Erklärungsansatz zu keinem großen Erfolg verhelfen konnten. Für eine Darstellung von Thompsons Theorien s. Medawar (1968).

[12] Zu den neuesten Berichten über Eigenschaften und Funktionen der Mikrotubuli vgl. Dustin (1978) und Roberts und Hyams (Hrsg.) (1979).

[13] Das glatte Endoplasmatische Retikulum soll an dem Transport von Mikrotubuli-Untereinheiten zu den Orten, an denen sie miteinander verknüpft werden, mitbeteiligt sein (Burgess und Northcote, 1968). Ebenfalls ist die Existenz von »kernbildenden Elementen« angeregt worden, die in »Mikrotubuli-organisierenden Zentren« zusammengefaßt sein könnten (J. B. Tucker, in Roberts und Hyams (Hrsg.), 1979).

[14] Street und Henshaw (1965).

[15] siehe z. B. Willmer (1970).

[16] In einigen Fällen werden in den Endstadien der Differenzierung die Zellkerne abgebaut (z. B. in den Xylem-Gefäßen bei Pflanzen und in den roten Blutkörperchen bei Säugern). In diesen Fällen könnten die Zellkerne noch, solange sie intakt sind, als morphogenetische Keime für den Differenzierungsprozeß wirksam sein; die Endstadien der Differenzierung könnten dann auf rein me-

chanistische Weise durch einfache chemische Prozesse, wie der Freisetzung hydrolytischer Enzyme, fortbestehen, wobei diese Vorgänge nicht vom morphogenetischen Ordnungsgefüge erfaßt werden.

[17] Bei einigen Algen, z. B. *Oedogonium,* bleibt die Kernmembran während der Mitose intakt, was sich wahrscheinlich als ein stammesgeschichtlich gesehen primitives Merkmal deuten läßt (Pickett-Heaps, 1975).

[18] Bei Tieren übernehmen wahrscheinlich Zentriolen diese Aufgabe, bei Pflanzen fehlen sie jedoch. In beiden Fällen könnten aber sehr wohl »Mikrotubuli-organisierende Zentren« für die Ausbildung der Spindelpole verantwortlich sein; die Zentriolen könnten dabei bloß »Passagiere« sein, die durch Vereinigung mit diesen Zentren bei der Aufteilung in gleiche Tochterzellen unterstützend mitwirken (Pickett-Heaps, 1969). (Die Zentriolen dienen als organisierende Zentren oder morphogenetische Keime bei der Ausbildung von Cilien [Wimpern] und Flagellen [Geißeln]).

[19] Clowes (1961).

[20] Wolpert (1978).

Kapitel 5

[1] Mackie (1974), S. 19.

[2] Hesse (1961), S. 285.

[3] Man hat eine Vielzahl von Schwingungsbeispielen in biologischen Systemen beschrieben. Vgl. z. B. die Beschreibung von Schwingungen auf zellularer Ebene durch Rapp (1979).

[4] Die Schwingungen eines Systems durch einen »eindimensionalen« energetischen Reiz bewirken tatsächlich die Entstehung fester Formen und Muster: Ein einfaches Beispiel sind die »Chladni-Figuren«, die durch Sand oder andere kleine Partikel auf einer schwingenden Membran produziert werden. Bei Jenny (1967) findet man Darstellungen zahlloser zwei- und dreidimensionaler Muster auf schwingenden Oberflächen. Doch läßt sich dies nicht mit dem Typus der Morphogenese vergleichen, die durch morphische Resonanz bewirkt wird.

[5] Für eine Untersuchung der Möglichkeit kausaler Einflüsse aus der Zukunft vgl. Hesse (1961) und Mackie (1974).

[6] Beweismaterial für Präkognition wäre für diese Vorstellung nur dann von Belang, wenn man, aus metaphysischer Perspektive, annimmt, daß mentale Zustände ein Aspekt physischer Zustände des Körpers sind, oder daß sie diesen parallellaufen, oder deren sekundäre Erscheinungsbilder sind. Doch vom Standpunkt des Interaktionismus würde ein Einfluß zukünftiger *mentaler* Zustände nicht notwendig einen *physischen* Einfluß voraussetzen, um in die Zeit zurückwirken zu können. Auf diese metaphysischen Alternativen kommen wir weiter unten in Kapitel 12 zu sprechen.

[7] Holden u. Singer (1961), S. 80–81.

[8] ibid., S. 81.

Kapitel 6

1 Vermutlich liegt, zumindest auf zellularer Ebene, ein entscheidender Grund für den Alterungsprozeß in der Ansammlung schädlicher Abfallprodukte, die die Zellen nicht beseitigen können. Einer neueren Theorie zufolge können Zellen dieser Anhäufung »um eine Nasenlänge voraus« sein, sofern sie hinreichend schnell wachsen, da sich in diesem Fall die Substanzen (wegen des Wachstums) in ihrer Wirkung abschwächen. Weiter kann es sein, daß bei den für höherentwickelte Tiere und Pflanzen nicht ungewöhnlichen asymmetrischen Zellteilungen diese Substanzen ungleichmäßig an Tochterzellen weitergegeben werden: Die eine Zelle vermag sich also auf Kosten des Absterbens der anderen zu verjüngen. Das bedeutet, daß Verjüngung auf Wachstum und Zellteilung beruht: Morphogenetische Zielformen – die differenziert ausgebildeten Zellen, Gewebe und Organe multizellularer Organismen – sind notwendigerweise sterblich (Sheldrake, 1974).

2 Für Beispiele aus dem Tierbereich vgl. Weiss (1939), für pflanzliche Beispiele Wardlaw (1965).

3 Die klassische Erörterung dieses elementaren Grundsatzes findet sich im Kapitel »Über die Größe von Formen« (On Magnitude) bei Thompson (1942).

4 Wenn sich das System mit einer bestimmten Stelle »identifiziert« und sein Beharrungsvermögen an dieser Stelle von einer morphischen Resonanz mit sich selbst in der unmittelbaren Vergangenheit abhängt, sollte der Widerstand, den es einer Entfernung von diesem Ort entgegensetzt – seine *Massenträgheit* – auf die Frequenz bezogen werden, mit welcher diese Selbstresonanz auftritt. Denn Resonanz beruht auf charakteristischen Schwingungszyklen; sie kann sich nicht in einem Moment ereignen, weil ein Schwingungszyklus an einen zeitlichen Ablauf gebunden ist. Je höher die Frequenz der Schwingung, desto näher werden die früheren Zustände, mit denen eine Selbstresonanz eingegangen wird, an die Gegenwart heranreichen, umso stärker wird auch die Tendenz des Systems sein, an seine Position in der unmittelbaren Vergangenheit »gebunden« zu sein. Umgekehrt gilt, daß, je niedriger die Schwingungsfrequenz ist, desto weniger stark das Bestreben eines Systems sein wird, sich selbst an einer bestimmten Stelle zu »identifizieren«: Es wird sich auf weitere Objekte zubewegen, bevor ihm »bewußt« wird, daß es so verfahren hat.

Es besteht ein bemerkenswerter Zusammenhang zwischen der oben angeführten Beziehung und der Proportionalität zwischen der Masse eines Teilchens und der Frequenz seiner Materiewelle, wie sie in der de Broglie-Gleichung zum Ausdruck kommt:

$$m = \frac{h\nu}{c^2}$$

m steht hier für die Masse des Teilchens, ν für die Schwingungsfrequenz, *h* für das Plancksche Wirkungsquantum, *c* für die Lichtgeschwindigkeit. Diese Beziehung ist für die Quantenmechanik von grundlegender Bedeutung und hat durch experimentelle Verifizierung weithin Bestätigung gefunden.

5 Karl Popper hat (wie auch andere Autoren) die Ansicht vertreten, daß das Reden über einen Dualismus von Teilchen und Welle zu großer Verwirrung ge-

führt hat. Er hat daher angeregt, auf den Begriff des Dualismus gänzlich zu verzichten:
»Ich schlage vor, wir sprechen stattdessen (mit Einstein) vom Teilchen und von den ihm *assoziierten* Neigungsfeldern (der Plural deutet an, daß die Felder nicht allein von dem Teilchen, sondern auch von anderen Bedingungen abhängen). Wir vermeiden auf diese Weise die naheliegende Vorstellung eines symmetrischen Bezuges. Sehen wir davon ab, eine solche Terminologie zu entwikkeln (›Assoziation‹ statt ›Dualismus‹), wird sich der Begriff ›Dualismus‹ samt aller mit ihm verbundenen Fehldeutungen halten können; denn schließlich zielt er auf etwas Bedeutsames hin: auf die Assoziation zwischen Teilchen und Neigungsfeldern.« (Popper, 1967, S. 41)
Es scheint, daß dieser Vorschlag widerspruchslos mit der Hypothese der formbildenden Verursachung in Einklang zu bringen ist, sobald man in die Neigungsfelder morphogenetische Felder miteinbezieht.

Kapitel 7

[1] Morata und Lawrence (1977).
[2] Snoad (1974).
[3] Fisher (1930).
[4] Haldane (1939).
[5] Serra (1966).
[6] Baldwin (1902).
[7] Semon (1912) und Kammerer (1924) fassen viele Belege dieser Art zusammen.
[8] Koestler (1971).
[9] Medvedev (1969).
[10] Eine Reihe von Versuchsbeschreibungen dieser Experimente hat Waddington dankenswerterweise geschlossen herausgegeben (1975).
[11] ibid., S. 65.
[12] Waddington (1957).
[13] Vgl. die Diskussion zwischen C.H. Waddington und A. Koestler in Koestler and Smythies (Hrsg.) (1969), S. 382–391.
[14] Waddington (1975), S. 87.
[15] ibid., S. 87–88.

Kapitel 8

[1] Vgl. z.B. Wilson (1975).
[2] Zusammenfassung der neodarwinistischen Theorie finden sich bei Huxley (1942); Rensch (1959); Mayr (1963) und Steppins (1974).
[3] Goldschmidt (1940); Gould (1980).
[4] Willis (1940) stützt dieses Argument mit vielen Beispielen.
[5] Die vielleicht anregendste Kritik der mechanistischen Evolutionstheorie ist nach wie vor H. Bergson: *Schöpferische Evolution* (1911). Bergson vertritt

nicht den Standpunkt, die Evolution als Ganze gesehen, verfolge einen Zweck und ein bestimmtes Ziel. Anders P. Teilhard de Chardin (1958). Für eine jüngere Erörterung des Themas vgl. Thorpe (1978).

[6] Vgl. z.B. Monod (1972).
[7] Rensch (1959).
[8] Darwin gibt viele instruktive Beispiele (1875).
[9] Rensch (1959).
[10] Thompson (1942), S. 1094–1095.
[11] Wigglesworth (1964).
[12] Lewis (1963, 1978).
[13] Vgl. bei Darwin (1875) das Kapitel »Reversion or Atavism«.
[14] Lewis (1978).
[15] Z.B. Penzing (1922). Erörterungen neueren Datums bei Dostal (1967) und Riedl (1978).
[16] R.J. Britten in Duncan und Weston-Smith (Hrsg.), (1977).
[17] Rensch (1959).

Kapitel 9

[1] Bzgl. der klass. Darstellung s. Darwin (1880).
[2] Darwin (1882).
[3] Audus (1979).
[4] Curry (1968).
[5] Jaffé (1973).
[6] Siegelman (1968).
[7] Bünning (1973).
[8] Satter (1979).
[9] Bose (1926); Roblin (1979).
[10] Bentrup (1979).
[11] Verschiedene Amöben-Arten unterscheiden sich im einzelnen in ihrem Bewegungsmuster und ihrer Reaktionsart vom bekannten *A.proteus*-Typ; so bildet *A.limax* wenige Pseudopodien aus und bewegt sich gewöhnlich als eine einzige länglich geformte Masse vorwärts; *A.verrucosa* bewegt sich langsam fast ohne Formveränderung; *A.velata* streckt im allgemeinen ein freies, fühlerähnliches Pseudopodium ins Wasser aus. Dennoch scheinen die allgemeinen Prinzipien der Fortbewegung gleich zu sein. Weitere Einzelheiten und Hinweise s. Jennings (1906).
[12] F.D.Warner in Roberts und Hyams (Hrsg.) (1979).
[13] Sleigh (1968).
[14] Jennings (1906).
[15] Eckert (1972).
[16] z. B. Pecher (1939).
[17] Verveen und de Felice (1974).
[18] Katz und Miledi (1970).
[19] Stevens (1977).
[20] Katz (1966).

[21] Lindauer (1961).
[22] Jennings (1906).
[23] Hingston (1928).
[24] Marais (1971); von Frisch (1975).
[25] Hingston (1928).

Kapitel 10

[1] Kandel (1979).
[2] ibid.
[3] H.A. Buchtel und G. Berlucchi in Duncan und Weston-Smith (Hrsg.) (1977).
[4] Lashley (1950), S. 478.
[5] Boycott (1965).
[6] Pribram (1971).
[7] Für eine umfassende Darstellung vgl. Thorpe (1963.)
[8] Tinbergen (1951), S. 27.
[9] ibid.
[10] Thorpe (1963).
[11] z.B. Jennings (1906).
[12] Hinde (1966).
[13] Thorpe (1963), S. 429.
[14] Spear (1978).
[15] Dieser Gedanke, von Hebb (1949) entwickelt, hat jahrelang Zuspruch gefunden, ist jedoch durch experimentellen Beweis weder klar widerlegt noch zwingend bewiesen worden.
[16] Köhler (1925).
[17] Loizos (1967), S. 203.
[18] Thorpe (1963).

Kapitel 11

[1] Parsons (1967).
[2] Brenner (1973).
[3] Benzer (1973).
[4] Manning (1975), S. 80.
[5] Dilger (1962).
[6] McDougall (1927), S. 282.
[7] McDougall (1938).
[8] McDougall (1930).
[9] Crew (1936).
[10] McDougall (1938).
[11] Crew (1936), S. 75.
[12] Tinbergen (1951), S. 201.
[13] Agar, Drummond, Tiegs und Gunson (1954).
[14] Rhine und McDougall (1933), S. 223.

[15] Zur Zeit der Ausführung der Experimente wurden Vermutungen über eine Reihe möglicher Erklärungen geäußert; sie werden in McDougalls Schriften diskutiert, die der interessierte Leser zu Rate ziehen kann. Keine dieser Erläuterungen erwies sich aber bei näherer Untersuchung als plausibel. Agar et al (1954) beobachtete, daß Schwankungen in der Lerngeschwindigkeit mit Veränderungen des Gesundheitszustands und der Vitalität der Ratten verbunden waren, die sich über mehrere Generationen erstreckten. McDougall hatte bereits eine ähnliche Wirkung festgestellt. Eine statistische Analyse zeigte, daß es tatsächlich eine niedrige, aber signifikante (um 1% Wahrscheinlichkeit) Korrelation zwischen Vitalität (gemessen an Grad der Fruchtbarkeit) und Lerngeschwindigkeit bei trainierten Stämmen gab, jedoch nicht bei untrainierten. Wenn man jedoch nur die ersten 40 Generationen betrachtet, waren die Korrelationskoeffizienten etwas höher: 0,40 bei trainierten, 0,42 bei untrainierten Stämmen. Während aber diese Korrelation für die Schwankung der Ergebnisse mitverantwortlich sein mag, kann sie doch nicht den allgemeinen Trend erklären. Statistisch ergibt sich das Verhältnis der Standardabweichung, »erklärt« durch eine korrelierende Variable, durch daß Quadrat des Korrelationskoeffizienten, in diesem Fall $0{,}4^2 = 0{,}16$. Mit anderen Worten: Vitalitätsveränderungen kommen mit nur 16% für die Veränderungen der Lernfähigkeit in Betracht.

[16] McDougall schätzte die durchschnittliche Zahl von Fehlversuchen bei seiner ersten Generation auf über 165. Bei Crews Experiment lag die Zahl bei 24, bei Agars bei 72, nachgelesen bei Crew (1936) und Agar, Drummond und Tiegs (1942). Wenn Agars Gruppe Ratten gleicher Herkunft und dieselben Versuchsanordnungen wie Crew benutzt hätte, wäre eine noch niedrigere Anfangsleistung zu erwarten gewesen. Aus diesen beiden Gründen sind ihre Ergebnisse jedoch nicht voll vergleichbar. Dennoch ist die größere Leichtigkeit des Lernprozesses in diesen späteren Experimenten von Bedeutung.

[17] Brown (1975).

[18] Viele Beispiele für Spekulationen dieser Art finden sich bei Wilson (1975) und Dawkins (1976).

[19] Z.B. Clarke (1980).

[20] Tinbergen (1951).

[21] Thorpe (1963).

[22] Besonders die Sprache bietet ein ausgezeichnetes Beispiel für die hierarchische Organisation motorischer Felder. R. Thom hat bereits begonnen, eine Theorie der Sprache in Begriffen von Chreoden zu entwickeln. Siehe seine Arbeit: *Structural Stability and Morphogenesis,* Kap. 6.

Kapitel 12

[1] Einen guten Ausgangspunkt für die Entwicklung eines in diesem Sinne modifizierten Materialismus fänden wir vermutlich in einigen modernen Spielarten des dialektischen Materialismus. Sie greifen bereits viele Aspekte des organizismischen Ansatzes auf und beruhen auf der Vorstellung, daß die Wirklichkeit von Natur aus evolutionär ist (Graham, 1972).

[2] Für einen historischen Abriß und eine kritische Erörterung der verschiedenen

materialistischen Theorien vgl. die Kapitel von Karl Popper in Popper und Eccles (1977).

[3] Die Hypothese, daß sowohl Telepathie als auch Gedächtnis mit Hilfe eines neuen Typs einer zeit- und raumüberschreitenden »Resonanz« zwischen ähnlich komplexen Systemen erklärbar sind, wurde bereits von Marshall (1960) vorgeschlagen. Dieser Vorschlag nimmt in mehrfach entscheidender Hinsicht die Vorstellung einer morphischen Resonanz vorweg.

[4] Man kann sich zwar vorstellen, daß Telepathie und Psychokinese dank der formbildenden Verursachung erklärbar sein könnten, doch fällt es schwer zu sehen, wie diese Hypothese dazu beitragen sollte, gewisse andere angebliche Phänomene zu begründen, z.B. Hellsehen, die für jede physikalische Theorie offenbar unüberwindliche Probleme darstellen. Rao (1977) gibt einen Überblick über verschiedene Theorien, physikalische und nichtphysikalische, die entwickelt wurden, die angeblichen Phänomene der Parapsychologie zu erklären.

[5] Ryle (1949).

[6] z. B. Eddington (1935); Eccles (1953); Walker (1975).

[7] Jouvet (1967).

[8] Für eine Unterscheidung des motorischen oder Gewohnheitsgedächtnisses von dem bewußten Gedächtnis vgl. Bergson (1911b).

[9] Siehe die Darstellung Raos (1977).

[10] Im Lichte dieser Klassifizierung erkennen wir zwei verschiedene Formen dualistischer oder vitalistischer Theorie. Die erste, beispielhaft in den Schriften Drieschs ausgeführt (1908, 1927), postuliert die Existenz eines neuen Typs von Verursachung, der für wiederkehrende und regelhafte biologische Abläufe verantwortlich ist, und der der in diesem Buch entwickelten formbildenden Verursachung entspricht. Der zweite, in brillanter Weise von Bergson entwikkelt, betont bewußte Verursachung einerseits (in *Materie und Gedächtnis*) und evolutionäre Kreativität andererseits (in *Schöpferische Entwicklung*), wobei sich keine der beiden auf physikalischer Grundlage erklären läßt.

[11] Bergson (1911a).

Literatur

Agar, W.E., Drummond, F.H. and Tiegs, O.W. (1942) Second report on a test of McDougall's Lamarckian experiment on the training of rats. *Journal of Experimental Biology* **19**, 158-167.

Agar, W.E., Drummond, F.H., Tiegs, O.W. and Gunson, M.M. (1954) Fourth (final) report on a test of McDougall's Lamarckian experiment on he training of rats. *Journal of Experimental biology* **31**, 307–321.

Anfinsen, C.B. (1973) Principles that govern the folding of protein chains. *Science* **181**, 223–230.

Anfinsen, C.B. and Scheraga, H.A. (1975) Experimental and theoretical aspects of protein folding. *Advances in Protein Chemistry* **29**, 205–300.

Ashby, R.H. (1972) *The Guidebook for the Study of Psychical Research.* Rider, London

Audus, L.J. (1979) Plant geosensors. *Journal of Experimental Botany* **30**, 1051–1073.

Ayala, F.J. and Dobzhansky, T. (Hrsg.) (1974) *Studies in the Philosophy of Biology.* Macmillan, London.

Baldwin, J.M. (1902) *Development and Evolution.* Macmillan, New York.

Banks, R.D., Blake, C.C.F., Evans, P.R., Haser, R., Rice, D.W., Hardy, G.W., Merrett, M. and Phillips, A.W. (1979) Sequence, structure and activity of phosphoglycerate kinase. *Nature* **279,** 773–777.

Beloff, J. (1962) *The Existence of Mind.* MacGibbon and Kee, London.

Beloff, J. (1980) Is normal memory a ›paranormal‹ phenomenon? *Theoria to Theory* **14**, 145–161.

Bentley, W.A. and Humphreys, W.J. (1962) *Snow Crystals.* Dover, New York.

Bentrup, F.W. (1979) Reception and transduction of electrical and mechanical stimuli. In: *Encyclopedia of Plant Physiology* (Hrsg. A. Pirson und M.H. Zimmermann), New Series Vol. 7, pp. 42–70. Springer-Verlag, Berlin.

Benzer, S. (1973) Genetic dissection of behavior, *Scientific American* **229** (6), 24–37.

Bergson, H. (1911 a) *Creative Evolution.* Macmillan, London.

Bergson, H. (1911 b) *Matter and Memory.* Allen and Unwin, London.

Bohm, D. (1969) Some remarks on the notion of order. In: Waddington (Hrsg.) (1969).

Bohm, D. (1980) *Wholeness and the Implicate Order.* Routledge and Kegan Paul, London.

Bonner, J.T. (1958) *The Evolution of Development.* Cambridge University Press, Cambridge.

Bose, J.C. (1926) *The Nervous Mechanism of Plants.* Longmans, Green & Co., London.

Boycott, B.B. (1965) Learnin in the octopus. *Scientific American* **212**(3), 42–50
Brenner, S. (1973) The genetics of behaviour. *British Medical Bulletin* **29**, 269–271.
Broadbent, D.E. (1961) *Behaviour.* Eyre and Spottiswoode, London.
Brown, J.L. (1975) *The Evolution of Behavior.* Norton, New York.
Bünning, E. (1973) *The Physiological Clock.* English Universities Press, London.
Burgess, J. and Northcote, D.H. (1968) The relationship between the endoplasmic reticulum and microtubular aggregation and disaggregation. *Planta* **80**, 1–14.
Burr, H.S. (1972) *Blueprint for Immortality.* Neville Spearman, London.
Bursen, H.A. (1978) *Dismantling the Memory Machine.* Reidel, Dordrecht.
Butler, S. (1878) *Life and Habit.* Cape, London.

Carington, W. (1945) *Telepathy.* Methuen, London.
Clarke, R. (1980) Two men and their dogs, *New Scientist* **87**, 303–304.
Clowes, F.A.L. (1961) *Apical Meristems.* Blackwell, Oxford.
Crew, F.A.E. (1936) A repetition of McDougall's Lamarckian experiment. *Journal of Genetics* **33**, 61–101.
Crick, F.H.C. (1967) *Of Molecules and Men.* University of Washington Press, Seattle.
Crick, F.H.C. and Lawrence, P. (1975). Compartments and polyclones in insect development. *Science* **189**, 340-347.
Crick, F.H.C. and Orgel, L. (1973) Directed panspermia. *Icarus* **10**, 341–346.
Curry, G.M. (1968) Phototropism. In: *Physiology of Plant Growth and Development* (Hrsg. M.B. Wilkins). McGraw-Hill, London.
Darwin, C. (1875) *The Variation of Animals and Plants Under Domestication.* Murray, London.
Darwin, C. (1880) *The Power of Movement in Plants.* Murray, London.
Darwin, C. (1882) *The Movements and Habits of Climbing Plants.* Murray, London.
Dawkins, R. (1976) *The Selfish Gene.* Oxford University Press, Oxford.
De Chardin, P.T. (1959) *The Phenomenon of Man.* Collins, London.
D'Espagnat, B. (1976) *The Conceptual Foundations of Quantum Mechanics.* Benjamin, Reading, Mass.
Dilger, W.C. (1962) The behaviour of lovebirds. *Scientific American* **206**, 88–98.
Dostal, R. (1967) *On Integration in Plants.* Harvard University Press, Cambridge, Mass.
Driesch, H. (1908, 2. Auflage 1929) *Science and Philosophy of the Organism.* A. & C. Black, London.
Driesch, H. (1922) *Geschichte des Vitalismus,* Leipzig.
Driesch, H. (1927) *Mind and Body.* Methuen, London.
Duncan, R. and Weston-Smith, M. (Hrsg. (1977) *Encyclopedia of Ignorance.* Pergamon Press, Oxford.
Dustin, P. (1978) *Microtubules.* Springer-Verlag, Berlin.

Eccles, J.C. (1953) *The Neurophysiological Basis of Mind.* Oxford University Press, Oxford.

Eckert, R. (1972) Bioelectric control of ciliary activity. *Science* **176**, 473–481.
Eddington, A. (1935) *The Nature of the Physical World.* Dent, London.
Eigen, M. and Schuster, P. (1979) *The Hypercycle,* Springer-Verlag, Heidelberg and New York.
Elsasser, W.M. (1958) *Physical Foundations of Biology.* Pergamon Press, London.
Elsasser, W.M. (1966) *Atom and Organism.* Princeton University Press, Princeton.
Elsasser, W.M. (1975) *The Chief Abstractions of Biology.* North Holland, Amsterdam.
Emmet, D. (1966) *Whitehead's Philosophy of Organism.* Macmillan, London.

Fisher, R.A. (1930) *Genetical Theory of Natural Selection.* Clarendon Press, London.

Goebel, K. (1898) *Organographie der Pflanzen.* Fischer, Jena.
Goldschmidt, R. (1940) *The Material Basis of Evolution.* Yale University Press, New Haven.
Goodwin, B.C. (1979) On morphogenetic fields. *Theoria to Theory* **13**, 109–114.
Gould, S.J. (1980) Return of the hopeful monster. In: *The Panda's Thumb.* Norton, New York.
Graham, L.A. (1972) *Science and Philosophy in the Soviet Union.* Knopf, New York.
Gurwitsch, A. (1922) Über den Begriff des embryonalen Feldes. *Archiv für Entwicklungsmechanik* **51**, 383–415.

Haken, H. (1977) *Synergetics.* Springer-Verlag, Berlin.
Haldane, J.B.S. (1939) The theory of the evolution of dominance. *Journal of Genetics* **37**, 365–374
Haraway, D.J. (1976) *Crystals, Fabrics and Fields.* Yale University Press, New Haven.
Hardy, A. (1965) *The Living Stream.* Collins, London.
Hasted, J.B. (1978) Speculations about the relation between psychic phenomena and physics. *Psychoenergetic Systems* **3**, 243–257.
Hebb, D.O. (1949) *The Organization of Behaviour.* Wiley, New York.
Hesse, M.B. (1961) *Forces and Fields.* Nelson, London.
Hiley, B.J. (1980) Towards an algebraic description of reality. *Annales de la Fondation Louis de Broglie* **5**, 75–103.
Hinde, R.A. (1966) *Animal Behavior.* McGraw-Hill, New York.
Hingston, R.W.G. (1928) *Problems of Instinct and Intelligence.* Arnold, London.
Holden, A. and Singer, P. (1961) *Crystals and Crystal Growing.* Heinemann, London.
Hoyle, F. and Wickramasinghe, C. (1978) *Lifecloud.* Dent London.
Huxley, J. (1942) *Evolution: the Modern Synthesis.* Allen and Unwin, London.
Huxley, T.H. (1867) *Hardwicke's Science Gossip* **3**, 74.
Jaffe, M.J. (1973) Thigmomorphogenesis. *Planta* **114**, 143-157.
Jennings, H.S. (1906) *Behavior of the Lower Organisms.* Columbia University Press, New York.

Jenny, H. (1967) *Cymatics*. Basileus Press, Basel.
Jouvet, M. (1967) The states of sleep. *Scientific American* **216**(2), 62-72.
Jung, C.G. (1976) *Die Archetypen des kollektiven Unbewußten*. Walter Verlag, Olten/Freiburg.

Kammerer, P. (1924) *The Inheritance of Acquired Characteristics*. Boni and Liveright, New York.
Kandel, E.R. (1979) Small systems of neurons. *Scientific American* **241**(3), 61–71.
Katz, B. (1966) *Nerve, Muscle and Synapse*. McGraw-Hill, New York.
Katz, B. and Mildedi, R. (1970) Membrane noise produced by acetylcholine. *Nature* **226**, 962-963.
King, M.C. and Wilson, A.C. (1975) Evolution at two levels in humans and chimpanzees. *Science* **188**, 107–116.
Köhler, W. (1925) *The Mentality of Apes*. Harcourt Brace, New York.
Koestler, A. (1967) *The Ghost in the Machine*. Hutchinson, London.
Koestler, A. (1971) *The Case of the Midwife Toad*. Hutchinson, London.
Koestler, A. and Smythies, J.R. (Hrsg.) (1969) *Beyond Reductionism*. Hutchinson, London.
Krstic, R.V. (1979) *Ultrastructure of the Mammalian Cell*. Springer-Verlag, Berlin.
Kuhn, T.S. (1962) *the Structure of Scientific Revolutions*. Chicago University Press, Chicago.

Lashley, K.S. (1950) In search of the engram. *Symposia of the Society for Experimental Biology* **4**, 454–482.
Lawden, D.F. (1980) Possible psychokinetic interactions in quantum theory. *Journal of the Society for Psychical Research* **50**, 399–407.
Leclerc, I. (1972) *the Nature of Physical Existence*. Allen and Unwin, London.
Lenartowicz, P. (1975) *Phenotype-Genotype Dichotomy*. Gregorian University, Rome.
Lewis, E.B. (1963) Genes and developmental pathways. *American Zoologist* **3**, 33–56.
Lewis, E.B. (1978) A gene complex controlling segmentation in *Drosophila*. *Nature* **276**, 565–570.
Lindauer, M. (1961) *Communication Among Social Bees*. Harvard University Press, Cambridge, Mass.
Loizos, C. (1967) Play behaviour in higher primates: a review. In *Primate Ethology* (Hrsg, D. Morris). Weidenfeld and Nicolson, London.

Mackie, J.L. (1974) *The Cement of the Universe*. Oxford University Press, Oxford.
MacKinnon, D.C. and Hawes, R.S.J. (1961) *An Introduction to the Study of Protozoa*. Oxford University Press, Oxford.
MacWilliams, H.K. and Bonner, J.T. (1979) The prestalk-prespore pattern in cellular slime moulds. *Differentiation* **14**, 1–22.
Maheshwari, P. (1950) *An Introduction to the Embryology of Angiosperms*. McGraw-Hill, New York.

Manning, A. (1975) Behaviour genetics and the study of behavioural evolution. In: *Function and Evolution in Behaviour* (Hrsg. G.P. Baerends, C. Beer and A. Manning). Oxford University Press, Oxford.
Marais, E. (1971) *The Soul of the White Ant.* Cape and Blond, London.
Marshall, N. (1960) ESP and memory: a physical theory. *British Journal for the Philosophy of Science* **10**, 265–286.
Masters, M.T. (1869) *Vegetable Teratology.* Ray Society, London.
Mayr, E. (1963) *Animal Species and Evolution.* Harvard University Press, Cambridge, Mass.
McDougall, W. (1927) An experiment for the testing of the hypothesis of Lamarck. *British Journal of Psychology* **17**, 267–304.
McDougall, W. (1930) Second report on a Lamarckian experiment. *British Journal of Psychology* **20**, 201–218.
McDougall, W. (1938) Fourth report on a Lamarckian experiment. *British Journal of Psychology* **28**, 321–345.
Medawar, P.B. (1968) *The Art of the Soluble.* Methuen, London.
Medvedev, Z.A. (1969) *The Rise and Fall of T.D. Lysenko.* Columbia University Press, New York.
Meinhardt, H. (1978) Space-dependent cell determination under the control of a morphogen gradient. *Journal of Theoretical Biology* **74**, 307–321.
Monod, J. (1972) *Chance and Necessity.* Collins, London.
Morata, G. and Lawrence, P.A. (1977) Homoeotic genes, compartments and cell determination in *Drosophila. Nature* **265**, 211–216.

Needham, J. (1942) *Biochemistry and Morphogenesis.* Cambridge University Press, Cambridge.
Nemethy, G. and Scheraga, H.A. (1977) Protein folding. *Quarterly Review of Biophysics* **10**, 239–352.
Nicolis, G. and Prigogine, I. (1977) *Self-Organization in Nonequilibrium Systems.* Wiley-Interscience, New York

Parsons, P.A. (1967) *The Genetic Analysis of Behaviour.* Methuen, London.
Pauling, L. (1960) *The Nature of the Chemical Bond.* (3. Aufl.) Cornell University Press, Ithaca.
Pearson, K. (1924) *Life of Francis Galton.* Cambridge University Press, Cambridge.
Pecher, C. (1939) La fluctuation d'excitabilité de la fibre nerveuse. *Archives Internationales de Physiologie* **49**, 129–152.
Penzig, O. (1921–22) *Pflanzen-Teratologie.* Borntraeger, Berlin.
Pickett-Heaps. J.D. (1969) The evolution of the mitotic apparatus. *Cytobios* **3**, 257–280.
Pickett-Heats, J.D. (1975) *Green Algae.* Sinauer Associates, Sunderland, Mass.
Polanyi, M. (1958) *Personal Knowledge.* Routledge and Kegan Paul, London.
Popper, K.R. (1965) *Conjectures and Refutations.* Routledge and Kegan Paul, London.
Popper, K.R. (1967) Quantum mechanics without ›the observer‹, In: M. Bunge (Hrsg.), *Quantum Theory and Reality.* Springer Verlag, Berlin.

Popper, K.R. and Eccles, J.C.(1977) *The Self and its Brain.* Springer International, Berlin.
Pribram, K.H. (1971) *Languages of the Brain.* Prentice Hall, Englewood Cliffs.

Rao, K.R. (1977) On the nature of psi. *Journal of Parapsychology* **41**, 294–351.
Rapp, P.E. (1979) An atlas of cellular oscillations. *Journal of Experimental Biology* **81**, 281–306.
Raven, P.H., Evert, R.F. and Curtis, H. (1976) *Biology of Plants,* Worth Publishers, Inc., New York.
Rensch, B. (1959) *Evolution Above the Species Level.* Methuen, London.
Rhine, J.B. and McDougall, W. (1933) Third report on a Lamarckian experiment. *British Journal of Psychology* **24**, 213–235.
Ricard, M. (1969) *The Mystery of Animal Migration.* Constable, London.
Riedl, R. (1978) *Order in Living Organisms.* Wiley Interscience, Chichester and New York.
Rignano, E. (1926) *Biological Memory.* Harcourt, Brace and Co., New York.
Roberts, K. and Hyams, J.S. (Hrsg.), (1979) *Microtubules.* Academic Press, London.
Roblin, G. (1979) *Mimosa pudica:* a model for the study of the excitability in plants. *Biological Reviews* **54**, 135–153.
Russell, B. (1921) *Analysis of Mind.* Allen und Unwin, London.
Russell, E.S. (1945) *The Directiveness of Organic Activities.* Cambridge University Press, Cambridge.
Ruyer, R. (1974) *La Gnose de Princeton.* Fayard, Paris.
Ryle, G. (1949) *The Concept of Mind.* Hutchinson, London.

Satter, R.L. (1979) Leaf movements tendril curling. In: *Encyclopedia of Plant Physiology* (Hrsg. A. Pirson and M.H. Zimmermann), New Series Vol. 7, pp. 442–484. Springer-Verlag, Berlin.
Schopenhauer, A. (1883) *The World as Will and Idea,* Book 1, Section 7. Kegan Paul, London.
Semon, R. (1912) *Das Problem der Vererbung erworbener Eigenschaften.* Engelmann, Leipzig.
Semon, R. (1921) *The Mneme.* Allen und Unwin, London.
Serra, J.A. (1966) *Modern Genetics* Vo. II, ss. 269–270. Academic Press, London.
Sheldrake, A.R. (1973) The production of hormones in higher plants. *Biological Reviews* **48**, 509–559.
Sheldrake, A.R. (1974) The ageing, growth and death of cells, *Nature* **250**, 381–385.
Sheldrake, A.R. (1980 a) Three approaches to biology. I. The mechanistic theory of life. *Theoria to Theory* **14**, 125–144.
Sheldrake, A.R. (1980 b) Three approaches to biology. II. Vitalism. *Theoria to Theory* **14**, 227–240.
Sheldrake, A.R. (1981) Three approaches to biology. III. Organicism. *Theoria to Theory* **14**, 301–311.
Siegelman, H.W. (1968) Phytochrome. In: *Physiology of Plant Growth and Development* (Hrsg. M.B. Wilkins). McGraw-Hill, London.

Sinnott, E.W. (1963) *The Problem of Organic Form.* Yale University Press, New Haven.
Skinner, B.F. (1938) *The Behaviour of Organisms.* Appleton Century, New York.
Sleigh, M.A. (1968) Co-ordination of the rhythm of beat in some ciliary systems. *International Review of Cytology* **25**, 31–54.
Snoad, B. (1974) A preliminary assessment of ›leafless peas‹. *Euphytica* **23**, 257–265.
Spear, N.E. (1978) *The Processing of Memories.* Lawrence Erlbaum Associates, Hillsdale, N.J.
Stebbins, G.L. (1974) *Flowering Plants: Evolution Above the Species Level.* Harvard University Press, Cambridge, Mass.
Stevens, C.F. (1977) Study of membrane permeability changes by fluctuation analysis. *Nature* **270**, 391– 396.
Street, H.E. and Henshaw, G.G. (1965) Introduction and methods employed in plant tissue culture. In: *Cells and Tissues in Culture* (Hrsg. E.N. Willmer) Vol. 3, SS. 459– 532. Academic Press, London.
Suppes, P. (1970) *A Probabilistic Theory of Causality.* North Holland, Amsterdam.

Taylor, J.G. and Balanovski, E. (1979) Is there any scientific explanation of the paranormal? *Nature* **279**, 631–633.
Thom, R. (1975 a)*Structural Stability and Morphogenesis.* Benjamin, Reading, Mass.
Thom, R. (1975 b) D'un modèle de la science a une science des modèles. *Synthèse* **31**, 359–374.
Thompson, D'Arcy W. (1942) *On Growth and Form.* Cambridge University Press, Cambridge.
Thorpe, W.H. (1963) *Learning and Instinct in Animals* (second edition). Methuen, London.
Thorpe, W.H. (1978) *Purpose in a World of Chance.* Oxford University Press, Oxford.
Thouless, R.H. (1972) *From Anecdote to Experiment in Psychical Research.* Routledge and Kegan Paul, London.
Tinbergen, N. (1951) *The Study of Instinct.* Oxford University Press, Oxford.

Verveen, A.A. and De Felice, L.J. (1974) Membrane noise. *Progress in Biophysics and Molecular Biology* **28**, 189–265.
Von Bertalanffy, L. (1933) *Modern Theories of Development.* Oxford University Press, London.
Von Bertalanffy, L. (1971) *General Systems Theory.* Allen Lane, London.
Von Frisch, K. (1975) *Animal Architecture.* Hutchinson, London.

Waddington, C.H. (1957) *The Strategy of the Genes.* Allen and Unwin, London.
Waddington C.H. (Hrsg.) (1969) *Towards a Theoretical Biology. 2: Sketches.* Edinburgh University Press, Edinburgh.
Waddington, C.H. (1975) *The Evolution of an Evolutionist.* Edinburgh University Press, Edinburgh.

Walker, E.H. (1975) Foundations of paraphysical and parapsychological phenomena. In: *Quantum Physics and Parapsychology* (Hrsg. L. Otera). Parapsychology Foundation, New York.
Wardlaw, C.W. (1965) *Organization and Evolution in Plants.* Longmans, London.
Watson, J.B. (1924) *Behaviorism.* Chicago University Press, Chicago.
Weiss, P. (1939) *Principles of Development.* Holft, New York.
Whitehead, A.N. (1928) *Science and the Modern World.* Cambridge University Press, Cambridge.
Whiteman, J.H.M. (1977) Parapsychology and physics. In: Wolman (Hrsg.) (1977).
Whyte, L.L. (1949) *The Unitary Principle in Physics and Biology.* Cresset Press, London.
Wigglesworth, V.B. (1964) *The Life of Insects.* Weidenfeld and Nicolson, London.
Wigner, E. (1961) Remarks on the mind-body question. In: *The Scientist Speculates* (Hrsg. I.J. Good). Heinemann, London.
Wigner, E. (1969) Epistemology in quantum mechanics. In: *Contemporary Physics: Trieste Symposium* 1968. Vol. II, pp. 431-438. Internationale Atombehörde, Wien.
Williams, R.J.P. (1979) The conformational properties of proteins in solution. *Biological Reviews* **54**, 389–437.
Willis, J.C. (1940) *The Course of Evolution.* Cambridge University Press, Cambridge.
Willmer, E.N. (1970) *Cytology and Evolution* (2. Auflage). Academic Press, London.
Wilson, E.O. (1975) *Sociobiology: The New Synthesis.* Harvard University Press, Cambridge, Mass.
Wolff, G. (1902) *Mechanismus und Vitalismus.* Leipzig.
Wolman, B.B. (Hrsg.), (1977) *Handbook of Parapsychology.* Van Nostrand Reinhold, New York.
Wolpert, L. (1978) Pattern formation in biological development, *Scientific American* **239**(4), 154–164.
Woodger, J.H. (1929) *Biological Principles.* Kegan Paul, Trench, Trubner & Co., London.

Register

Die von Rupert Sheldrake in diesem Buch vorgetragene Hypothese hat in der englischen Wissenschaftswelt eine heftige Kontroverse ausgelöst. Befürworter und Gegner stehen sich unversöhnlich gegenüber.

Um die Diskussion auf eine rationale Ebene zu heben, hat die »Tarrytown Conference«, eine amerikanische Vereinigung, die sich die Förderung neuer Ideen in Wissenschaft und Technik zur Aufgabe gesetzt hat, einen Preis gestiftet.

Wer den besten Beweis für eine Bestätigung *oder* Widerlegung der Hypothese von Sheldrake liefert, erhält den *Tarrytown Prize* in Höhe von $ 10.000. Zusätzlich zu diesem Preis hat der holländische »Tiger Trust« für den Gewinner des Tarrytown-Preises weitere $ 5.000 gestiftet. Der deutsche Verleger von Sheldrake, der Meyster Verlag in München, hat weitere $ 1.500 für den Gewinner des Tarrytown-Preises gestiftet und darüber hinaus DM 1.500,–, falls der Gewinner aus dem deutschsprachigen Raum kommt. Einsendeschluß ist der 1. Dezember 1985.

Unterlagen und die Teilnahmebedingungen erhalten Interessierte bei folgender Stelle:

The Tarrytown Prize
Robert L. Schwartz
Tarrytown Conference Center
Tarrytown, New York 10591/USA

Es ist unbedingt zu empfehlen, alle Korrespondenz in englischer Sprache zu führen; außerdem empfiehlt es sich, dem Anforderungsschreiben einen »Internationalen Antwortschein« beizulegen.

Der Ausschreiber des Preises ist die »Tarrytown Conference«; der vorangehende Text dient lediglich der Information. Der Meyster Verlag kann weder weitergehende Auskünfte geben, noch eine Haftung übernehmen.

14001

14002

14004

14005

14006

14007

GOLDMANN VERLAG

Dr. Joseph Murphy

11767

11757

11751

11755

11739

11734

11736

Joseph Murphy, Dr. theol., jur., rer. nat., verstorben im Dezember 1981, vermittelte seit mehr als einem Vierteljahrhundert durch persönliche Beratung und öffentliche Vorträge unzähligen Menschen in aller Welt das Vertrauen in die Kraft des menschlichen Geistes. Seine Bücher wurden in mehrere Sprachen übersetzt und erreichten Auflagenziffern von über einer Million. Sein Studium der Weltreligionen hat ihn davon überzeugt, daß allem Leben eine universelle Kraft innewohnt.

GOLDMANN VERLAG

Grenzwissenschaften Esoterik

11762

11770

11766

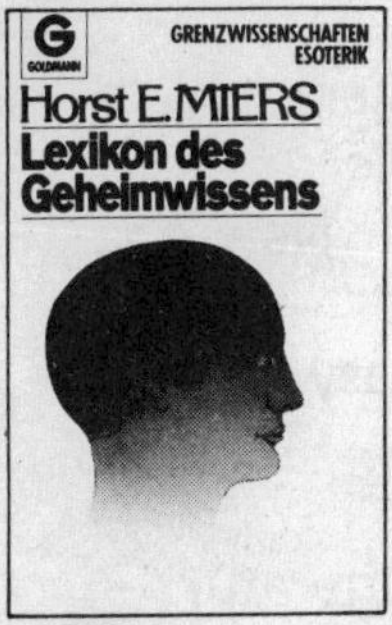

11708

11758

11768

11760

11765

11754